基于认知形态学的汉语类词缀构词研究

Research on Word Formation of the Affixoids in Chinese: a Cognitive Morphology Approach

张未然　著

图书在版编目 (CIP) 数据

基于认知形态学的汉语类词缀构词研究 / 张未然著 . —北京：北京大学出版社，2022. 7
ISBN 978-7-301-33098-2

Ⅰ . ①基… Ⅱ . ①张… Ⅲ . ①汉语 – 词缀 – 研究 Ⅳ . ① H146.1

中国版本图书馆 CIP 数据核字 (2022) 第 107959 号

书　　名	基于认知形态学的汉语类词缀构词研究 JIYU RENZHI XINGTAIXUE DE HANYU LEICIZHUI GOUCI YANJIU
著作责任者	张未然　著
责 任 编 辑	宋思佳
标 准 书 号	ISBN 978-7-301-33098-2
出 版 发 行	北京大学出版社
地　　址	北京市海淀区成府路 205 号　100871
网　　址	http://www.pup.cn　　新浪微博：@ 北京大学出版社
电 子 信 箱	zpup@pup.cn
电　　话	邮购部 010-62752015　发行部 010-62750672　编辑部 010-62753374
印 刷 者	北京圣夫亚美印刷有限公司
经 销 者	新华书店
	720 毫米 ×1020 毫米　16 开本　14.75 印张　263 千字
	2022 年 7 月第 1 版　2022 年 7 月第 1 次印刷
定　　价	59.00 元

《国家社科基金后期资助项目》
出版说明

后期资助项目是国家社科基金设立的一类重要项目，旨在鼓励广大社科研究者潜心治学，支持基础研究多出优秀成果。它是经过严格评审，从接近完成的科研成果中遴选立项的。为扩大后期资助项目的影响，更好地推动学术发展，促进成果转化，全国哲学社会科学工作办公室按照“统一设计、统一标识、统一版式、形成系列”的总体要求，组织出版国家社科基金后期资助项目成果。

全国哲学社会科学工作办公室

主要符号对照表

A.	Adjective	形容词
NPA.	Non-predicative adjective	非谓形容词
N.	Noun	名词
V.	Verb	动词
Vi.	Intransitive verb	不及物动词
Vt.	Transitive verb	及物动词
Abs.	Abstract	抽象的
Con.	Concrete	具体的
C.	Countable	可数的
UC.	Uncountable	不可数的
G.	Gradable	可量化的
UG.	Ungradable	不可量化的
Ani.	Animate	有生的
Ina.	Inanimate	无生的
Act.	Action	动作
Mns.	Monosyllable	单音节

序一

张未然博士的博士论文《基于认知形态学的汉语类词缀构词研究》修改后，又以近期结项完成的国家社科基金后期资助项目成果为基础，反复打磨，最终定稿付梓，值此著作即将出版之际，谨向她致以衷心的祝贺！

张未然是我招收与指导的第一位大陆博士生，在北大这样的学术环境，努力拼搏，攻读四年，顺利毕业，取得了骄人的成绩（她博士论文被答辩委员会评为优秀论文），我倍感骄傲，也有许多话想说。

张未然能顺利完成博士论文，得到专家们的肯定与赞扬，又顺利申请到国家社会科学基金后期资助项目和北京大学出版社“语言学前沿丛书”年度博士论文出版资助，这既是她自己勤奋努力、独立钻研的结果，又与北大优良的学术环境、严格的研究生培养环节密不可分；同时也与北大在国内外高校中的学术声誉与影响、可为研究生提供更多的与国外知名高校交流、访学及联合培养的机会紧密相关。2015年张未然申请并通过考核，获得中国教育部与法国高教科研部共同实施的中法“蔡元培交流合作项目资助”，赴巴黎第七大学（现改名为巴黎城市大学）访学一年，在齐冲副教授指导下，最后完成博士论文。可以说，张未然的博士论文是北京大学完善的博士研究生培养机制、中法学术交流与合作以及北大、巴黎七大联合培养的结晶。

专著《基于认知形态学的汉语类词缀构词研究》就其研究范围和对象而言，属于汉语构词法的本体研究，研究焦点是汉语构词法中的类词缀和类词缀构词分析；就其研究视角和路径而言，是运用西方认知形态学，从语义范畴化、认知域概括、语义变体描写和语义识解等方面，对汉语类词缀构词做出不同于传统“重结构形式分析、轻语义识解分析”的新的研究，这应该说是汉语构词法、类词缀研究的一个很大创新。

汉语词汇研究与语法研究相比，历史不长，成果不很丰富。但构词法研究因是词汇与语法接口的领域，汉语语言学前辈、时贤和后学对此也有较多的探讨和积累。老一辈语言学家如吕叔湘、陆志韦、刘叔新、张寿康、徐通锵、黎良军、符淮青等，还有一批优秀的中青年学者都在汉语构词法研究，词缀、类词缀研究中多有探讨和发现，对汉语词汇内部结构关系、构成成分的属性、意义关系等做了比较充分的研究。我的导师符淮青先生在其重要论文《构词法研究的一些问题》(2001)中就总结和归纳了汉语构词法研究的5个平面，指出汉语构词法研究有一般语词的构词法分析、汉语历史构词法研究、断代及专书的构词法研究等，并特别指出“构词成分之间的关系和结构类型的分析，是离不开构词成分意义、作用的分析的”。对汉语构词法研究另辟蹊径的黎良军先生(1995:146)也指出“分析合成词的结构，只能是分析它们的语义结构”。中国学者的研究从传统的结构关系等形式方面也已进入到了汉语构词语义分析，张未然的研究正是在中国学者基础上，借鉴西方理论进行了较为新颖和可操作的分析。从这一层面来看，张未然的研究推动了汉语构词法研究，深化了汉语词缀、类词缀及其构词分析的研究。

北京大学充分认识到博士培养的过程性和学术艰巨性，在中国国内率先实行博士研究生四年学制培养。我在完整指导张未然这届博士生后深切体会到，博士培养一方面可以说是“为了一篇高质量的博士论文”，做不了、做不出一篇好的博士论文就谈不上真正意义上的博士培养；但另一方面，也充分认识到博士生培养其内涵又远远大于一篇博士论文，尤其在北大这样的一所高等学府。这样的认识贯穿于我对未然的培养全过程，如未然博士论文后记中提及的那样，导师就是要做学生的引路人，学生的“对立面”，要不断挑战学生。同时我也觉得一定要给学生以充分的学术探索空间，充分展现并尊重其科学探索的“不确定性”，让学生沿着导师的思路，但又能突破导师的思路和“藩篱”，去探索更广阔的学术空间。这样的博士培养和博士论文选题才有价值，对博士生未来的发展才有后劲和能量储备。

回想与未然的师生缘、培养路，感慨良多。未然本科毕业于河南省郑州大学，硕士免试推荐来到北大对外汉语教育学院，师从李晓琪教授，主要研究汉语语法，博士阶段开始跟我进行汉语词汇研究。考虑到未然的成长经历和背景，在她入学之后不久，我们就着手探讨博士论文选题方向和范围，最终考虑在词汇和语法接口方面进行选题。这样汉语构词法研究无疑是一个比较好的方面。未然的一个特点和优点是探索精神强，不怕碰壁，不畏困难，遇到论文不好进展下去时，她悲观叹气的时候少，积极想办法、克服困难、冲出重围的情况多，这给我留下了深刻的印象。

总的来看，未然的北大求学之路是幸运的，学术发展也比较顺利。博士刚毕业就申请北京大学出版社出版基金，获评优秀论文得以资助出版；2016年入职中国传媒大学，从事对口专业的教学和研究工作，又顺利申请到国家社科基金后期资助项目(“基于认知形态学的汉语类词缀构词研究”，项目号19FYYB013)。这一切与她自身的努力和坚韧不拔有很大关系，但更重要的是得益于北大兼容并包、立意高远、严谨求实的人才培养机制锻造，这为未然健康成长、入职后取得新的成就打下了坚实的基础。作为导师,在结束这篇序的时候,我想说:望未然能在良好开端的基础上,不忘初心,谦虚谨慎,砥砺前行,在我国语言学及应用语言学、汉语第二语言教学领域取得新的、更大的成绩。

李红印

2022 年 4 月修改于北京大学

序二

20世纪80年代之前，形态学（构词法和屈折变位）在语言学科中具有相对独立的地位，而随着生成语法的管约论的出现，它就变成了句法的一个分支。90年代出现的分布形态学（Halle & Marantz，1993）以及最简方案（Chomsky，1995）使传统意义的形态学变得更加模糊，甚至不复存在了。直至二十一世纪，多种新的研究方法及理论（Jackendoff，2002；Booij，2005a；Goldberg，2006）让形态学重新得到重视，其作为语言学的组合体的地位得到了承认。欧美的一些语言学家于2008年还专门为此在法国巴黎召开了题为“词汇形态学：语法中的一个独立领域”的国际研讨会。

在这样一个大环境之下，对现代汉语的词汇形态学研究的理论和方法论也层出不穷，从主要是在汉语语法的大框架内进行的讨论（吕叔湘，1963；Chao，1968/2011；朱德熙，1982等），到对汉语词汇形态学作为独立语法体系进行的研究（董秀芳，2004），虽然为数并不多，但在汉语语言学方面都具有一定的影响力。不过，总的来说，对于汉语词汇形态学的研究一直存在以下几个问题或难点：是否有独立于句法进行分析的可能性？分析是否具有操作性？是否能解释能产性？第一个问题涉及理论，后面两个问题则关乎方法。张未然的这本专著（《基于认知形态学的汉语类词缀构词研究》）正是把这些问题又提了出来，并对它们做了梳理和解析，可谓“知难而进”。她的工作是非常有意义的。我认为未然的这本书主要有两大优点：一、运用新的理论和方法解决汉语词汇形态学中的疑难问题；二、把形式和语义结合起来，使构词分析模型更具操作性和预测性。

首先，此书对新的理论框架的应用既符合汉语语言事实，又对汉语形态学中的问题作了充分的解释，从而填补了汉语研究在这个领域中的一些理论空白。从理论方面来看，近年来通过构式形态学（Construction Morphology）解释词汇中的派生、复合现象的研究越来越多，也越来越深入，并取得了很大的成效（Hay & Plag，2004；Bauer，2004；Booij，2010）。我们知道认知语法和构式语法在很多层面上是有共通性的，Packard（2000）就是从认知语言学的角度对汉语构词法进行了系统的分析，他在这方面做了开创性的研究，但还留下了很多需要解决的问题，比如对汉语“词缀/类词缀”的分析。未然的这部研究著作正是运用这些新的理论在汉语词汇形态学问题上进行了具有实效的分析。不论是对类词缀的定义，还是对类词缀的运用范围和来源的分析，都是认知形态学在汉语中应用的范例。从另一个角度来看，她的工作事实上也证明了汉语词汇形态是具有一定的独立性的，这一点，从文中对类词缀模型的分析中就可以看到。

其次，这本书对类词缀的定义、类词缀的语义范畴化、类词缀的认知域分布都做了细致和严谨的分析。我们知道，现代汉语研究对"词缀"的定义一直都是有争议的，这事实上同汉语类型学上的多元性或非完整性是相对应的。正是基于这种非完整性，未然从形式和语义入手，对"类词缀"这个范畴进行了严格的界定，解决了汉语中一大疑难问题。她从语义的角度，对类词缀的构词模型进行了深入探讨，并结合类词缀的形态句法形式特点，勾勒出了一套完整的类词缀语法体系。我们从这些研究方法和结果中可以看到汉语类词缀的形态学分析是具有操作性的，类词缀的产生和构词原则也具备一定的预测性。词汇研究往往会致力于描述而少于解析，这本书对类词缀的研究则在解析上得到了很大的突破。

当然，书中还存在一些缺憾，如，对研究结果没有提升到应有的理论高度，针对汉语形态的派生性讨论没有充分展开。再如，分析中对其他语言的对比研究较少。然而，瑕不掩瑜，这本书仍然称得上是汉语形态学研究领域中富有前沿性的好书。

未然在攻读博士学位期间凭借自己的实力荣获了 2015 年中法"蔡元培交流合作项目资助"，并通过此项目来我所在的巴黎第七大学完成了一年的学术研究工作。这期间，她每天不是和我讨论论文，便是奔走于巴黎各大学的教学楼和图书馆，学习和研究没有间断过，甚至几乎没有专门参观那里的名胜古迹。这样的博士生在法国确实不多，她的努力换回了她在学术上的成绩，相信未然的这本书只是她在汉语语言学研究中取得辉煌成绩的第一步。

齐冲

2018 年 9 月初稿写于法国巴黎

2022 年 3 月修改定稿

目　录

第一章 引 言

1.1 选题缘起

复合和派生是汉语词汇的两大构词方法，前者“意指仿佛由两个单词或两个表示概念意义的词合在一起而构成”，如“兄弟、甘苦、鸡蛋、冰鞋”等；后者是“以一个原有的单词或派生词为基础，加上另一个兼带语法意义的语素，使产生某种语法性质的表现（如词性），并往往改变原来的概念意义，从而成为另一个词”（刘叔新，1990a：70－71），如“阿姨、桌子、花儿”等。但是在汉语的构词法里，有时候“很难区别复合和派生”（吕叔湘，1962），例如在“非金属、半文盲、钢琴家、歌手”中，“非、半、家、手”的意义已经发生了虚化，近似词缀，同时词汇意义又有所保留，所以它们在构词时就很难说是复合还是派生了。

吕叔湘（1979：48）把这样一类“语义上还没有完全虚化，有时候还以词根的面貌出现”的语素称为“类词缀”[①]。类词缀的普遍存在，是汉语和西方语言的派生法之间的一个重要差别（潘文国等，2004：66），本书拟以此为研究对象展开分析。

我们之所以要研究汉语类词缀的构词，主要有以下几个方面的原因：

首先，从汉语的特点来看，“类词缀比词缀还多，被认为是汉语的一个特点”（王洪君、富丽，2005）。

根据我们的统计，学者们划定的类词缀数量，最多达 97 个（汤志祥，2001：149－164），最少也有 22 个（赵元任，1979：112－117），而“汉语里地道的词缀不很多，前缀、中缀尤其少，后缀稍多些”（陈光磊，1994：23）。汉语的语言学要想取得长足发展，就应该既“立足于汉语的特点”，又“不断地从科学发展的思潮中吸取相应的理论和方法”，“与国际接轨”（吕叔湘，1991；徐通锵，2008：10）。在汉语词汇研究中，我们在采用西方语言学的理论和研究方法时，应该多关注那些能够反映汉语特点的研究对象，而类词缀就是其中的一类。

---

① 下文我们将把类词缀构成的词称为“类词缀派生词”。

其次,从现代汉语词汇学的学科发展历史来看,类词缀研究在其中占据了重要地位,但仍有一些问题尚未解决。

汉语词汇研究自20世纪50年代成为一门独立的学科以来(周荐,1995:5;符淮青,1996:82;周荐、杨世铁,2006:2),构词法研究一直是现代汉语词汇学研究的重要领域。20世纪50年代构词法研究的高潮,促使汉语中越来越多的语缀被发掘了出来;到了六七十年代,构词法研究的重点则从典型的语缀转到了类词缀(潘文国等,2004:77)。围绕着类词缀的概念界定、特点、范围等问题,学者们展开了充分的讨论(任学良,1981:49;郭良夫,1983;沈孟璎,1986,1995;王绍新,1992;陈光磊,1994:23—25;马庆株,1995a)。

进入21世纪,类词缀研究在研究方法和理论基础上有了新的发展,有学者借助语料库对类词缀的构词作了定性和定量研究(王洪君、富丽,2005;曾立英,2008;尹海良,2011),也有学者将认知语言学、构式语法和生成词库理论等引入类词缀的研究中(宋作艳,2009,2010;徐萍,2011;尹海良,2011;卢美艳、钟守满,2012;阮畅,2012;刘善涛,2013;贺宁,2013;黄金金,2013;邹晓玲、王志芳,2013;柴闫,2018;颜颖,2019)。

但是目前来说,汉语的类词缀研究仍然有一些问题没有解决,例如:汉语的许多类词缀都是多义的,如何对类词缀的内部语义分化进行系统的描写?有时不同的类词缀会表达相近的意义,如类词缀"一员(列车员)、一手(赛车手)、一师(设计师)"等都可以表示职业名,那么这些近义的类词缀在构词时对词基各有什么样的选择限制?当它们发生构词重合时(如"会计员/师、建筑师/家"),意义会有怎样的差异,我们又该如何从认知的角度解释这种差异?

再次,随着网络时代的到来,信息传递的渠道、速度和有效性都有了明显的提升,"极大地推动了语言交际与表达方式和手段的快速发展",反映在语言系统中,其中的一个表现就是"汉语类词缀构词方式活力大增"(李红印,2014)。不仅出现了很多新兴的类词缀,如"一圈"(学术圈、娱乐圈)、"一控"(萝莉控、声音控)、"一帝"(真相帝、吐槽帝)、"一霸"(戏霸、学霸)等;而且原有类词缀的构词数量也在迅速增加,以类词缀"性"为例,李蓓(2004)曾经统计过它在1979、1988、1998三年《读书》杂志第1期中的构词数量,分别为55个词、82个词和177个词,20年间增加了2.2倍,我们相信这一数量在21世纪以后仍会继续增加。因此,我们关注类词缀的构词更能够掌握目前汉语词汇的最新发展趋势。

最后,在对外汉语教学领域,类词缀对于汉语学习者词汇量的扩大也有重要作用。

类词缀因为“部分词义尚存”,“与词根的组合关系较明确”,其派生词的语义透明度较高(尹海泉,2011: 39),而已有实证研究(刘伟,2004;干红梅,2008;张金桥、曾毅平,2010)表明,语义透明度对留学生的词义猜测有积极作用,也就是说,类词缀派生词的高语义透明度有利于留学生对词义的理解。另外,类词缀的定位性①和组配的规则性②使得类词缀在构词时具有可类推性。王洪君、富丽(2005)发现:“几乎每个类词缀都有一条或几条生成周遍性的规则”,例如类前缀“副”可以与所有官名组合(如“副班长、副局长、副厅长、副主席”),这就意味着,如果学生掌握了类词缀构词时的生成周遍性规则,就可以自行类推构造新词,这对他们词汇产出量的扩大很有帮助。

1.2 类词缀研究综述

对汉语类词缀的研究可追溯至20世纪30年代,瞿秋白(1953)首先提出了“新式的字尾”“新式的字头”③的说法,吕叔湘(1941:20—21)则列举了“士、生、师、人、者、丁、夫”以及“后、厂、场、园、馆”等两类共计20个“近似词尾”的成分。1979年,吕叔湘(1979:48)明确提出“类词缀”的概念,学界由此展开了广泛的讨论(任学良,1981: 49;郭良夫,1983;沈孟璎,1986,1995;王绍新,1992;陈光磊,1994: 23—25;马庆株,1995a),讨论的重点主要集中在类词缀概念的界定、类词缀的特点、类词缀的范围等一些基本的理论问题上。进入21世纪,类词缀研究更为系统深入,主要表现为:出现了借助语料库对类词缀构词情况进行穷尽考察的定性和定量研究(王洪君、富丽,2005;曾立英,2008;尹海良,2011);某些类词缀受到了研究者的专门关注,如新兴类词缀(王玲芳,2001;李蓓,2004;邹晓玲,2006;沈光浩,2011b)、外来类词缀(魏伟,2007;张洁,2011;赵颖,2013)等;采用了新的理论框架和研究范式(宋作艳,2009,2010,2015;尹海良,2011;贾泽林,2011;徐萍,2011;卢美艳、钟守满,2012;阮畅,2012;刘善涛,2013;贺宁,2013;李加鋆,2015;袁野,2018;颜颖,2019;张媛、王晨阳,2019)等。

本节中我们首先将对类词缀的界定、特点、范围进行梳理,这三方面的问

---

① 定位性指的是类词缀“在某个义项上出现在组合的固定位置上”(曾立英,2008),如类前缀“半”只出现在词首,类后缀“家”只出现在词末。

② 组配的规则性指的是“搭配的成分及搭配后的整体意义是否可以用语法或语义的类来控制”(王洪君、富丽,2005)。

③ 出自瞿秋白的《普通中国话的字眼的研究》(1931),当时并未刊发,直到1953年才收录到他的文集中出版。

题是我们研究类词缀构词的基础;进而我们将按照研究理论基础的不同,对不同范式的类词缀构词研究进行综述;最后我们将从整体上总结类词缀研究取得的进展以及目前存在的不足之处。

1.2.1 类词缀的界定

在汉语研究中,"类词缀"这一术语最早由吕叔湘(1979: 48)提出,他指出:"汉语中地道的语缀不很多","有不少语素差不多可以算是前缀或后缀,然而还是差点儿,只可以称为类前缀和类后缀","说它们作为前缀和后缀还差点儿,还得加个'类'字,是因为它们在语义上还没有完全虚化,有时候还以词根的面貌出现"。

国外学者对于类词缀(affixoid)的界定与吕叔湘基本一致,Booij(2005b: 114)认为类词缀是指那些"看起来是复合词的一部分、可作为词位出现,但是作为复合词的组成部分使用时表达具体和更受限制的意义的语素"[①]。

吕叔湘和 Booij 的定义分别指出了类词缀和词根或词缀的差异和联系,厘清了类词缀是词根向词缀演化的过渡体这一本质。相比较而言,Booij 的定义可操作性更强,"意义具体和更受限制"相对来说比较容易判断,而吕叔湘的界定强调类词缀在"语义上还没有完全虚化",但是他并没有明确指出何种情况才叫"没有完全虚化"。Booij 的定义也有不足,他虽然指出了类词缀和词根的区别,却认为它"看起来是复合词的一部分",更强调它与复合词词根的相似性,没有明确指出它与词缀的关系。

除了"类词缀"的说法,还有学者将这种介于词根和词缀之间的特殊语素称为"新式的字尾/字头"(瞿秋白,1953)、"近似词尾"(吕叔湘,1941: 20)、"类乎后置成分的东西"(陆志韦等,1957: 138)、"新兴前缀/后缀"[②](Chao,1968/2011:234-236,245-248)、"准词头"(任学良,1981: 49)、"准词缀"(马庆株,1995a)、"半词缀"(semi-affix)(Marchand, 1969: 326)等。

目前来看,术语"类词缀"在学界使用得最为广泛,所以本书也将采取这一说法。

---

① Booij(2005b)的原文是:"the terms 'affixoids' and 'semi-affix' have been introduced to denote morphemes which look like parts of compounds, and do occur as lexemes, but have a specific and more restricted meaning when used as part of a compound"。

② Chao(1968/2011:234,245)的英文原文为"modern prefixes/suffixes",吕叔湘后来将其翻译为"新兴前缀/后缀"(赵元任,1979: 112-117)。

1.2.2　类词缀的特点

吕叔湘(1979:48)提出了“类词缀”的概念,并强调了它“在语义上还没有完全虚化”的特点。但是,语义标准虽然是确定类词缀的核心标准,却很难把握、可操作性不强,因为“意义实在、意义有所虚化而又未完全虚化、意义虚化这三者之间的边界是比较模糊的”(苏宝荣、沈光浩,2014),因此研究者们后来围绕类词缀的特点又展开了更为深入的讨论。

(1) 虚化和类化

在吕叔湘(1979)之后,大部分研究类词缀的学者都赞同类词缀的语义虚化(郭良夫,1983;沈孟璎,1986;王绍新,1992;马庆株,1995a;陈光磊,1994:23)。所谓“虚化”,指的是语素由实语素向虚语素发展。汉语中的语素往往被分为虚实两种,“实语素有实在的意义,虚语素没有意义。所谓实在的意义,即词汇意义(lexical meaning),所谓没有意义,指的是没有具体的词汇意义,却有抽象的语法意义,语法意义即结构意义(structural meaning)”(郭良夫,1983)。类词缀“在语义上还没有完全虚化”(吕叔湘,1979:48),代表其词汇意义已经开始虚化但仍部分保留,同时也可以表示抽象的语法意义。

与类词缀的语义虚化密切相关的是其构词时的类化。所谓“类化”,包括两层含义,一是指类词缀可以“显示某种词性”(沈孟璎,1986;汤志祥,2001:149—164;张小平,2008:115—125),如类词缀“家”不论是附加在名词性词基上(“气候学家、钢琴家”),还是附加在动词性词基上(“游泳家、绘画家”),最终派生出的均为名词;二是指它可以表示某种“以原语素的某种语义特征为内涵、外延扩大了的类指(泛指)义”(苏宝荣、沈光浩,2014),例如当类词缀“友”附加在名词或动词性语素、词或词组后时,表示具有某种共同经历或嗜好的一类人和这些人之间的互称,如“麻友”(在一起打麻将的人)、“摄友”(一起搞摄影的人)、“侃友”(一起闲聊的人)、“牢(狱)友”(一起坐牢的人)、“赌友”(聚赌的赌徒之间的互称)、“发烧友”(对某一类事物特别着迷、狂热的人)等①。

苏宝荣、沈光浩(2014)指出,学界在描述类词缀的语义特征时常混用“虚化、类化、泛化”三个术语,他们主张类词缀“是语义的类化(泛化),而不是传统词缀语义的虚化”,但他们并未在文中对“虚化”和“类化”进行明确的区分,对“虚化”也未做明确界定。

我们认为,既然语义虚化主要是词汇意义的减弱和语法意义的增强,而

---

① 类词缀“友”的例子来源于苏宝荣、沈光浩(2014)。

语法意义又称“关系意义、类别意义”，是“对整类的语言项目及其相互关系的概括”(张清源，1990：190—191)，对类词缀而言，其语法意义的增强就表现在其成词或者改变词性以及表达类指义的功能上，即其语义的虚化体现为构词的类化。

(2) 组合能力强和能产性高

学者们通常并不区分类词缀的构词能力(组合能力)和构词能产性(沈孟璎，1986；汤志祥，2001：149—164)。实际上，前者指的是类词缀“参与构造已有词语的能力”(王洪君、富丽，2005)，着眼于已经存在的词(actual words)；后者则是指“一个特定的形式在构造新词时被运用的可能性程度的大小”(董秀芳，2004：97)，着眼于可能的词(possible words)。

组合能力强和能产性高都是类词缀的特点，不过在与词缀的组合能力及能产性比较时，情况就略有不同了。根据王洪君、富丽(2005)的统计，汉语中词缀、类词缀的组合能力都很强，类词缀的组合能力大于词缀，而某些汉语词缀的构词能产性很弱①，类词缀的构词能产性很强。

曾立英(2008)对汉语类词缀的定量研究证明了类词缀构词能力强的特点。她对《语法信息词典》三字词中位于词末的语素进行了抽取，结果发现构词频率排在前 11 位的语素里，有 6 个(“性、学、员、化、品、者”)都是学界公认的类后缀②。

尹海良(2011：45)对类前缀“零、准、非”和类后缀“热、界、化”派生情况的动态对比则证明了类词缀构词的能产性很高。他发现“实际语料中有很多的派生词在词典中都没有收录”，“说明这些类词缀都有很强的动态在线(on-line)生成新派生词的能力”③。

当然，我们说类词缀的能产性高也是就整体而言的，不同类词缀的能产性也会存在一定差异。比如同样是表专长、老牌类词缀“家”的能产性目前就比新兴类词缀“帝”高，前者可以周遍地附加在所有学科名之后，后者目前还处于能产性的上升期(我们在 BCC 语料库中共检索到 132 个词)。

(3) 黏着性④

黏着性，又称“非独立成词性”，指的是类词缀离开所构词“既无单独的意

① 王洪君、富丽(2005)将构词的能产性称为“新生类推潜能”，即“构造从未出现过的新词、新语的能力”。

② 此外她还把排在第 3 和第 4 位的语素“机”和“器”也纳入了类词缀的范围。

③ 考察某一词法加工过程在语料库中出现的词与词典收录的词之间的数量差异是计算能产性的方法之一(Bauer，2001：156)。

④ “黏着”也有学者写作“粘着”，本书依据《现代汉语词典》(第 7 版)中的词条“黏着语”，统一写作“黏着”。引文中若出现“黏着/粘着”，我们遵从原作者写法。

义，又不能独立成词”(张小平，2008：121)。

尹海良(2011：56—59)从语义的角度研究了类词缀的黏着性[①]。他调查了60位大学一年级本科生看到10个常用类词缀[②]时最先想到的语义内容，结果发现，“被调查者在第一时间里最先激活的语义内容绝大多数是实词义”，说明“类词缀脱离词根，它的虚化语义就难以得到激活，孤立的类词缀词素最先激活的是与它联系紧密、处于一个连续统中的实词(素)义”。这一点与含同一语素的复合词词群中的核心词根不同，后者“即使是不自由词素(不单独成词)，它在复合词中的语义和单独作为词素时的语义内容也是基本一致的”。

(4) 定位性和单向高搭配性

定位性是学界公认的类词缀的特征之一(沈孟璎，1986；马庆株，1995a；汤志祥，2001：149—164；张小平，2008：120；王洪君、富丽，2005；曾立英，2008；尹海良，2011：67—68)，指的是类词缀“在某个义项上出现在组合的固定位置上”(曾立英，2008)，类前缀只出现在词首，类后缀只出现在词末。

定位性是类词缀与词根的重要区别，以否定类前缀“不、准、非”为例，它们都只能出现在词首，而类后缀“家、化、性”等只能出现在词末；但是词根“风”在表示“风气；风俗”[《现代汉语词典》(第7版)，以下简称《现汉》]时，既可位于词首，如“风气、风尚”[③]，也可位于词末，如“出国风、吃喝风、说情风、送礼风”，并不具备定位性。需要说明的是，类词缀的定位性强调的是其在类词缀义上的定位，并不考虑它作词根时是否定位[④]。

尹海良(2011：65—66)对语料库中实义词素复合构词的量化统计也证明了类词缀和词根在定位性上的差异。他发现，与类词缀不同，“一般的实义词素在构词位置上是较自由的”，“无论是在静态的语言词典中还是在动态的流通语料库中，实义词素前置和后置构词都有相当的数量”。

单向高搭配性最早由王洪君、富丽(2005)提出，指的是“在保持结构整体性质不变的前提下，结构的一个位置上的成分可替换的同类成分不多，而另一个位置上可以有很多可替换的成分”，以语素“式”为例，他们在8亿字的语料库中共检索出了3466例“X式”字组，而《信息处理用现代汉语分词词表》

---

① 尹海良将其称为“语义粘附性”。

② 这10个类词缀是“性、化、者、家、手、热、界、类、准、非”。

③ 词根“风”的例子来源于张小平(2008：120)。

④ 马庆株(1995a)指出，定位包括绝对定位和相对定位两种，类词缀的定位性有时是绝对定位，如“者”参与构词时总是后置的；有时属于相对定位，即“在词缀义(A)上定位，在非词缀义(B)上不定位，AB两个意义相关”，例如“式”作类词缀时总是位于词末，如“西式、家庭式、资本主义式”，作词根用时则既可位于词首也可位于词末，如“式样、样式”。

仅收录了2例“式(实义)X”字组，这说明，类词缀位于后字位置时可搭配率极高，而位于前字位置时可搭配率极低。

单向高搭配性和定位性有所不同又密切相关。后者“强调的是词素构词时的位置”，前者“在强调位置的同时还增加了‘高搭配’这一数量特征”（尹海良，2011：65），也就是说，定位性是形成单向高搭配性的前提条件。

（5）组配的规则性

组配的规则性是指“搭配的成分及搭配后的整体意义是否可以用语法或语义的类来控制”，包括“生成向周遍性”和“接收向周遍性”两类，前者指“某一语义类的全部成分均可周遍地与另一类（或一个成分）搭配，搭配后的整体义也都可以用成分义和结构义的相加来预测”，后者指“某一语义类的不少成分（不是所有同类成分）可以与另一类或另一个成分搭配，但只要能搭配，搭配后的整体义总是可以用成分义和类后缀义的相加来预测”（王洪君、富丽，2005）。

几乎所有类词缀在构词时都可适用于一条或几条生成周遍性规则，例如类词缀“式”可以同所有表国家、民族的名词性成分组合，如“中式、中国式、日式、日本式、美式、美国式、藏式、蒙式、蒙古式、满式”；类前缀“副”可以与所有官名相配，如“副经理、副总经理、副部长/局长/司长/科长/股长/班长/组长、副主任”[①]。

即使是不符合生成向周遍性规则的类词缀构词，也往往适用于接收向周遍性的规则。例如类前缀“总”并不能与所有表示官职的名词性成分组配（“总经理、总工程师、总参谋长、总司令”成立，但“＊总主任、＊总部长”不成立），但是“凡能搭配者，其整体意义就可以从成分义和类词缀义的相加来推知，也即它们的语义是透明的”（王洪君、富丽，2005）。

类词缀组配的规则性有利于留学生词汇的通达和输出。一方面，如果他们掌握了某一类词缀构词的生成向周遍性规则，就可以根据这些规则自由地类推构词；另一方面，即使是那些不适用生成向周遍性规则的类词缀构词，也往往是语义透明的，可以降低留学生猜测词义的难度。

以上总结了学界对类词缀特点的讨论，类词缀是一种介于词根和词缀之间的语素，我们要想对其特点有更清晰的认识，还应该明确它与词缀、词根的区别与联系。与词根相比，类词缀具有意义虚化、类化、黏着性、定位性、单向高搭配性的特点，而与词缀相比，类词缀则具备意义尚未完全虚化、能产性高、组配的规则性等独特之处。但是，类词缀和词缀、词根也具有非常紧密的

---

① 类前缀“式”和“副”的例子来源于王洪君、富丽(2005)。

联系,“将它同词根和典型词缀泾渭分明、说一不二地划分开来难度很大”(尹海良,2011: 34)。类词缀由词根发展而来,有学者认为类词缀内部虚化的程度不一,对于那些词汇意义仍较明显的诸如“人、民、论、豪、场、站”等最好纳入“复合词末了[①]结合面宽”的普通语素范畴内(王绍新,1992;张小平,2008: 119);类词缀发展到一定阶段,可能向词缀转化,郭良夫(1983)认为“一个类前缀或一个类后缀,使用的次数多了,使用的范围广了,就会成为名副其实的前缀或后缀”,陈光磊(1994: 23)进而主张取消词缀和类词缀的区分,因为它们“是一种正在转变而尚未最后完成虚化的词缀,是一种‘准词缀’或‘副词缀’,或者说是‘预备词缀’”。

我们不同意取消类词缀的独立地位,因为从客观事实出发,类词缀与词根、词缀相比具备独特性,无法完全纳入二者的范围内,而将其独立出来研究,不仅能够使我们更深入地了解类词缀本身的特点,而且也能让我们对汉语词汇系统的内部差异有更清楚的认识。

1.2.3 类词缀的范围

由于类词缀和词根、词缀之间的边界模糊,学者们在划分类词缀的范围时有很大分歧,我们总结了学界比较有代表性的八种观点,如表 1-1 所示:

表 1-1 类词缀的数量及范围

代表性观点及所用名称	类前缀数量	类前缀举例	类后缀数量	类后缀举例
吕叔湘(1979: 48)类词缀	18	可、好、难、准、类、亚、次、超、半、单、多、不、无、非、反、自、前、代	23	员、家、人、民、界、物、品、具、件、子$_3$[②]、种、类、别、度、率、法、学、体、质、力、气、性、化
赵元任(1979: 112—117)新兴前缀/后缀[③](modern prefixes/suffixes)	10	不、单、多、泛、准、伪、无、非、亲、反	12	化、的、性、论、观、率、法、界、炎、学、家、员

① 这里的“复合词末了”指的是复合词词末,这一说法源自赵元任(1979: 115)。

② 根据马庆株(1995a),我们将“子”分为“子$_1$、子$_2$、子$_3$”,作词缀、读轻声的为“子$_1$”,指人的类后缀为“子$_2$”,如“臣子、夫子、君子”,不指人的类后缀为“子$_3$”,如“分子、原子、电子”。

③ 有学者在原文中并未使用“类前缀”这一说法,我们从尊重原文的角度出发,这里也列出他们采用的名称。

续表

代表性观点及所用名称	类前缀数量	类前缀举例	类后缀数量	类后缀举例
陈光磊(1994：23—25)类词缀	20	半、超、次、打、大、单、反、泛、非、好、可、类、前、全、伪、小、亚、有、准、总	54	夫、家、匠、师、生、士、员、长、手、汉、翁、倌、工、星、迷、族、佬、鬼、棍、蛋、虫、观、论、学、派、界、度、率、气、类、品、种、件、具、子$_3$、化、性、法、是、来、角、型、式、牌、号、热、业、科、处、局、厅、店、部、组
马庆株(1995a)准词缀	7	准、总、分、伪、亚、可、不	44	化、性、棍、户、家、迷、派、师、犯、夫、鬼、生、士、手、徒、员、子$_2$、界、别、处、带、度、法、份、观、理、论、热、手儿、坛、体、线、学、子$_3$、半、大、钢、图、委、小、协、影、展、中
汤志祥(2001：149—164)准词缀、类词缀	15	可、反、非、准、超、多、高、性、软、核、半、全、大、单、双	86	者、员、家、士、师、生、手、夫、星、迷、派、鬼、棍、品、性、化、感、坛、族、盲、户、学、论、观、界、星、机、赛、节、式、型、群、物、剂、金、法、款、库、股、价、罪、犯、案、级、牌、片、所、率、史、业、度、风、热、难、人、车、卡、站、票、券、水、鞋、肉、舞、歌、班、灯、箱、酒、饭、货、楼、工程、文化、意识、效应、消费、商品、经济、市场、精神、公司、小姐、现象、资源、行动

续表

代表性观点及所用名称	类前缀数量	类前缀举例	类后缀数量	类后缀举例
曾立英(2008) 类词缀	23	半、不、超、大、代、单、第、多、反、泛、非、负、副、可、老、类、零、软、伪、无、相、小、总	53	带、单、度、额、犯、方、费、风、感、观、鬼、户、化、机、计、记、家、件、界、狂、力、率、论、迷、面、品、期、气、器、群、热、赛、商、生、式、手、术、体、物、星、形、型、性、学、业、仪、员、园、者、症、制、状、族
尹海良(2011：79) 类词缀	16	准、类、非、超、可、伪、亚、泛、前、后、单、多、零、软、分、子	34	性、化、家、者、率、度、学、员、界、师、观、论、热、生、式、手、型、夫、棍、鬼、汉、迷、坛、别、星、族、霸、长、徒、门、盲、面、头、子$_{2/3}$
沈光浩(2011a) 类词缀	10	非、准、软、零、多、超、硬、亚、泛、次	32	员、民、师、者、手、虫、迷、哥、姐、奴、爷、嫂、客、星、盲、友、热、霸、城、风、门、族、坛、家、户、界、式、型、党、版、妹、吧

从表 1-1 我们可以看出，在学者们划定的类词缀中，类前缀最多为 23 个，最少为 7 个，类后缀最多达 86 个，最少为 12 个。

在以上八位学者列举的类词缀中，认同度最高的类前缀为“非”和“准”，各出现了 7 次；认同度最高的类后缀为“员、家、界”，各出现了 8 次。大部分的类词缀都仅出现了 1 次或 2 次①。这说明，学界对某些语素类词缀身份的判定还是存在很大分歧的。

表 1-1 中出现 3 次以上的类前缀有 20 个，它们是“非、准、可、超、单、多、反、泛、伪、亚、类、软、半、不、次、无、前、总、大、零”，出现 3 次以上的类后缀则有 39 个，包括“员、家、界、学、性、化、度、率、论、观、手、星、热、迷、法、生、鬼、师、族、式、型、品、子$_3$、夫、棍、者、坛、户、物、别、体、气、士、派、件、业、犯、盲、风”。为了最大限度地减少对某一类词缀身份的争议，我们决定在选择要研

① 根据表 1-1，仅出现 1 次或 2 次的类前缀有 26 个，类后缀有 128 个。

究的类词缀时先把认同度低(仅出现了 1 次或 2 次)的类词缀排除在研究范围之外,重点关注学界认同度相对较高(出现 3 次以上)的类词缀。不过对于这些学界公认的类词缀,有些也仍然值得进一步讨论,我们将在第 1.4 节中进行具体分析。

学界在类词缀数量和范围上的分歧主要是由以下两点原因所致:一是类词缀处于词根向词缀过渡的连续统中,它和词根、词缀之间的边界是模糊的,所以不可避免会有某些语素位于三者间的模糊地带,属于类词缀范畴中的边缘成员;二是学者们对类词缀概念的界定和特点的认识也会直接影响他们对类词缀的判定,综观学者们提出的类词缀的特点,有些在确认某一类词缀的身份时可操作性并不强,例如上文提到的语义的虚化性,是否虚化、虚化程度的高低就并不容易明确区分。因此,我们将在本章 1.4 节中提出一套目前看来更容易操作的类词缀确定标准。

1.2.4 不同范式的类词缀研究

总体来看,汉语的类词缀研究大致可分为五种不同的研究路径:基于结构主义的类词缀研究、基于形式主义的类词缀研究、基于认知语言学的类词缀研究、基于构式语法的类词缀研究以及基于生成词库理论的类词缀研究[①]。这五类研究在关注的重点问题、研究方法、所得结论上都有所不同,同时受理论基础的影响,也各有各的优缺点。

1.2.4.1 基于结构主义的类词缀研究

以结构主义语言学为理论基础的类词缀研究大多集中在 20 世纪中后期,带有结构主义构词法研究的鲜明特点:多是对类词缀派生词的结构进行共时描写,关注构词成分的语法属性,以及“不同语法性质的词素组合与整个词类、功能等语法性质的关系”(朱彦,2004: 7),回避用意义标准做系统研究。

陆志韦等(1957)的《汉语的构词法》作为国内第一本专门研究汉语构词法的专著,以结构语言学为理论基础系统分析了汉语的词语结构。其分析的程序是:先将词的结构类型分为多音的根词(即多音单纯词)、并立、重叠、向心等九类,然后按照构词成分的词性以及所构词的词性再次分类讨论构词情况。在书中,陆先生并未对类词缀[②]展开详细分析,多是例举式的描写,间或

① 后三类研究都有共同的认知取向,但在具体的研究思路和所依靠的具体理论上有明显区别,因此我们这里分别综述。

② 陆志韦等(1957:138)书中称为“类乎后置成分的东西”。

对派生词的结构和语法性质辅以简单说明，以“化”为例，他首先例举了“化”的派生词“软化、缘化、腐化、机械化、具体化、尖锐化、合理化”，然后指出“这是正在孳生的格式，多半能作动词用”（陆志韦等，1957：138）。强调派生词的内部结构和语法性质，在他分析词缀时体现得更为明显，例如他把单音节的儿化词分为十类①，分类的标准就是词基和派生词的语法性质。

Chao（1968/2011）基于美国描写语言学对汉语的语法进行了共时性的系统描写。在分析类词缀时，他也把重点放在了分析类词缀派生词的内部结构上，带有典型的结构主义特点。例如在分析类词缀“不”时，他是这样说的：“‘不’是副词，但在‘不科学’和‘不道德’中‘科学’和‘道德’都是名词。有时一个名词会通过逆构词变成形容词，例如‘名誉’也可以用在‘很名誉’中，尤其是当‘不名誉’也出现在上下文中时。”

在专文系统研究类词缀的成果中，王玲芳（2001）的《现代汉语新兴类词缀（语缀）研究》是我们在知网中检索到的时间较早的一篇，其理论框架也是基于描写语言学。以其对类前缀“多”的分析为例，论文中谈到了类词缀“多”的几个特点：可以直接修饰名词；修饰名词时位置固定，必须位于名词性词根前，位置更换后将失去类前缀的作用；有显示词性的作用，凡带“多—”的词都转化为名词；以同双音节组成三音节词为主要形式。以上几个特点，除了最后一个是类前缀“多”在音节组合上的特点之外，前三个特点都是从“多”的语法功能上来谈的，更注重对词语内部结构的分析。

结构主义的类词缀研究对派生词的内部结构进行了细致描写，但在另一方面，它们忽视了类词缀和词基之间的语义关系，因为结构主义学者们认为语义标准是无法把握的，这一点我们在 Marchand（1969：215）分析英语中的“-er”后缀时可以明显感受到，他说：“作为一种词类转换标记，-er 在由动词派生出的词中扮演了非常重要的角色，不过在由名词派生出的词中，它的词类转换标记地位就不重要了，因为大部分的词基和派生词都属于名词性的实词……-er 作为一种语义转换标记时，情况则完全不同，虽然大部分派生词都是指人名词，一般是男性，但也存在很多在语义上不相关联的义项。带-er 的

---

① 这十类是：(1)名词性的语素加上“儿”才是名词。(2)不加“儿”也是名词；加了“儿”，另是一个名词。(3)不加“儿”是动词；加了“儿”，是名词。(4)不成独立的名词，是动宾格分析出来的一部分，在拼音文字有时必须分写，例如“打/个/滚儿”，“闹了/摔儿/了”。(5)日期的名称。“今儿”是“今日”的变音，不是一般的儿化。“明儿”[miɐr]，是“明日”的变体，不同“名儿”[miŋr]。(6)不加“儿”是形容词；加了“儿”，是名词。有的例子也只是动宾格分析出来的一部分。(7)儿化的量词，其中有能作名词用的。参上 3 类。(8)不加“儿”是量词；加了“儿”是名词。(9)象声的成分加了“儿”，变成名词。(10)儿化的象声词。（陆志韦等，1957：131）

派生词可以指'纸币、钞票'(fiver, tenner)、'击打'(backhander)、'车'(two-seater, two-decker)、'衣领'(eight-incher)、'枪'(six-pounder)、'一阵风'(noser, souther)、'某一时刻的讲座'(niner)、'诗的一行'(fourteener)、'船'(three-decker, freighter)。"从 Marchand 的分析中我们可以看出,他认为从结构的角度来分析词缀、派生词和词基之间的关系是稳定的、规律性很强的,但是从语义的角度来看,词缀是相当灵活的,它能够同时表达多种不同的意义。

从语言事实出发,结构主义的类词缀研究存在以下缺陷:

首先,汉语的类词缀很多都是多义的,即使是在同样的内部结构中也可能具有不同的意义,仅仅从结构上研究类词缀的构词无法区别同一内部结构中的类词缀的不同意义。例如类词缀"一家"可分别附加在名词、动词或形容词性的词基后构成名词,如"钢琴家、游泳家、幽默家",在每一类派生词中"家"又有不同的意义,名词性词基后的"家"可表示"在某一领域有一定成就的人",如"气候学家",也可表示"具有某种身份的人",如"仇家",还可表示"专门从事某种(不好的)活动的人",如"阴谋家"等,结构主义的类词缀研究无法发现或者刻意回避了这三类词("气候学家""仇家""阴谋家")的区别。

其次,汉语中有语义相近、语法属性相同的近义类词缀,结构主义的类词缀研究关注类词缀及其派生词的语法属性,无法解释这些近义类词缀存在的差异。例如名词性类后缀"一员(保洁员)、一手(操盘手)、一师(按摩师)"等都可以附加在动词性词基后构成职业名,如果仅分析它们的内部结构都是"V.+类词缀→名词(职业名)",但它们并不能互相替换,这说明仅仅从结构角度研究并不能充分挖掘出它们的区别。

1.2.4.2 基于形式主义的类词缀研究

与其他范式的类词缀研究相比,形式主义的类词缀研究相对来说数量较少,在理论假设和主要观点上也存在一定的内部分歧。

Tang(1993,1995,转引自 Packard,2000: 158—163)是在形式主义的理论框架下较早进行汉语构词法研究的,他主张汉语的词和句法结构都是由同一套规则生成的,并且包括词缀、类词缀等在内的所有的构词成分都可被看作词干(stem),这些词干在构词时遵循以下两条规则:(1)复合规则:X→'X, 'X;(2)词干规则(可递归):'X→'X, 'X[①],进而 Tang(1993, 1995)细分出了汉语中的不同词汇类型,如:

① 规则(1)意为一个词由两个词干组成,规则(2)意为一个词干又可由两个词干构成。

名词→		动词→	
[’A	’N]$_N$	[’V	’N]$_V$
[’V	’N]$_N$	[’V	’V]$_V$
[’N	’N]$_N$	[’A	’V]$_V$
[’A	’V]$_N$	[’N	’V]$_V$
[’V	’N]$_N$	[’Ad	’V]$_V$
[’Ad	’V]$_N$	[’N	’A]$_V$
[’A	’A]$_N$		
[’Nu	’N]$_N$		
[’M	’N]$_N$		
[’Ad	’N]$_N$		
[’D	’N]$_N$		
[’Cj	’N]$_N$		

Tang 的这一体系并不区分自由语素和黏着语素，也不区分词缀和非词缀，因为他认为这些概念都存在很多不确定性，而且对它们不做明确区分“并不会对我们研究或者确定汉语中合法词的形式、结构和功能产生影响”(Tang，1995：198，转引自 Packard，2000：161)。这一看法值得商榷，以类词缀为例，如果说表人的类后缀都是名词性的，那么它们构成的词都是名词性的，但是对于“性”和“化”这样的兼类类词缀又该纳入哪一个范畴中呢？

2000 年，语言学家 Jerome Packard 在剑桥大学出版社出版了专著 *The Morphology of Chinese*(《构词法》)，以生成形态学和心理语言学为基础研究汉语的构词法。在书中，他提出了两条汉语的构词规则：a. $X^{-0} \rightarrow X^{-0,-1,(W)}$，$X^{-0,-1,(W)}$；b. $X^{-0} \rightarrow X^{-0}$，G(Packard，2000：168)①。其中，X^{-0} 为“词根词”(root word)，既可以单独成词，也可以充当词干或词的核心(head)；X^{-1} 表示黏着词根，X^{W} 表示构词词缀，G 表示语法词缀。在这两条构词规则下，随着 X 取值的不同，一共可以得到 9 种不同形式的词语形式②。除了通常所认为的词缀，Packard 将有改变词性作用的类词缀，如“无一、未一、非一、复一、可一、一性、一化、一然、一者”等都纳入了他的“构词词缀”(X^{W})的范畴，因此与类词缀相关的双音节组合为[X^{-0}，X^{W}](如“红化”)、[X^{-1}，X^{W}](如“惯性”)、[X^{W}，X^{-0}](如“无性”)、[X^{W}，X^{-1}](如“无机”)四种，多音节组合可以由 X^{-0}

① Packard (2000：169)同时指出，汉语构词除了受这两条构词制约之外，还要受汉语的“核心原则”(Headness Principle)限制，即“(双音节)名词总会有一个名词性成分在右边，动词总会有一个动词性成分在左边”(2000：39)。

② X^{W} 在一个词中只能出现一次，不存在[X^{W}，X^{W}]的组合，因此构词规则(a)只有 8 种组合形式，加上构词规则(b)，一共 9 种组合。

充当递归节点，分出$[X^{W}[X^{-0}, X^{0}]]$（如“未分配”）、$[X^{W}[X^{-1}, X^{-1}]]$（如“无原则”）、$[X^{W}[X^{-0}, X^{-1}]]$（如“非卖品”）、$[[X^{W}, X^{-0}]\ X^{-0}]$（如“无线电”）、$[[X^{W}, X^{-1}]\ X^{-0}]$（如“无核区”）等多种形式（有些组合理论上成立，但未发现实际的词）。Packard 的这一体系受西方形态学传统的影响很大，他将语素分为黏着词根和自由词根，词缀和非词缀，并试图用两条构词规则制约汉语词汇的生成，有很强的概括性，但却同时存在一些问题，仅就类词缀而言，一是会造成同一个类词缀构词的“四分五裂”，以类词缀“无”为例，它所构成的三音节词“无线电”“无核区”都属于“无＋$N._{素}$＋$N._{素}$”结构，但因为“线”是自由的，“核”是黏着的，Packard 就将它们划分为两个不同的形式，意义恐怕不是很大；二是在“构词词缀”这个概念上，能够看出 Packard 的定义与国内学者有所不同。

Packard 主张语素在词库中被指定为或自由、或黏着、或构词词缀、或语法词缀，并且构词过程是在进入句法结构之前就完成了的，这本质上属于“词汇主义”（Lexicalism）（Chomsky，1970）。20 世纪 90 年代，一种新的基于形式主义的形态学理论——分布形态学兴起。与传统词汇主义不同，分布形态学主张“句法词法同构”，“词的结构和句子结构均源自一个运算系统”（王文斌，2014：21）。经过 30 年的发展，分布形态学在理论系统、事实分析范围都有了很大提升，已经成为形态学领域很有影响力的分支①。目前，国内已经有学者用分布形态学理论研究汉语的构词问题（胡伟，2013，2017；王焕池，2014；谢静，2016；邓盾，2018，2020a，2020b），也有学者将部分类词缀（如“者、员、家”）的派生词纳入“合成复合词”②的范围进行了分析，以下我们将重点介绍程工、周光磊（2015）的研究成果，以窥分布形态学的研究路径。

程工、周光磊（2015）基于分布形态学的理论框架，研究了汉语中的动宾复合词（涉及部分本文研究的类词缀派生词）如“谣言制造者、传播病毒者、客

---

① 关于分布形态学理论的介绍和最近进展，可参见王奇（2008），常辉、姜孟（2010），王焕池（2013），程工、李海（2016）等。

② “合成复合词”（synthetic compounds）又叫“动词复合词”（verbal compounds），目前学界对它的界定不太统一：何元建（2004，2011：83，2013）认为合成复合词是含有动词和题元成分的复合词，是词汇化了的句子；程工（2005）和程工、周光磊（2015）则认为合成复合词由两部分组成：一个是派生于动词的中心词，另一个是非中心成分，在功能上相当于动词词根的宾语，它们的生成涉及复合和派生两个步骤（所谓“合成”）。从具体研究的范围来看，学者们的分歧集中在 VOX 型复合词上。何元建（2004，2011，2013）将“播音员、理发师、制造谣言者、传播病毒者”这样的 VOX 型词都纳入合成复合词的范围，但程工、周光磊（2015）则认为 VOX 型不属于合成复合词，具体原因可见后文介绍。“合成复合词”的界定和范围并非本书研究的重点，从方便行文的角度考虑，暂且将 OVX 和 VOX 型词都称为合成复合词。

运员、理发师”等的生成机制。研究认为，O. 和 V. 均为双音节的 O. V. X 如“谣言制造者”的生成过程为：a. 动词宾语的词根（“√谣言”①）与定类（零）语素（n^0）合并②→b. 动词的词根（“√制造”）与宾语合并→c. 宾语并入词根→d. 把合并后的“宾语＋词根”组合与定类语素合并③，整个生产过程涉及复合(b)和派生(d)两个步骤，是典型的合成复合词；O. 和 V. 均为单音节的 O. V. X 生成过程与此类似，也是典型的合成复合词。但是，V. O. X 类与前两类不同，当 V. 和 O. 均为双音节时，其生成方式属于“短语入词”，以“开创事业者”为例，“√开创事业”凝结为一个整体进入词库，本身“不用再参与任何句法运算”，只是作为词根与定类语素“者”合并，因此只通过派生这一个步骤就可以生成；当 V. 和 O. 均单音节时，以“播音员”为例，V. 和 O. 由于韵律的原因高度融合，也是进入词库称为词根（“√播音”），再与“员”合并产生派生词。因此，程工、周光磊(2015)总结认为“O. V. X 是标准的动宾合成复合词，而 V. O. X 均是通过派生或复合而成的派生词或基础复合词”。

除了程工、周光磊(2015)在分布形态学框架下进行的研究，还有部分学者基于生成语法也研究了合成复合词的生成机制，具体可参见顾阳、沈阳(2001)，何元建(2004，2011，2013)，程工(2005)，何元建、王玲玲(2005)，限于篇幅，我们不再做具体介绍。

总体来看，基于生成语法的类词缀研究更关注类词缀所构词的生成机制问题，关注原则和规则，诸如“右向中心原则”“词汇完整性假设”等都有很好的解释力。但是这类研究仍然存在以下两个方面的问题：一是对语义的忽视，这与整个生成形态学的倾向是一致的④，这一缺陷对于汉语来说尤为关键；第二点同样也是生成形态学中普遍存在的问题，这类研究更关注的是语言中受规则制约的(rule-governed)“可能的词”(possible words，Aronoff，1976：17)，“对真实的词的研究仅仅是为了通向可能的词”(Bauer，1988：9)，但是对于类词缀研究来说，我们更应该关注的是真实的语言使用，除了那些受规则制约的可能的词外，也应该关注那些看起来“不规则”的构词现象，并进一步为这些不规则构词现象的产生提供解释。

---

① “√”在分布形态学中表示尚未确定语类特征的词根。

② 之所以会首先完成这一步骤是因为，与词汇主义不同，分布形态学主张“词根在句法推导时即填入，但在句法上尚不具备语类特征，需要在句法中合并至定类语素节点下，如 n^0、a^0、v^0 等，确定其语类特征”(程工、周光磊，2015)。

③ 生成过程的树形图详见程工、周光磊(2015)，限于篇幅，不再展示。

④ 在生成形态学领域，在 Lieber(2004)之前都没有学者系统研究过构词法的语义问题，只有学者或多或少地涉及过一词多义、零派生和语义错配等问题(张未然，2015)。

1.2.4.3 基于认知语言学的类词缀研究

目前来看，基于认知语言学的汉语类词缀研究主要涉及以下三个方面：

(1) 利用原型范畴理论确定类词缀的地位。例如徐萍(2011)认为类词缀处于词根向典型词缀过渡的连续统中，如果将词缀看作一种范畴，那么"典型性最高的就是'典型词缀'，典型性不那么高处于边缘位置的就是'类词缀'"。

(2) 利用原型范畴理论为类词缀分类。例如阮畅(2012)提出类词缀"鬼""门""秀""性""巴""可"等与本义偏离，虚化程度非常高，甚至在一定的句法位置和结构关系中，被去掉后也不影响词语语义的表达，属于类词缀范畴内的核心成员；"客""族""汉""婆""姐"等虚化程度较高，但仍与本义相关，偏离不远，会长期保持在类词缀这一中间状态上，属于次核心成员；而"准""超""热""感""霸"等语义虚化程度很低，与本义的距离还比较近，属于边缘性成员。刘善涛(2013)更进一步强调，词典在收录新词时也应该对新词词群进行范畴化总结，"概括出具有原型意义的类词缀，并单立条目"。

(3) 采用转喻、隐喻理论分析类词缀的语义认知机制或生成机制。贾泽林(2011)、贺宁(2013)、刘代阳(2015)等从隐喻和转喻的角度分析了类词缀的词义生成机制；卢美艳、钟守满(2012)指出转喻凸显在类词缀公示语的意义拓展方面起着重要作用；黄金金(2013)，邹晓玲、王志芳(2013)则借助隐转喻理论对近年来相当能产的称谓名词派生构词做了解释。

基于认知语言学的类词缀研究，与前面两类类词缀研究相比，更注重研究类词缀语义的发展变化，并试图从认知的角度对类词缀的产生及语义变化做出解释。不过目前看来，这一类类词缀研究发展得还很不充分，主要体现在：

(1) 基础理论单一，认知语言学下的类词缀研究大部分以原型范畴理论和隐转喻理论为基础，少部分涉及意象理论(邹晓玲、王志芳，2013)和概念整合理论(贾泽林，2011；孙佳，2013；刘代阳，2015)。

(2) 除了一些最常用的类词缀如"化""式"和亲属称谓演变成的类词缀以外，其他类词缀受到的关注较少，缺乏系统性研究。

1.2.4.4 基于构式语法的类词缀研究

20世纪八九十年代以来构式语法兴起后，汉语学界有学者将构式语法的理论应用到类词缀研究中，比如李加鋆(2015)分析了"X哥"(李文称为"后缀式词语模")的构式生成机制、构式压制机制和构式继承机制；程晨(2015)总结了"指人"类流行语"X帝/控/二代"的构式义，分析了各构件X在词性、音节上的特征以及"帝/控/二代"的意义，探讨了"X帝/控/二代"等"指人"类流行语的句法功能和形成机制；张媛、王晨阳(2019)描写了"XX化"构式的语法特征，并从构式的内部和外部视角分别探讨了构式"XX化"的认知机制；许华元(2016)以"X风"为研究对象，在构式压制的基础上提出"类词缀压制"，认为X不论为何句法成分，在进入构式后都受到"风"的类词缀压制，从而在组配后表现出名词性并在语义上凸显事体性。不过，这部分研究与目前整个汉语构式语法研究存在的问题类似，有些类词缀研究虽然冠以"构式"字样，但实质上仍然是传统的类词缀语义、句法特征的描写，算不上真正的构式语法范式下的研究，在研究重点上也主要集中在对构式义的归纳和构式义生成机制(包括构式压制)的解释上。

除了以上研究，Booij(2005b，2010，2012)将构式这一概念引入形态学领域，形成了独具特色的构式形态学(Construction Morphology)理论框架，由此引发了一系列以构式形态学为理论基础的汉语类词缀构词研究，以下我们将做重点介绍。

与构式语法一脉相承，构式形态学主张构式是我们描写和分析自然语言的基本单位，所谓"形态构式"是在词层面形式和意义的系统性配对。与结构主义形态学和生成形态学不同的是，构式形态学认为应该从语音、句法、语义三个互相关联的层面来研究词的结构(Booij，2010：5)，一个最为核心的主张是认为自然语言的词库是通过图式和子图式来实现高度结构化的(Booij，2012)。Arocodia(2011)引入构式形态学的分析方法分析了汉语中类后缀"性"的产生路径，以及多义类后缀"吧"的语义辐射网络；随后Arocodia(2012)又基于构式形态学分析了汉语5类"介于派生和复合之间的语素"，包括典型的名词性类后缀如"学、家、员"，新兴类后缀"吧、迷"，在功能上近似西方词缀的"化"，既可附加在词上，又可附加在短语上的"者、式"，以及类前缀"非、反、超"等。

目前，国内基于构式形态学的研究还比校少，严敏芬、万华敏(2015)，安丰存、程工(2017)，袁野(2019)等介绍了认知形态学的基本理论内容，邵斌、王文斌(2014)，邵斌(2021)通过分析英语中"-friendly、-exit"等新兴词缀的构词图式论证了构式形态学的优势在于能对新兴词缀和词根、词缀进行统一解释。也有学者开始用它来解决汉语的构词问题，如宋作艳(2019)研究了"高富帅""矮穷矬"类词的词汇构式化；尹宇航(2019)分析了"老虎"的图式；梁如娥(2019)则从构式的形义配对关系上对名量复合词构式做出了整体解释。具体到汉语类词缀的研究上，袁野(2018)基于构式形态学分析了汉语中的"一哥、一姐"等为代表的类词缀构词(袁文称之"命名构式")的表层构式表征，将其总结为[X—H]$_{N.}$ ←→ [具有X特征的H]^{命名}，不过其文章的重点在于强调省略型复杂词语如“蜗居”等深层构式的存在，以及由表层构式到深层构式间的认知推演的重要性，对于命名构式的表层构式的分析较为简单；颜颖(2019)、邓紫芹(2021)结合定性描写和定量统计，分别对类词缀“云一、一体”和“一狗、一微”的构式图式进行描写，但总体来说研究深度还有所欠缺。整体来看，当前国内构式形态学视角下的构词研究高质量的成果不多，尤其是类词缀的构词研究还有很大的发展空间。

1.2.4.5 基于生成词库理论的类词缀研究

近年来在词汇语义学领域也有学者关注类词缀的构词问题，这里主要介绍生成词库理论下的类词缀研究。

生成词库(Generative Lexicon)理论是一个面向计算的词汇语义理论，由美国语言学家 Pustejovsky(1991,1995)提出，被认为是“当代语义学中最精细的形式化成分分析范式”(Geeraerts, 2010: 147)，它“首次把生成方法引入到词汇语义的研究中，提出了语义生成(组合)的机制”，并且“强调名词在语义组合中的重要性”(宋作艳、黄居仁，2018)。[①] 生成词库的一大特色是将一部分百科知识引入词义，从论元结构、物性结构、事件结构和词汇继承结构四个层面对词条做更丰富的语义说明，这一静态的语义类型系统为动态的语义运作系统服务，后者包括类型转换、类型强迫、选择约束和共组等机制(张秀松、张爱玲，2018)。基于生成词库理论，宋作艳(2009,2010,2015)[②]研究了汉语中三类与事件强迫相关的类词缀：指人的(如“一家”)、指物的(如“一机”)和指情状的(如“一热”)，指出能触发事件强迫的类词缀都是后置的，前两类构成的多是施事名词(倾向于高度范畴化的人造类名词、恒常性名词)；当与类词缀结合的词基 X 是体词性的 N. P. 时，就存在事件强迫，释义时需要添加一个谓词，重建一个 V. P. ，如果是人造类词缀，这个重建的 V. P. 多是整个名词的功用角色，如“弹钢琴”是“钢琴家”的功用角色，如果是非人造类指人类词缀，重建的 V. P. 则是名词的规约化属性，如“读书”是“书迷”的规约化属性；隐含的 V. 基本上可以从 N. 的功用角色、施成角色或规约化属性获得，如“钢琴家”中隐含的动词“弹”是“钢琴”的功用角色。不过，生成词库理论对我

① 国内关于生成词库理论的具体介绍，可参阅张秀松、张爱玲(2009,2018)，李强(2016,2018,2019)，李强、袁毓林(2020)。

② 宋作艳这三项研究成果分别是她的博士学位论文、发表的期刊文章和在博士学位论文基础上出版的专著，在类词缀的事件强迫上，核心观点变化不大，调整主要是在术语的使用(将物性角色中的“telic role”由“目的角色”改为“功用角色”)以及“规约化属性”(conventionalized attributes)的引入上，本书介绍时主要依据的是她 2015 年专著中的表述。

们研究构词中的多义问题(polysemy)很有帮助,但在近义词缀/类词缀的对比分析(the multiple-affix question)上似乎并不高效(Lieber, 2004: 8)。

1.2.5 小结

通过对汉语类词缀相关研究的综述,可以发现,类词缀研究目前取得了以下进展:

(1) 厘清了类词缀的内涵。在"类词缀"这一术语产生前,学界对这种近似词缀的语素还有不同的说法,但在"类词缀"被提出后,学界在术语的使用上基本达成了一致。

(2) 明确了类词缀的特征。经过20世纪80年代至21世纪初期的讨论[①],学界对类词缀的特点有了较为清楚的认识。综合前人研究,本书将"类词缀"定义为类似词缀、语义上尚未完全虚化的定位黏着语素,其整体特点为语义类化、组合能力强、能产性高、黏着、定位、单向高搭配、组配规则等。

(3) 在研究方法上从例举式描写发展为基于语料库的定量和定性研究,提高了研究结果的说服力。

(4) 不同范式的类词缀研究从各个方面推动了类词缀研究的深入:基于结构主义语言学的类词缀研究对类词缀派生词的内部结构进行了全面描写,基于形式主义的类词缀研究关注类词缀构词的生成机制并为此做出了形式化的努力(许多术语和规则也被基于认知语言学的类词缀研究继承),基于认知语言学的类词缀研究关注语义,为类词缀的产生及语义变化提供了很好的认知解释,基于构式语法的类词缀研究和基于生成词库理论的类词缀研究同样关注语义层面,强调类词缀构词时整体构式的规约性。其中,构式形态学、生成词库理论和本研究采用的认知形态学研究框架在基本理论主张上有一定的相似性,但在关注重点、具体研究方法、擅长解决的问题上都有差异,我们将在本书第二章中具体对比这三个理论框架的异同点,以展示认知形态学与汉语类词缀构词研究的适配性。

类词缀研究在以下方面仍有进一步研究的空间:

(1) 对类词缀的范围仍有较大争议。目前学者们划定的类前缀少则7个,多则23个,类后缀少则12个,多则86个,大部分类前缀和类后缀的认可度都很低。

(2) 目前来看,认知取向的类词缀研究是未来类词缀研究发展的趋势,

---

① 从1979年吕叔湘提出"类词缀"这一术语,至2005年王洪君、富丽发表《试论现代汉语的类词缀》,学界对类词缀的特点基本有了清楚的认识。

建构起系统的、可操作的认知取向研究范式尤为重要。

(3) 除了结构上的描写较为充分之外，仍有许多具体问题尚未解决，如多义类词缀的内部语义分化、近义类词缀的语义差异以及如何从认知层面为这种语义差异提供统一的解释等。从这些问题出发，未来的类词缀研究尤其需要关注以下两个方面：

首先，加强对类词缀的内部语义分化情况的系统研究。同基于结构主义和形式主义的构词法研究相比，注重语义是认知取向的构词法研究的特点(包括基于认知形态学、构式语法和生成词库的理论框架)。采用语义研究标准对仍然保留部分词汇意义、尚未完全虚化的类词缀来说十分重要，系统性地研究类词缀，语义是无法回避的重要方面。

其次，从语义、认知的角度加强近义类词缀的对比。目前的类词缀对比研究，在分析两个近义类词缀时，常是从结构或语用角度寻求差异，而忽视了其语义上的区别，例如尹海良(2011：133)在对比表否定的类词缀“不、非、零”时，认为三者在语义功能上是相同的，区别在于“零”附带有语用义或预设。根据尹海良的这一说法，在弱语境(只呈现搭配)、词基相同的条件下，“不”和“非”应该是可以自由替换的，但事实并非如此，我们可以说“极/十分/有点不人道”，但不能说“＊极/十分/有点非人道”。因此加强近义类词缀的对比，发现它们的真正差异并进一步解释它们在词汇系统中共存的原因，显得尤为迫切。

以上这两个方面都将是本书关注的重点。

1.3 研究方法

与美国结构主义语言学和生成语法“注重研究语言能力”不同，功能语言学和认知语言学都主张“对语言结构的研究不能脱离语言使用”，因此它们都“致力于创造一种在‘基于用法的理论’(usage-based theory)下的研究范式”(Bybee,2006：711)。在认知语言学家看来，语法“是在语言的用法中涉及的认知和心理加工过程造成的动态系统”(Hamawand,2008：24)，而“语言的用法可以解释为什么语言中存在语法以及语法以何种形式存在”(Bybee,2006：730)。

根据 Hamawand(2008：24－25)，基于用法的语言学(usage-based linguistics)有三条重要的主张：“关注语言的用法”；“同等对待语言能力和语言表达，语言系统的知识和语言使用的加工过程之间存在交互作用”；“排斥规则清单谬论，词库(不规则形式的清单)和语法(规则形式的清单)之间的差异是模糊的，语言的网络模型应该是既包括抽象的语法类型，也包括它们的词汇实例”。

本书也将采取基于用法（usage-based）的研究方法，具体来说包括：

1. 语料库研究法

语料库，“顾名思义就是存放语言材料的仓库（或数据库）”（黄昌宁、李涓子，2002：1），“现在人们谈起语料库，不言而喻是指存放在计算机里的原始文本或经过加工后带有语言学信息标注的语料文本”（顾曰国，2003）。根据李福印（2008：37—38）的统计，语料库已经成为认知语言学最热门的研究方法之一。

语料库对于本研究的价值主要体现在以下两个方面：

其一，语料库能为我们提供真实的、新鲜的类词缀构词的数据。我们可借助语料库对类词缀的派生规律进行穷尽式地统计分析，与修订周期一般较长的词典不同，语料库尤其是动态语料库可以反映语言的发展变化，帮助我们观察类词缀的动态使用情况。

其二，我们还可借助语料库考察类词缀派生词的搭配情况。在研究类词缀派生词对项时，我们将从它们的搭配入手发现它们语义上的差异，从而确定这组类词缀在识解上的区别。例如，我们统计了 CCL 语料库中“新式”和“新型”的常见搭配，发现“新式”更经常和“家具、大楼、服装、工装、旗袍”等外在形式凸显的具体事物搭配，“新型”则既可以和具体名词，也可以和抽象名词搭配，如“人才、毒品、病毒、关系、爵士乐”等，这说明，与“新型”相比，“新式”侧重于指样式新，“新型”则强调对原有事物的性质上的革新。从识解的角度来解释，“新式”被识解时凸显的是外观，而“新型”凸显的则是核心。

综合考虑国内现有语料库的优缺点，我们决定选择以下语料库作为语料来源：

（1）国家语委现代汉语语料库，网址：http://corpus. zhonghuayuwen. org/CnCindex. aspx（访问日期：2022—04—11）。

（2）DCC 动态流通语料库，网址：http://dcc. blcu. edu. cn/main. action[①]。

以上两个语料库是本研究首选语料库，它们的优势在于：规模大，国家语委现代汉语的语料规模达到了 1 亿字符，DCC 语料库的规模则达到了 100 亿字次；已经分词，并且带词类标注，基于语料库的词汇研究最大的问题就是有

① 本书所用 DCC 语料库的检索时间为 2015 年 11 月至 2016 年 3 月，该语料库现已无法打开，国家社科基金项目结项修改书稿时换用了 BCC 语料库。

效语料的提取，目前国内大部分汉语语料库中的语料都是生语料，未经分词也没有词性标注，以 CCL 语料库为例，如果我们想要检索类后缀“－家”，只能在 CCL 语料库中采用字符检索的方式输入“家”，检索出来的结果除了包括“X 家”之外，还会包括“家庭、家园、一家人、家家户户”等众多不属于我们研究范围的词，这就给我们的统计带来了很大不便，我们利用国家语委语料库和 DCC 语料库中的分词和词性标注就可以快速、高效地将全部以“家”结尾的词提取出来（将检索条件设置为“家/n.”），再辅以人工筛选，就能将类词缀“家”的派生词确定下来了。

我们之所以同时使用这两个语料库的语料，主要是因为国家语委语料库虽然是平衡语料库，但语料相对来说略为陈旧（最新的语料为 2002 年），从 2002 年到 2020 年[①]已经有不少新词语出现，也有很多新兴的类词缀产生，如“－控”（微博控、蛋糕控），而 DCC 语料库是动态流通语料库，它能够保证我们研究语料的新鲜程度。

（3）BCC 现代汉语语料库，网址：http://bcc.blcu.edu.cn（访问日期：2022－04－11）。

它作为本研究的备选语料库。在本书修改的过程中，DCC 语料库由于技术问题一直无法打开，于是我们在补充的类词缀（主要是部分新兴类词缀）构词研究中使用了 BCC 语料库，它的优势在于语料规模大（150 亿字），支持分词检索，除了报刊、文学语料外，还包括微博语料，能够全面反映当前的语言生活。

（4）北京大学 CCL 语料库，网址：http://ccl.pku.edu.cn:8080/ccl_corpus/（访问日期：2022－04－11）。

在本书第五章“汉语类前缀对项的构词识解”及第八章“汉语类后缀对项的构词识解”中，我们使用北京大学 CCL 语料库来验证派生词对项的搭配频率。

2. 定量和定性研究相结合

基于用法的语言学强调语言使用频率的重要性，“对于说话人来说，语言变体并非都处于同等地位”，“这些语言单位通过频率和搭配获得巩固的地位，那些出现更频繁的语言单位在语言系统中的地位更为稳固”（Hamawand，2009：19）。因此，定量研究方法在基于用法的语言学中使用得十分频繁。

本书也将主要采用定量研究方法。通过对语料库中类词缀派生词的穷

---

① 本书的主体研究完成于 2020 年末，因此语料检索也是到 2020 年为止。

尽性统计，我们能够发现该类词缀构词时的不同语义模式，确定该类词缀的原型义项，因为原型义项的出现频率在其范畴中往往是最高的。例如类后缀“员”表示“工作的人”（如“乘务员、飞行员”）时的类型频率[①]为296，表示“某组织的成员”（如“党员、团员”）时的类型频率为30，所以“员”的原型义项为“工作的人”。

与定量研究不同的是，定性研究方法注重对研究的对象进行“质”的分析，更侧重于对事物的含义、特征、性质等的描写和解释。如果说定量研究方法能够帮助我们对不同类词缀构词时的内部结构和语义模式有精确的了解，定性研究方法则可以让我们在此基础上进一步探知诸如近义类词缀构词时各有什么样的选择限制，以及如何从认知角度解释它们构词的共性和差异等。

3. 在描写的基础上解释

想要深入研究类词缀的构词，首先就必须对各个类词缀的派生情况进行具体和详细的描写，比如和它结合的词基在词类、语义方面有哪些要求，在范畴化的过程中可结合词基的地位是否平等等。以类词缀“家”为例，首先我们将具体描写它在原型义项和边缘义项下与不同类别的词基结合时产生的语义变体，以及这些语义变体构成的派生词等。

为构词规律提供解释是认知形态学的终极目标，也是本书的最终目的。我们将尝试从认知视角解释以下问题：某些类词缀（如类前缀“零、软、硬”）的指称化作用，类后缀的兼类，近义类词缀附加在相同词基上时所反映出的人们的识解差异等。

4. 共时和历时研究相结合

本书是针对汉语类词缀构词的共时研究，主要表现为：

重点研究现代汉语中组合能力强、能产性高的类词缀的构词规律；

研究各类词缀的内部语义分化时，以现代汉语语料库中的语料为基础，对各类词缀的派生词进行穷尽性统计，以发现不同类词缀派生时的结构和语义生成规律；

对汉语中的近义类词缀做对比研究时，重点关注它们在现代汉语中的构词的选择限制和识解差异。

类词缀的产生往往是词根虚化的结果，这种虚化不是一蹴而就的，而是在使用中逐渐形成的，因此本书虽然属于共时研究，但仍离不开历时考察，这

---

① 类型频率指的是一个语言表达式在语言中的具体出现的次数，例如我们在DCC语料库中共检索出类词缀“零”构成的派生词170个，那么它所构成的派生词的类型频率就是170。

一点主要体现在两个方面：一是在讨论各类词缀内部语义分化时，我们将结合历时语料分析其产生的过程，即它是如何从词根虚化而来的；二是当我们分析近义类词缀的识解差异时，我们也会尝试从历时角度对它们的识解差异作出解释，类词缀从词根虚化而来，人们附加在其上的识解差异往往是受了它们作词根时的词汇意义的影响。

1.4 研究范围

1.4.1 类词缀的确定

在第 1.2.3 节中我们已经谈到，目前学界对类词缀的划定仍然存在很大分歧，这除了与类词缀自身的模糊性有关之外，很大程度上也是因为目前学界对于类词缀的判定缺乏统一的可操作的标准，有些标准本身也带有很大的模糊性，如语义虚化标准。所以，在确定本书所要研究的类词缀之前，我们有必要为类词缀的确定建立一套明确的可操作的标准。

在判定一个语素是否是类词缀的过程中，可能会与它产生纠葛的概念有词根、词缀和单音节词，因此，要确认一个语素的类词缀地位，就必须同时排除它是词根、词缀或单音节词的可能性。我们认为，识别某一成分(A)是类词缀、词缀、词根，还是单音节词，可以依据以下几条标准：

(1) 形态标准：可结合的成分(C)只能是词以下的单位(1')，还是也可以是短语(1'')。

我们可以通过这条标准区分出词缀和类词缀。词缀只能附加在词以下的单位上，即满足标准(1')，如词缀“子”可以附加在双音的词上，如“哈喇子、澡堂子、笆篱子”，也可以附加在单音词根上，如“桌子、房子、刷子”[①]，但是词缀不能附加在短语上，如“ * 桌与椅子、* 玻璃门子”等是不成立的。类词缀则不仅可以附加词以下的单位上，如类词缀“式”可以构成“港式、立式、欧式；开放式、便携式、家庭式”，也可以附加在短语上，即满足标准(1'')，如“双向扩散式、罗密欧与朱丽叶式”等。这说明，能否附加在短语上是我们判定某一

① 这其中涉及“单音节＋子”中的单音成分性质判定问题，如“车子、傻子、胖子”中的“车、傻、胖”可以单独成词，但它们在充当构词成分的词根时有没有词类呢？这一点学界有一定争议，如赵元任(1979：122－125)认为“布子、刀子、鬼子”等属“N. 子”，“个子”等属“M. 子”，“拍子、骗子”等属“V. 子”(不过赵先生也单独分出了“棒子、妻子、胡子”作“N_B＋子”类)；陆志韦等(1957：12)认为语素不能分词类(称“字”)，因此将“刀子、谷子、梯子”等归为“名字＋子”，“引子、夹子、挑子”等归为“动字加‘子’成名词”(陆志韦等，1957：134)。我们这里不作区分，统称“单音词根”。

成分是词缀还是类词缀的关键标准。另外，词根和单音节词也都可以和短语结合，即满足标准(1’’)，如“儿童游泳池”的“池”、“小瓷茶壶”中的“小”。

(2) 句法标准：构成的语言形式内部是否允许句法操作。

根据“词汇完整性假设”(Lexical Integrity Hypothesis)，句法规则是无法影响到或适用于词语内部的，所以如果在新结合单位的内部允许句法操作(如删除、添加等)，就说明该单位是短语而非词。这一标准可以帮助我们区分类词缀派生词和短语，进而区分出类词缀和单音节词。

例如我们之所以说“软指标”是类词缀派生词，其中的“软”是类词缀，而“软面包”是短语，其中的“软”是单音节词，除了语义上的原因之外，还是因为“软指标”不允许插入“的”，“＊软的指标”不成立，“软面包”则允许插入“的”，“软的面包”成立。

(3) 语义标准：语义独特性，指A作为不自由成分和A作为独立形式的语义是否相同，这一标准可以帮助我们区别词缀/类词缀和词根。

以常被看作类词缀的“生”为例，有学者认为“研究生、旁听生、自费生”中的“生”属于类词缀，但实际上，此时“生”表示的仍然是“学生”，与它在“师生”(“师”和“生”是并列关系)中的意义并无差别，所以“生”此时是词根。同时，词缀和类词缀的语义独特性表现在不同方面：词缀的语义独特性体现为“去语义化”(desemanticization)上，“去语义化”又称“语义漂白”(semantic bleaching)，它是语法化中包含的4种相关机制的其中一种(Heine & Kuteva，2004：1—2)，如果我们将一个符号的语义表征看作一系列通常被称为语义特征的从语义元语言中提取的命题的集合，这些相互联结的语义特征共同促成了这个符号的语义复杂性(或称语义性)，去语义化是这些语义特征的丧失所造成的语义性的削弱(Lehmann，1995：127)，例如“桌子、椅子、凳子”中的词缀“子”与词根“子”已经完全没有任何语义上的联系了；类词缀的语义独特性则体现为“再语义化”，通过隐喻和转喻等认知机制，A作为不自由成分时表示的意义与A作为独立形式的意义相比已经发生了变化，这种新的意义可能更集中或更受限制，例如“家”作词根时由“家庭的住所”引申为在家庭里居住的人的集合(即“家庭，人家”)和专门从事某种职业的人家(如“渔家、农家”)等，在后一义项上“家”发生了语法化，表示[＋人的集合]这一语义特征首先脱落，而变成了对人的泛指，进而，在语法化的基础上，“家”又发生了再语义化，增加了[＋取得成就]的语义特征，从而表示“专门从事某一领域工作并取得一定成就的人”，如“画家、书法家、语言学家”等，此时“家”表示“专门从事某一领域工作并取得一定成就的人”的义项同其词根义“家庭的住所”已经相距较远了。

有时类词缀的语义独特性并不十分明显，仅表现为语义的偏离，具体来说就是指A作为不自由成分同A作为独立形式的语义有扩充或缩减，我们将其作为标准(3)的变体(3')。以类词缀“非”为例，古代汉语中的“非”可以表示“不，不是”，如“登高而招，臂非加长也，而见者远”(《荀子·劝学》)中的“臂非加长也”意为“不是胳膊变长了”，当“非”语法化为类词缀后表示矛盾性否定，如“非必需品”意为“不属于必需品的物品”，表面看起来，“非”的语义基本没有发生变化，都是表示否定，但实际上，类词缀“非”从古代汉语中表判断的“不，不是”义发展而来后已经发生了语义的偏离。在古代汉语中，表示“不，不是”的“非”作用在于表示判断，否定一个命题，其中暗含系词，如在句子“无恻隐之心，非人也；无羞恶之心，非人也；无辞让之心，非人也；无是非之心，非人也”(《孟子·公孙丑章句上》)中，连用了四个“X，非人也”的排比句，都可以翻译为“没有……之心，不是人”，整句意为“没有恻隐之心，不是人；没有羞恶之心，不是人；没有辞让之心，不是人；没有是非之心，不是人”，因此在这里的“非人也”中是暗含着系词“是”的。而当“非”语法化为类词缀后，它直接否定的是词基表示的具体事物或概念本身，已经不再暗含系词了，例如“非会员”表示的是会员之外的那类人，“非正式”也是直接否定“正式”，意为“不正式”。

我们在判定某一成分是词缀、类词缀、词根还是单音节词时，需要将以上三条标准综合起来：

表1-2　语法成分的性质判定

成分	标准(1')/(1'')	标准(2)	标准(3)/(3')
词缀	满足标准(1')	+	+
类词缀	满足标准(1'')	+	+
词根	满足标准(1'')	+	—
单音节词	满足标准(1'')	—	—

举例来说，“桌子”中的“子”不能附加在短语上，“桌”和“子”之间不能插入助词“的”，此时“子”不能独立使用，且已经发生了去语义化，因此“子”是词缀；“软缺电”中的“软”可以附加在短语上，“软”和“缺电”之间不能插入“的”，而且此时的“软”与表示物理属性的“软”(如“软面包”)相比，语义上发生了再语义化(表示“非硬性的”)，因此“软”是类词缀；“儿童游泳池”中的“池”可以同短语结合，“儿童游泳”和“池”之间不能插入“的”，此时“池”与“水池”的

"池"相比意义并无不同,所以"池"是词根;"小瓷茶壶"中的"小"可以和短语"瓷茶壶"结合,"小"和"瓷茶壶"之间可以插入"的",即"小的瓷茶壶"成立,并且"小"与"这幅画很小"的"小"相比意义也无不同,因此"小"此时是单音节词。

对于汉语的类词缀来说,以上三条标准运用时孰轻孰重,需要视具体情况而定,例如对于类后缀"式"的判定,形态标准就起到最为关键的作用,它可以非常灵活地同不同层次的语言单位结合,如"立式、家庭式、校企联合式、摸着石头过河式"等;但对于类后缀"家",语义标准则起到更重要的作用,因为从形态上看,"钢琴家"和"姑娘家"的"家"没有明显区别(类词缀"家" 也一般不与三音节以上的短语结合),但从语义上来看,"姑娘家"的"家"明显已经进一步虚化,成为词缀了。

除了以上三条核心标准之外,定位性、黏着性、组合能力、能产性、组配的规则性等也可作为我们判定时的辅助手段。汉语中的类词缀具备定位性和黏着性,这是它们与词根和单音词的不同之处;而组合能力强和组配的规则性则是类词缀和词缀的区别,大部分类词缀的组合能力都较强,不过也有部分类词缀不具备这一特点,如"夫、士"。另外,需要强调的是,组合能力和能产性之所以只能作为辅助判定标准,也是因为我们单纯从这两个因素出发并不能判定出某一成分是类词缀还是词根,仍然必须依靠上文所列的形态、句法和语义三条核心标准。

结合以上所有标准,我们认为,目前在学界认同度较高(在表 1-1 中出现了 3 次以上)的类词缀中,也有一些值得继续讨论的:

(1)"单"和"多",如"单方面、单细胞、单功能,多边、多维、多音节、多功能"等。

吕叔湘(1979:48)、赵元任(1979:112—117)、汤志祥(2001:149—164)、曾立英(2008)、尹海良(2011:179)将以上例子中的"单"和"多"都归纳为类词缀,陈光磊(1994:23—25)认为"单"是类词缀,沈光浩(2011a)认为"多"是类词缀。我们认为,"单"和"多"都并非类词缀,而属于复合词中结合面比较广的语素。因为"单方面、单细胞、单功能"等中的"单"意为"只有一个的",与"单人床、单扇门"中的"单"表意一致,此时"单"不具备定位性,如"落单";"多边、多维、多元论、多音节"中的"多"意为"数量大于等于三的(有时也可能是大于等于四)",如"多边"是指"由三个或更多方面参与的,特指由三个或更多国家参加的"(《现汉》),在此意义上,"多"虽然具有定位性,但实际上仍然应该属于词根,主要原因有二:其一,"多"的意义就是表示数量,仍然非常实在,与"单、双/三"对应,例如"单边－双边－多边""三维－多维";其二,既然"单"

“双”和“三”是词根，那么构词时与它们有对应关系的“多”也应该是词根。

(2) “大”，如“大地、大陆、大海，大丈夫、大白菜、大班”。

陈光磊(1994：23—25)、曾立英(2008)将以上例子中的“大”都归纳为类词缀，我们认为它们属于复合词中结合面广的词根语素，而非类词缀。这些例子中的“大”有两种不同的意义：“大地、大陆、大海”中的“大”表示“在体积、面积、数量、力量、程度、强度、幅度等超过一般或超过所比较的对象(跟‘小’相对)”(《现汉》)，此时“大”不具备定位性和黏着性，如“房子大、年纪大”；而“大丈夫、大白菜、大班”中的“大”则是用在事物名前，表示分类，此时“大”虽然具备定位性，但并不具备组配的规则性(接收向)。

(3) “星”，如“明星、救星、寿星、歌星、影星、球星、福星、笑星”。

陈光磊(1994：21—23)、汤志祥(2001：149—164)、曾立英(2008)、尹海良(2011：79)和沈光浩(2011a)都将以上例子中的“星”定性为类词缀，但我们认为它此时仍属于词根语素，原因同样是它不能满足类词缀要求的定位性。以上例子中的“星”意为某方面杰出或有等级的人或事物，在此意义下，“星”也可位于词首，如“星途、星探、星运”等。

(4) “生”，如“研究生、旁听生、自费生；医生、先生”等。

陈光磊(1994：21—23)、汤志祥(2001：149—164)将以上各例中的“生”都定性为类词缀，马庆株(1995a)认为后二例中的“生”是类词缀。我们认为，“研究生、旁听生、自费生”中的“生”为“学生”，是词根而非类词缀，因为在这一义项下，“生”并未再语义化，仍然表示的是词根义，而且也不具备黏着性，例如在“师生”一词中，“师”和“生”属并列关系；后两例，“医生、先生”中的“生”也是词根，“生”表示的是“有学问或有专业知识的人”，“医生”作为职业名，是从“古代从官学中学医肄业的人”①(即官学中学医的学生，如《唐六典·太医署》：“医生四十人，典学二人。”)引申而来的，而“先生”一词无论是作“年长有学问的人”还是“老师”讲，均是从“父兄”(《论语·为政》：“有酒食，先生馔。”)之意引申而来，也就是说，职业名“医生”和敬称“先生”均是古代汉语词义引申的结果，而非词法构词的结果。

(5) “户”，如“贫困户、示范户、钉子户；暴发户、个体户、关系户”。

马庆株(1995a)、汤志祥(2001：149—164)和沈光浩(2011a)将以上各例中的“户”都视为类词缀。“贫苦户、示范户、钉子户”中的“户”表示“人家；住户”，“暴发户、个体户、关系户”中的“户”可以指称个体，如“他是个暴发户”。我们认为这两类“户”都属于词根，而非类词缀。“贫困户”中的“户”并不具备

---

① 释义引自罗竹风主编《汉语大词典》(上海辞书出版社，1986/2011)。

黏着性和定位性，例如我们可以说"一家一户、户主、户口"。"暴发户、个体户、关系户"中的"户"虽然指称个人，但实质上表示的也是"家庭"的概念，因为即使是个人在户籍上也是可以单成一户的，这一点在语言中表现为"户"同时可以指称家庭，如我们也可以说"他们家是个暴发户，生活品味不高"。也就是说，"户"可以指称个人的原因并不在于它类词缀化了，而是因为"户"本身就可以指称个人，因此"暴发户、个体户、关系户"中的"户"也是词根。

除了以上所举5组，我们认为，在学界认可度较高的类词缀中还有"论、观、法、品、物、气、风"等都只能算作能产性较高的词根。

此外，有些前人所列类词缀随着时代发展目前已经不具有能产性（不再构成新词），我们这里也不再研究了，它们是"夫、士、子$_{2/3}$"①。

最终可以确定，在学界认可度较高的类词缀中，以下这些入选本研究的类词缀范围，它们是：

类前缀：非、准、可、超、反、泛、伪、亚、类、软、半、不②、次、无、前、总、零；

类后缀：员、家、界、学、性、化、度、率、手、热、迷、鬼、师、族、式、型、棍、者、坛、别、体、派、件、业、犯、盲。

1.4.2　类词缀的选取

在1.4.1节中我们共确定了43个类词缀，其中类前缀17个，类后缀26个。如果将它们全部研究一遍，这自然可以保证研究的广度，但也会带来两方面的问题：一是会导致研究的同质化，二是会在一定程度上影响研究的深度。

既然我们的研究除了要考察各个类词缀的语义分化外，更重要的是要将同一认知域（认知域的概念我们将在第二章作具体介绍）内的类词缀进行对比，发现它们构词时对词基的选择限制以及它们附加在同一个词基之上时所体现的识解差异，所以我们决定以认知域为纲，选取那些在同一个认知域内分布密集的类词缀③进行研究。

从以上43个类词缀中可以归并出六个类词缀分布密集的认知域：

---

① 考虑到类前缀的能产性大多没有类后缀高，所以某些能产性不高但很有代表性的类前缀我们也纳入了研究范围，如"半、类"。

② 表否定的"不道德、不科学、不名誉"中的"不"能产性并不高，但考虑到它此时已经有了一定的派生性[虽然程度并不高，可参看齐冲、张未然（2020）]，我们认为，它有成为类词缀的潜力，为了将它与同样表示否定的"无－、非－、零－"比较，这里也把它纳入研究范围。

③ 这里所谓的"分布密集"指的是同一认知域内至少存在2个表义相近或相反的类词缀，例如在表示施事关系的认知域中，有3个类后缀（"－员、－手、－师"）表示职业，3个类后缀（"－迷、－狂、－控"）表示"痴迷"，2个类后缀（"－家、－帝"）表示专长。

否定认知域:类前缀“不一、非一、无一、零一”;

差距认知域:类前缀“半一、类一、准一”;

降级认知域:类前缀“次一、亚一”;

职业认知域:类后缀“一员、一手、一师”;

领域认知域:类后缀“一界、一坛”;

类型认知域:类后缀“一式、一型”。

另外,从比较的角度,我们又补充了与这43个类词缀隶属同一认知域的其他类词缀(“/”之前的为43个类词缀范围内的,之后的为我们补充的):

性质认知域:类前缀“软一”/类前缀“硬一”;

时序认知域:类前缀“前一”/类前缀“后一”;

支配认知域:类前缀“总一”/类前缀“分一”;

专长认知域:类后缀“一家”/类后缀“一帝”;

痴迷认知域:类后缀“一迷”/类后缀“一控、一狂”;

领域认知域:类后缀“一界、一坛”/类后缀“一圈”。

此外,书中还将专门研究两类特殊的类词缀:一类是特殊成分“者”,一类是兼类类词缀“性”和“化”。综合起来,最终确定15个类前缀、16个类后缀共31个类词缀作为具体研究对象。

当然,对于其他类词缀,虽然我们不对它们进行专门研究,但是行文中也会有所涉及。

第二章　本书理论框架概述

在语言学的各个研究领域中，形态学[①]研究的是“词的内部结构”（the internal structure of word）（Matthews，2000：9），根据其理论基础的不同，目前已发展出结构主义形态学（structural morphology）、生成形态学[②]（generative morphology）、认知形态学（cognitive morphology）、构式形态学（construction morphology）等不同分支。

从广义上讲，采用认知视角的形态学研究都可以称为“认知形态学”。综合来看，学界目前使用“认知形态学”这一术语的研究主要包括两类。一类是基于认知心理学的形态学研究，如 Niemi et al.（1994）在一系列实证研究的基础上提出了芬兰语名词的加工模型 SAID（Stem Allomorp/Inflectional Decomposition）：主格单数是芬兰语名词心理上的基本形式（不论是单语素的还是派生的）；在词汇识别中，屈折而非派生的名词会被拆分为词干和词缀；在言语产出中，不论是屈折名词还是派生名词都会被拆分为词干和词缀；分解的名词词干变体有独立的心理表征。Ahlsén（1994）在进行了一系列针对失语症病人和普通人的阅读、产出（口误）和词汇判断实验后，发现整词加工方式和形态加工方式在不同的实验任务中都存在，在一些自动化的简单加工任务（如对一些常见的瑞典词的词汇判断任务）中多是整词加工，而在一些自动化程度不高的加工任务（如失语症者的词汇产出）中可能是形态加工方式。另外一类是基于认知语言学的形态学研究，如 Gaeta（2005）在论文“Thoughts on Cognitive Morphology”中提出了一个认知形态学模型，包括以下特征：语素与图式表征相关联，后者是高度稳定的概念化隐喻的结果；在隐喻中，合成词被凸显的是图式表征的部分而非派生的部分（如构词法）；在派生时，图式表征的建立必须依赖说话者能够扩展的能产性行为。又如 Gaeta（2010）通过研究卢森堡语中被动助动词 ginn 的产生和罗曼语言中表施事和工具的后缀的发展过程，来证明将历时与共时研究相结合的重要性，以及将认知形态学应用到历时研究的重要性。Golfam & Sadegh（2014）、Golfam et

---

① 本书的形态学是广义的形态学。一般认为，形态学有狭义和广义之分，“狭义的的形态学只研究构形法，广义的则兼研究构词法”（王力，1955）。

② 包括词库论和分布形态学两个分支。

al.(2014)基于 Hamawand(2011)提出的认知形态学框架,从范畴化、构型和概念化三个方面分别分析了波斯语中的工具类合成词和并列式复合词。

本书所谓的"认知形态学"属于后一类,具体来说,指的是语言学家 Zeki Hamawand 在 2007 年至 2011 年的系列研究中形成的认知形态学(Cognitive Morphology)理论框架,它以认知语言学为理论基础,将认知语言学的应用范围由句法扩展到词法,研究"构词法的认知层面"(the cognition aspects of words)(Hamawand,2011: 46),致力于为构词法提供认知上的解释。

就认知形态学与认知语言学的关系而言,它实质上是采用认知语言学的相关理论对词语的内部结构(包括语义关系)进行分析的形态学分支,研究对象是词的内部结构,虽然它的研究方法和理论框架多是基于认知语言学的,但它对认知语言学相关理论的应用是有所发展和改造的,比如 Langacker 在认知语法中提出了认知域和识解的概念,Hamawand(2007,2008,2009,2011)将它们应用到形态学研究中,用它们来解决英语词缀构词的问题,并提出了具体的操作方法,如语义相近的词缀占据同一认知域的不同侧面,表现为不同的词缀在派生时对词基有不同的选择限制。所以我们认为,将认知形态学从认知语言学中独立出来,强调其形态学的属性还是有必要的。

Hamawand 提出的认知形态学的理论框架由认知假设(cognitive assumption)、认知机制(cognitive mechanism)和认知操作(cognitive operation)三个维度共同搭建,其中认知操作维度是具体研究的思路和线索,由范畴化(categorization)、构型(configuration)和概念化(conceptualization)三大部分组成[①],我们将在本章 2.2 节做具体介绍。鉴于认知形态学以认知语言学为基础,在此之前,我们先来回顾下认知语言学的基本主张,并谈谈它对我们研究类词缀的启发。

认知语言学作为一门"研究语言的普遍原则和人的认知规律之间关系的语言学流派"(李福印,2008: 3),其基本的理论主张包括:"(1)自然语言既是人类认知活动的产物,又是认知活动的工具,其结构和功能应视为人类一般认知活动的结果和反映。人类的语言能力不应当作人脑里独立于其他认知能力和百科知识的一个完全自主、自足的部分。(2)语义不是基于客观的真值条件,并非对应于客观的外在世界,而是对应于非客观的投射世界(projected world),并与其中规约性的概念结构(conceptual structure)直接联系。概念结构的形成与人的物质经验、认知策略等密切相关。(3)语言共性

① Hamawand 对于这三大组成部分的具体说法在不同时间的成果中略有差别(实质内容未变),比如在 2007 年的专著中,他称之为"范畴"(category)、"域"(domain)和"识解"(construal),我们这里主要依据的是其在 2011 年的表述。

及语言里的一般规律往往体现为某种趋势，而不是绝对的规则。对语言共性更有意义的解释往往须在形式之外寻找，如从表达交际功能、人类的认知能力及策略等方面去探求。(4)句子的合法性或可接受性并不是绝对二分的，即要么可接受，要么不可接受，而是渐进的，同语境、语义及语法规则密切相关。”(吴为善，2011：8—9)

以上四条认知语言学的基本主张，对我们研究类词缀很有启发，主要表现在：

(1) 主张一认为语言结构和功能都是人类一般认知活动的结果和反映，那么词的内部结构就不是自主的、任意的，而是有动因的(motivated)，与人类的认知活动密切相关，这说明从认知的角度研究类词缀的构词是十分必要而且可行的。

(2) 主张二认为语义是人类对客观世界概念化的结果，也就是说，一个概念结构(或称语义结构)的形成除了涉及语义内容(semantic content，由客观世界提供)以外，还关涉到人类的各种认识能力，二者共同作用才能形成概念结构。对类词缀来说也是同样如此，人类的认知能力作用于客观世界的语义内容才能最终促进类词缀语义的形成。

(3) 主张三强调语言规律表现为某种趋势，而非绝对的规则。因此我们在对比近义类词缀构词时对词基的选择限制时，它们的差异往往是倾向性的，例如表否定的类前缀“非”更倾向于和表示“类别”的词基结合，如“非成员、非必需品、非金属”等。

(4) 主张四强调句子的合法性或可接受性并不是绝对的，而是同语境、语义以及语法规则密切相关。类词缀派生出来的词同样也是这样，合不合法，能不能说都并非绝对，甚至也可能出现目前不合法、将来合法的情况，所以我们必须从实际语料出发，根据语料库中出现的派生词，再辅以个人语感来确定。

通过以上分析，不难看出认知形态学同认知语言学继承和发展的关系，这里需要重申的是，认知形态学是基于认知语言学的形态学分支，所以它和认知语言学最大的不同就是，认知语言学的研究重点是句法，而认知形态学只研究词的内部结构，至于词和词之间(如同义词、反义词、同形异义词)、词和句子之间的关系则不属于它研究的范围。

2.1　认知形态学在构词法研究上的优势

我们之所以要选择认知形态学作为本研究的理论框架，主要是因为，与其他范式的构词法研究相比，它一方面与汉语有更强的适配性，另一方面它也代表了构词法研究新的发展趋势。

2.1.1 从任意性与理据性之争看认知形态学与汉语研究的适配性

语言的任意性和理据性之争是语言学界长期以来讨论的最具争议性的问题，“在语言学史上构成不同学派相互竞争的一条主轴”[①]（徐通锵，1997：27）。

早在古希腊时期，哲学界就开始讨论语言的任意性和理据性问题了，如柏拉图的《克拉底鲁篇》（Cratylus）中就记录了苏格拉底和克拉底鲁（Cratylus）、赫尔墨根（Hermogenes）之间关于事物名称的一次对话。赞成语言任意性的学者以亚里士多德为代表，认为“人们仅仅是按照习惯、按照彼此之间的协商，按照自己所定下的法则或规定来称呼事物的”；赞成语言理据性的学者则以苏格拉底和柏拉图为代表，认为“人们是按照事物的本质、根据事物本质的真实知识来称呼事物的”（高名凯，1963：310）。

在现代语言学诞生后，结构语言学和转换生成语法都强调语言的任意性。索绪尔（1980：102）认为“语言符号是任意的”，而且这是它“头等重要的特征”；布龙菲尔德（1998：172）也强调“语言形式跟意义的联系完全是任意的”，因为不同的语言社团会用不同的词语指称相同的事物。乔姆斯基的转换生成语法更进一步提出“句法自治论”（the autonomy of syntax）（主要是句法形式），即“人脑内部有一个与语义和话语等外部因素无关的自足的句法系统”（Neymeyer，1998：23）。

到了功能语言学派，学者们开始强调语言中非任意性的一面，认为语言形式受功能驱动，“语义和词汇语法即意义与形式之间的关系是非任意的”（朱永生，2002），韩礼德（1985，转引自吴会芹，2012：165）指出：“语言的进化满足了人们的需要，就这些需要而言，语言的组织方式是功能的——不是任意的。”20 世纪 80 年代，认知语言学兴起，强调语言形式和意义间的联系是有理据的，二者的中介是认知，概念结构的形成源于人类对现实世界的感知体验和认知加工。

需要明确的是，强调语言的任意性或理据性并不代表排斥另一方面。实际上，索绪尔在强调任意性的同时，指出语言中也有理据性的一面，例如虽然

---

① 原文是“编码的这种规则与不规则的争论在语言学史上构成不同学派相互竞争的一条主轴”。徐通锵（1997：19—27）认为“语言是现实的编码体系”，语言的约定说（任意性）“强调编码的规则性”，而规定说（理据性）强调“人类编码能力的创造性和在实际语言中表现出来的不规则性”。

法语“dix-neuf”(19)中的每一个部分都是任意的符号，但该词作为一个整体却是相对可论证的(索绪尔，1980：181－182)；认知语言学也“并不排斥任意性”(李福印，2008：42)，认为二者“同等重要、辩证统一”(朱永生，2002：6)，只是“语言中理据性多于任意性”(Lakoff & Johnson，1999：465)。

关于任意性和理据性的关系，我们认为，徐通锵先生(2008：48)总结得十分到位，他指出：“现实现象的多种多样的特征为语言社团的理据选择提供了客观的根据，而选择哪一种特征作为命名编码的理据则由语言社团约定俗成”，“约定性(即任意性，笔者注)是符号理据性得以实现的条件和表现形式；无理据，约定性失去凭借，无约定，理据也无法实践”。

认知形态学以认知语言学为基础，同时也继承了它对语言任意性和理据性的认识，“在形式和意义之间，着重于意义，强调概念结构的中心地位”，这一点与汉语研究(包括类词缀研究)“有很高的适配性”(张敏，1998：198－201)。首先，认知形态学重意义、重理据的特点与汉语的语言类型相一致：认知形态学关注意义，强调意义和形式间的理据性，汉语是“语义型语言”，采用的是“理据性编码机制”(徐通锵，1997：52)。其次，类词缀虽然已经虚化，但仍保留了部分词汇意义，所以如果说结构主义重形式、重分布的研究方法在研究它认为“本身无意义的”的词缀(Marchand，1969：215)[①]时尚且适用，在研究仍有词汇意义的类词缀时就稍显不足了。最后，认知形态学注重研究构词法中形式和意义结合的理据，并且试图为其提供认知上的解释，这对我们探索具有相同语法功能的类词缀的差异更有帮助。

在语言教学领域，认知形态学强调构词的理据性更具应用价值。单纯强调任意性“会对许多语言形式与所指意义之间的对应性、规律性、理据性失去充分解释的理论基础”，“心理学家普遍认为人们在对语言理解基础上所形成的记忆效果会更好，特别对于成年人来说更是如此”(王寅，2007：539)，加强对语言理据性的解释可以帮助学生加深对语言的理解，从而帮助他们提高语言能力和运用水平。

2.1.2　认知形态学对意义的关注反映了构词法研究的发展趋势

在形态学的不同分支中，结构主义形态学注重对已经存在的词的结构进

---

① Marchand(1969：215)的原文为“与自由语素不同，词缀本身是无意义的，它只有通过和它所变换的自由语素的结合才能获得意义”(Unlike a free morpheme a suffix has no meaning in itself, it acquires meaning only in conjunction with the free morpheme which it transposes)。

行系统性描写；转换生成形态学（包括词库论和分布形态学）重视"解释语言中可能的词"（Aronoff，1976：17－18）的生成过程，"关注原则和规则"（Onysko & Sascha，2010）；认知形态学则以意义为中心，注重研究认知能力是如何影响构词的。

结构形态学和转换生成形态学都以形式为中心，它们在一定程度上忽视或回避意义对于系统研究构词法的重要价值。结构形态学回避用意义标准对形态做系统研究，因为它"难以捉摸"（布龙菲尔德，1998：256）；而在生成形态学研究中，也一直"没有关于构词法语义的综合研究"（Lieber，2004：2）①。

认知形态学，或者说基于认知语言学的形态学研究，则以意义为中心。Ungerer(2007)认为构词法研究近年来开始了语义化（semanticization）的进程，而认知语言学在这一进程中，一方面能够提供理论指导，"从以语义为中心的原则出发"，基于认知的构词法研究"将构词的所有方面都看作是有意义的，包括参与构词的成分和它们的组成部分（比如它们是不是语素）所表达的概念、派生词的结构类型和它们所受的限制，以及构词中过程性的方面（如词汇化）"等；另一方面可以提供实践工具，比如认知语言学中的原型范畴化、隐转喻，以及图式理论等都可以成为描述词汇概念的方法。

综合以上两方面，我们认为，对于构词法研究来说，认知形态学的优势在于：

(1) 探索构词法形式和意义间的理据，以及为这种理据提供解释。结构

---

① 我们认为，Lieber 这里所说的生成形态学（结构主义形态学也是如此）没有系统研究过构词法的语义是就整个形态学的范式来说的。在词汇语义学领域，当然早有学者对词汇的意义进行过系统性研究，如 Ullmann(1962)、Leech(1974/1981)、Lyons(1977)等，但他们主要研究的是词义和词义之间的联系，如同义、反义、多义、同形异义、上下义关系等，虽然也研究词的内部语义，如提出了义素分析法、语义成分－词义构成模式分析法等，但往往并不涉及对词语内部结构和语义关系的研究。不过，Lieber 所说的这一情况在汉语的构词法研究中略有不同，汉语学界很早就有学者意识到了语义的重要性，并尝试从纯语义的角度来研究构词法（孙常叙，1956；李行健，1982；符淮青，1985；刘叔新，1990b；周荐，1991a，1991b；朱彦，2004），例如孙常叙（1956：100－106）首次尝试全面采用意义关系来描写汉语中的词汇结构，将"词组结构造词"分为"修饰关系""并列关系""因果关系"和"支配关系"四类；刘叔新（1990b）作为汉语描写词汇学的倡导者，也看到了用句法结构来比附复合词内部结构的缺陷，认为"句法结构充其量只在复合词的大部分结构格式中有个模糊的投影"，提倡从语义角度构建构词法体系，将复合式分为质限格、态饰格、支配格、补足格、陈说格、并联格、重述格、统量格、表单位格、杂交格等。但是这些研究多关注的是复合词，也并未形成一种系统的研究范式，认知形态学的价值在于提出一种从语义角度研究构词法的研究范式（同时适用于复合和派生），而且注重从认知角度对构词进行解释，探索其背后形成的认知动因。

主义语言学和生成语言学都强调语言的任意性，不关注构词法形式和意义间的理据，这就造成它们无法解决或回避研究诸如以下的问题：为什么语言中存在大量的透明词，例如“黑板、美丽、爱国、病因、搬运、抢夺、干旱”等，可以帮助我们依靠其构造形式猜测语义？为什么我们说“多少、大小、远近、长短、宽窄、高低、深浅”而不是相反？为什么“非凡”和“不凡”都有“不平凡”的意思，但我们一般说“非凡的努力”，而不说“*不凡的努力”？以上这些例子清楚地说明构词法的形式和意义间是有理据的，认知形态学不仅强调构词的理据，同时试图从认知的角度对这些理据进行解释，这一点与目前整个语言学界重解释的研究取向也是相一致的。

(2) 深入研究复合词内部的语义关系。汉语复合词内部的语义关系非常复杂，仅仅从结构和形式的角度来研究复合构词，会导致“词语内部丰富多彩的语义关系被掩盖在少数几种‘句法关系’之下”(朱彦，2004：7)。例如在汉语述宾结构的复合词中还涵盖着动施、动受、动工具、动原因等多种语义格关系，“打拳、洗三、养伤”在结构上都属于述宾，但在语义关系上分别属于动工具、动时间、动原因类(王洪君，1998)，要想考察它们的区别就必须从它们的语义关系着眼，仅仅从结构和形式角度来研究是不够的。

(3) 为词缀和类词缀的语义分化提供充分的解释。例如在“$N_{素}$＋家”构成的派生词中，有“钢琴家、音乐家、科学家、语言学家”，也有“仇家”，还有“阴谋家”，它们由“$N_{素}$＋家”构成，词性也都是名词，仅仅从结构和形式来研究这三类词是无法发现它们的区别的，要想发现它们的差异就必须从语义入手。以认知形态学为基础来研究构词法就可以为词缀和类词缀的内部语义分化提供充分的解释。

(4) 发现功能相同、语义相近的词缀和类词缀存在的差异。结构语言学和生成语言学很少对功能相同、语义相近的词缀和类词缀展开系统地对比研究，如英语中的否定前缀。对于汉语的近义类词缀“不一、非一、无一、零一”“一迷、一狂、一控”“一坛、一界、一圈”等，它们语法功能相同、所派生的词内部结构也相同，如果不从语义入手很难发现它们的区别，也就无法揭示它们在语言中所起到的独特作用。

以上四点优势充分表明，认知形态学不仅在类词缀构词研究，甚至在复合词构词研究乃至整个构词法研究领域都有很大的用武之地，以下我们就将重点介绍 Hamawand(2007，2008，2009，2011)的认知形态学理论框架。

2.2 Hamawand 的理论框架

2.2.1 框架整体介绍

Hamawand 所提出的认知形态学框架在 2007 年首次使用，经过不断的调整和丰富，最终在其 2011 年的著作 *Morphology in English: Word Formation in Cognitive Grammar* 中定型，本书下面的介绍也主要依据该书内容。2011 年所确定的认知形态学理论框架由认知假设（cognitive assumption）、认知机制（cognitive mechanism）和认知操作（cognitive operation）三个维度共同搭建，Hamawand 在书中并未明确说明三者的关系，我们认为，认知假设的作用在于表明认知形态学对形态的基本看法，是认知机制和认知操作的基础；认知机制关注合成词的形式和意义的建构过程，一方面以认知假设为理论基础，另一方面也是认知操作的表现；认知操作是整个理论框架最核心的部分，也是认知形态学区别于其他范式的形态学研究的关键。下面将首先简要介绍 Hamawand 在认知假设和认知机制上的基本观点，再重点介绍认知操作的三大组成部分。

认知假设是我们进行形态分析的基础，它涉及三个重要的问题：语言单位是如何构成的，语言单位的内部结构是如何组合的，以及最终所构成的结构是如何被理解的。对于形态学研究来说，认知假设包括五个方面共 15 项具体阐释：

■ 象征性（symbolicity）
  — 形态表达式是形式和意义的配对；
  — 形态表达式反映说话人头脑中的概念；
  — 形态表达式由价决定因素整合[①]。

■ 规约性（conventionality）
  — 形态表达式是构式图式的体现；
  — 形态表达式构成了互相关联的义项网络；
  — 形态表达式在认知域中聚集。

① 这一点说的是形态表达式并非随机整合在一起，也并非受形式规则约束。这里的“价”（valence）是指两个结构结合在一起的能力，一个重要的价决定因素就是语音和语义的兼容性，比如自由语素 forty，如果要表示“四十几岁的”，就需要与黏着语素“-ish”整合，后者表示“近似”。

■ 创造性(creativity)

— 形态表达式是人类心理操作的产物；
— 形态表达式反映对同一内容的不同识解；
— 近义的形态表示式并非完全同义。

■ 真实性(authenticity)

— 形态表达式代表真实的语言使用；
— 形态表达式有物质层面(形式—意义)和使用层面；
— 形态表达式有不同的搭配类型。

■ 语义性(semanticity)

— 形态表达式存在于文本中,文本能够提供它们的使用线索；
— 形态表达式存在于语境中,语境赋予它们具体含义；
— 形态表达式常成对存在,凸显意义的不同方面。

认知机制讨论的是合成词是如何建构和解释的,包括整合(integration)和解释(interpretation)两个部分。整合指的是合成词的各组成部分按照线性顺序结合在一起,对合成词结构的分析其实就是其内部结构的概念整合;解释指的是将意义指派给形态表达式,合成结构的语义既涉及其子结构的意义,有时也会涉及由语境用法提供的背景信息、说话人的概念化或世界知识。整合和解释都包括四项指标：

整合：

■ 一致性(correspondence):合成词中的构成成分必须在语义和语音方面都有某些相似性①。

■ 依存性(dependence):合成词中的成分 A 能够自主,另一个成分 D 需要依赖 A 来完成它的意义。

■ 决定性(determinacy):合成词中一个成分会将它的侧面(profile)带至整个合成结构,我们称它为"凸显决定因素",也就是平常所说的"中心"。

■ 层次性(constituency):合成词中构成成分的排列是有层次的,例如"impersonal"的第一层的名词性词根"person"与形容词性后缀"-al"结合,产生了形容词"personal";第二层是"personal"和否定前缀"im-"结

---

① 原文用的是"相似性"(similarity)这一说法,我们认为用"关联性"可能更好些,指的是构成合成结构的不同部分在语音和语义上都存在某种可以兼容的关系。以"observer"为例,在语音层面,子结构"-er"指称由"observe"描述的过程;在语义层面,"-er"表示施事,也是与"observe"所表示过程有关。

合，产生了形容词“impersonal”。

解释：

■ 组合性（compositionality）

- 完全组合性（full compositionality）：合成词的意义完全由它的构成成分和子结构间结合的方式来决定；
- 部分组合性（partial compositionality）：合成词的意义由它的构成成分的语义和它背后的语用知识共同决定。

■ 分析性（analysability）：

- 完全分析性（full analysability）：合成词的构成成分的语音和语义的分析相照应。
- 部分分析性（partial analysability）：合成词的构成成分的语音和语义的分析不能照应。[①]

认知形态学理论框架的第三个维度认知操作指的是语言使用者在使用和理解形态表达式的过程中是怎样做的，以展示如何从人类心智能力的角度来很好地解释形态结构。认知操作具体包括范畴化、构型和概念化三个组成部分，Hamawand 对于英语构词法（包括派生和复合）的研究也是以它们为线索展开的，我们下面将单独介绍这三大组成部分。鉴于其中涉及的核心概念原型范畴、认知域和识解都来自于认知语法，我们介绍时将首先说明它们在认知语言学中的内涵，再重点阐释它们在认知形态学中具体应用和发展。

2.2.2 范畴化

2.2.2.1 认知语言学中的范畴化概念

在认知语言学中，范畴化是“人类高级认知活动中最基本的一种”，指的是“人类在歧异的现实中看到相似性，并据以将可分辨的不同事物处理为相同的，由此对世界万物进行分类，进而形成概念的过程和能力”（张敏，1998：50）。范畴化的结果是形成认知范畴（温格瑞尔、施密特，2009：8）。经典的范畴化理论强调范畴的边界是清晰的，同一范畴内成员的地位平等[②]。20 世

---

① 比如“thriller”在语音上可分析为“thrill”和“-er”，但在语义上，却不能分析为动词“thrill”的施事，而是指恐怖小说或恐怖电影。

② 经典范畴理论“肇始于亚里士多德对本质属性和非本质属性的形而上学的区分。它认为概念的类来源于客观世界里既定的范畴，与进行范畴化的主体无关；而范畴的归属是由概念的本质属性决定的”（张敏，1998：49）。

纪 50 年代，维特根斯坦发现了经典范畴化理论的缺陷，提出家族相似性理论，为后来认知语言学原型范畴理论的诞生奠定了哲学基础。原型范畴理论是认知语言学的基本原理，最早由 Rosch 创立，后来又经过了 Lakoff 和 Taylor 等人的发展。

目前，认知语言学界对“原型”这一术语有不同的阐释：一是认为“原型是范畴中的典型成员，是与同一范畴成员有最多共同特征的实例，具有最大的家族相似性”，此时原型是范畴中的“最佳成员”(the best examples)、“凸显成员”(salient examples)、“中心典型成员”(central and typical members)；二是认为“原型是范畴成员的图式性表征(schematic representation)”(李福印，2008：98)。

Langacker 主张区分原型和图式，他对原型的界定属于第一类，认为原型是“范畴中的典型实例”(a typical instance of a category)，而图式是“一种抽象的特征”(an abstract characterization)(Langacker，1987：371)。本研究对原型和图式的界定也遵循这一区分。

2.2.2.2 认知形态学对范畴化理论的应用及发展

认知形态学将范畴化理论分析多义词的方法应用到构词法研究中。与多义词有多个不同义项类似，词缀和类词缀在和不同的词基结合时也可以表示不同的意义，这些意义有的处于最核心的地位，可从中派生出其他义项，所以是原型义项；有的意义属于被引申出的义项，组合能力也不强，所以属于边缘义项。

除此之外，由于词缀和类词缀的组合能力较强，认知形态学还进一步强调，在原型义项和边缘义项内部，根据词缀和类词缀与不同词基的结合情况，这些义项又会产生不同的语义变体(semantic variants)[①]，每个语义变体具备不同的语义功能，派生时也会构成不同的语义模式。

下面我们以英语中的前缀“un-”为例，来具体展示认知形态学是如何利用和发展范畴化理论的(Hamawand，2011：73)：

前缀“un-”的原型义项是表示否定，根据“un-”与不同类别(语法和语义

① 语义变体的概念与音位变体类似，语义变体们都属于同一义项，但是它们的分布环境是互补的，如类后缀“家”的原型义项为表示在某方面取得一定成就的人，在此义项下，“家”分别可以和不同类别的动词性、名词性和形容词性词基结合，并由此构成不同的语义模式，我们就把“家”同不同类别的词基结合时所表示的下位意义称为语义变体。词典中的释义条目都表示的是义项，语义变体不会展示出来。但是形态学研究只有分析到语义变体，才能发现词缀和类词缀在构词时在结构和语义上分别对词基有哪些选择限制。

属性)的词基的结合情况,这一原型义项下又包括两种语义变体[①]:

1. 表示"词基的对立面",此时词基为修饰人的可量化形容词,如"unfair"(不公平的)为"fair"(公平的)的对立面,此外还有"unaware, unfaithful, ungrateful, unwise"等,有时词基可以表示国家,如"unBritish"表示一个英国人不具有英国特征(形容词)。

2. 表示"与词基不同",此时词基为不修饰人的非量化形容词,如"unofficial"(非官方的)意为与"official"(官方的)相反,此外还有"unclear, uncommon, unnecessary, unremarkable, unsafe"等。

"un-"的边缘义项是表示对立(oppositeness),有三种语义变体:

1. 表示"词基的反向",此时词根为及物/不及物动词,如"unclose"(打开)表示"close"(关闭)的反向动作,还有"unclench, unfreeze, unloose, unpack"等。

2. 表示"去除词基所表示的内容",此时词基都是具体名词,如"unchain"(解除)表示从某人或某物上移除锁链,还有"unbrace, unhand, unhook, unmask"等。

3. 表示"失去词基所表示的内容",此时词基都是抽象名词,如"unease"(不安)表示"失去了平静",还有"unbelief, unconcern, unintelligence, unrest"等。

2.2.3 构型

2.2.3.1 认知语言学中的认知域概念

认知语言学认为语言表达的概念化(conceptualization),或称概念结构(conceptual structure)、语义结构(semantic structure)[②],是"人们的各种认知能力(这种认知能力统称'识解')作用于语义内容的结果"(李福印,2008:263)。Langacker(1998)指出:"意义是概念内容和它如何被识解的因变量。"[③]

语义内容由认知域(cognitive domain)提供。所谓"认知域",是指"描写

① Hamawand(2008: 19)提出的英语词缀的原型确定标准为:(1)该义项必须是最先被想到、最先习得、最容易被回忆的;(2)该义项的意义成分在其他义项里出现地最频繁,也就是说,在语义网络中处于支配地位;(3)该义项能够引申出其他义项。

② Langacker将意义(meaning)等同于概念化(conceptualization)(meaning is equated with conceptualization)(Langacker, 1986: 3)。所谓语义结构或概念结构,指的是语言表达象征单位(音义结合体)的语义极(每个象征单位都有两极,除了语义极外,另一极是语音极)(Langacker, 1987: 98),即通常所谓的语义。

③ 原文为"Meaning is thus a function of both conceptual 'content' and how that content is construed"。

某一语义结构时所涉及的概念域”，Langacker(1987：147－150)将认知域分为基本认知域(basic domain)和抽象认知域(abstract domain)，前者是原始表征域(primitive representational field)，是人类的基本经验，不能再被简化，如空间、时间、嗅觉、颜色、触觉、感情等；而后者是对那些为定义高层次概念充当认知域的任何概念或概念复合体的统称，如空间基本认知域提供了[身体]的外形说明，然后[身体]构成[胳膊]描写的抽象认知域①。认知域具有多向性、层次性、组合性、动态性和交叉性等特点(周明强，2010：76－78)，我们可以列举，但无法穷尽它。

认知域在概念化过程中扮演了知识背景的角色，“语义结构相对于认知域时才能显示出其特征”，“以此(认知域)为背景，我们才能获得对某个场境的概念化”(张辉、齐振海，2004)。

2.2.3.2 认知形态学对认知域理论的应用及发展

Hamawand(2011：46－48)将认知域的概念应用于形态学的研究中，提出将一系列词汇项(lexical items)归并到同一个认知域的心理行为实际上是一种构型(configuration)的过程。具体来说，构型理论，或称认知域理论(domain theory)，有以下三条主张：

(1) 形态表达式存在于认知域中并非单独存在。占据同一认知域的不同语义因此表现出意义的近似性，我们要想充分理解其中任何一个语素的语义，就需要找到它所属的认知域并定义该认知域中的其他成员；

(2) 不同的形态表达式占据认知域中的不同侧面(facet)。所谓“侧面”，又称下位认知域(subdomain)，指的是一个认知域中与某个特定的概念相联系的组成部分。每一个侧面都由特定的语言形式表达。例如，后缀“-ette，-kin，-let，-ling”占据“指小”(diminution)认知域，其中后缀“-ling”构成的是有生命的派生词，主要用来指人、动物或职务，如“princeling”(统治小国的王子或诸侯)，因此“-ling”可归并至“指人”侧面；后缀“-ette，-let，-kin”则用于构成无生命的派生词，“-ette”常用于形容地点或文学作品，如“novelette”(中篇小说)，“-let”用于形容事物，如“droplet”(小滴)，“-kin”用于形容织物，如“napkin”(餐巾)，因此，“-ette，-let，-kin”可分别归至“指地(places)”“指物(things)”“指织物(fabric)”侧面。

(3) 由于多义的存在，一个形态表达式会占据不同的认知域，这些认知

---

① Langacker(1987：150)指出，抽象认知域基本上相当于 Lakoff 使用的理想认知模式(ICM)以及其他学者使用的框架(frame)、场景(scene)、图式(schema)甚至是脚本(某些用法上)等术语。

域合起来构成了一个矩阵(matrix)。

下面我们具体展示在认知域理论下,Hamawand(2011: 160—162)对英语施事认知域中各后缀构词的比较分析:

Hamawand 指出,英语中占据施事认知域的词缀有"-ant, -er, -ee, -ist, -(i)an, -ster",其中"-ant, -er, -ee"占据"执行"(performance)侧面,"-ist, -(i)an, -ster"占据"专长"(speciality)侧面。具体来说,在"执行"侧面中,"-ant"用来命名某个可能的、技术性行为的执行者,如"consultant, accountant, defendant","-er"用来命名某个可能的、社会性的、一般行为的执行者,如"baker, driver, reader","-ee"用来命名某个真实行为的执行者,如"devotee, escapee, standee";在"专长"侧面,"-ist"用来命名某学科的专家,如"botanist, ecologist, geologist","-(i)an"用来命名某学科/行业的践行者,如"beautician, clinician, technician","-ster"用来命名某项技能(可能是贬义)的使用者,如"gangster, mobster, ringster"。

2.2.4 概念化

2.2.4.1 认知语言学中的识解概念

在第2.2.3节中我们已经谈到,认知语言学主张概念化(conceptualization),即意义的形成,是人的识解作用于语义内容的结果。所谓"识解",指的是"我们用不同的方式理解和描绘同一情景的能力"①(Langacker, 2015:120),即通常所谓的认知能力。

对于识解方式的分类问题,不同的学者常持不同看法,例如 Talmy 采用的是"意象系统"(imaging systems)的说法,它由结构图式化(structural schematization)、视角布置(deployment of perspective)、注意力的分布(distribution of attention)和语力(force dynamics)四个系统构成;Croft & Cruse (2004: 46)则把识解分为注意/突出、判断/比较、处所/视角、组织/完形四大类共 15 小类。

我们这里重点介绍 Langacker 的分类。Langacker 将识解分为详略度(level of specialty)、凸显(prominence)、视角(perspective)、动态性(dynamicity)和虚拟现实性(fictivity)五个维度(高远、李福印,2007: 17—46)。与本研究密切相关的是凸显(prominence)和视角(perspective)②。

在我们识解一个情景的时候,有些部分会通过不同方式在不同程度上被

---

① 原文为"construal is our ability to conceive and portray the same situation in alternate ways"。

② 以下两段对于凸显和视角的分析均依据高远、李福印(2007:17—46)。

"凸出"出来，这就是凸显。凸显有很多不同的种类，在语言中最重要的两种凸显是侧面－基体(profile-base)和射体－界标(trajector-landmark)。侧面和基体常被用来描述被凸显部分与整体的关系，例如我们要理解"斜边"(hypotenuse)，就需要依赖"直角三角形"(a right triangle)这一概念，"斜边"凸显直角三角形中的特定一边，"直角三角形"就是"斜边"的概念基体。我们不仅可以凸显事物，也可以凸显关系，例如动词"崇拜"(admire)凸显的就是关系。射体和界标是一种体现参与者(participants)之间相对关系的凸显，例如在"X 在 Y 的上面"中，X 是射体，Y 是界标，X 位置的确定需要依赖 Y，而在"Y 在 X 的下面"中，Y 则是射体，X 是界标，我们在描述这种位置关系时需要以激活 X 这一处在高位的实体为基础。

视角指的是人们对事物描述的角度。视角包括不同维度：一是"有利位置"(vantage point)，例如假如树后有一块石头，我们要描述它们的位置关系，如果我们站在树前，就会说"树在石头的前面"("the tree is in front of the rock")或者"石头在树的后面"("the rock is behind the tree")，而如果我们站在石头后，就会说"石头在树的前面"("the rock is in front of the tree")或"树在石头的后面"("the tree is behind the rock")；二是"视点安排"(viewing arrangement)，即观察者处在固定的还是运动的位置，例如在"我坐在车里，看风景从我面前飞过"("I sat in the car and watched the scenery rush past me")中，说话人处在一个固定位置，而周围环境在移动，但实际情况是说话人坐在运动的车里，周围环境是固定的，这就是说即使说话人知道是自己在运动，但仍然按照通常情况即"我处在固定的位置"来描述情景；三是"辖域"(scope)，包括最大辖域(maximal scope)和直接辖域(immediate scope)，前者指整个视野中的内容，或一个表达式所能激活的最大内容，后者则是指直接相关的部分，例如"手肘"和"手"都属于身体名词，它们同时也激活了"身体"这一概念，所以"身体"是它们的最大辖域，而如果我们要描述"手肘"，就离不开"手臂"，二者是直接相关的，所以"手臂"是"手肘"的直接辖域，在身体复合词中，第一语素往往是第二语素的直接辖域，而非最大辖域，例如我们说的是"指尖"("fingertip")而非"身体尖"("＊bodytip")。

2.2.4.2 认知形态学对识解理论的应用及发展

在第 2.2.3.2 节中，我们已经谈到，同一认知域中的不同词缀之所以能够共存，主要是因为它们占据的是认知域的不同侧面，对可搭配的词基也有不同的选择限制。但是，这种选择限制的差异并非完全对立，有时这些词缀也可能会附加在同一个词基上。这些属于同一认知域、并且可以附加在同一个词基上的两个词缀被称为词缀对项，Hamawand(2007，2008，2009，2011)尝试从识解的角度讨论了英语中词缀对项的形成。

根据认知形态学，我们选择哪个词缀或类词缀“与词基被识解的特定方式有关”(Hamawand,2008：23)。以“acceptation”和“acceptance”为例，二者在汉语里都被翻译成“接纳，赞成”，都是从动词性词基“accept”(接受；同意)派生出来的，它们的区别在于说话人附加在词基的视角不同，前者强调的是“接受”这一整体行为，如“the expression has won people’s acceptation”(这种说法得到了大家的接受)，后者强调则是“接受”的结果，如“he had acceptance from three universities”(他有三所大学的接收函)。

再以汉语中的类后缀“式”和“型”为例，它们可以构成派生词对项“新式—新型”，“新式”常和“工装、旗袍、房子”等搭配，“新型”则常和“人才、饮料、建筑材料、关系、爵士乐”等词搭配，这说明，“新式”指式样新，和“新式”搭配的名词多是在外观、样式上有要求的事物名词，而“新型”则强调对原有事物的性质上的革新，所以和它搭配的名词既可以是具体事物，也可以是抽象概念。“新式”和“新型”在搭配和语义上的差异源于人们对它们的识解差异，具体来说就是，“新式”被识解时凸显的是外观，指向类别；而“新型”则凸显核心，指向性质。我们认为，它们的识解差异与它们作词根时的词汇意义有关，“式”本有“式样”之意，如“男式、女式”，所以当“式”虚化为类词缀后，它凸显外观的特征也被继承了；“型”作词根时则指事物类型，如“型号、血型”等，这些都属于事物具备的性质，所以当“型”成为了类词缀，被识解时就凸显的是性质而非外观。

2.3 认知形态学与构式形态学、生成词库理论框架的比较

除了本研究即将采用的认知形态学理论框架，近年来也出现了部分基于构式形态学和生成词库理论的类词缀研究(在 1.2.4 节文献综述中已有介绍)，本部分我们将通过对三个框架的对比，来展现认知形态学的特色和价值。

先来谈谈认知形态学和构式形态学。认知形态学与构式形态学因为都与认知语言学有渊源关系，因此在很多方面都有共通之处，例如：

(1) 认知形态学主张“形态表达式是形式和意义的配对”(Hamawand,2011:29)，构式形态学也提出“形态构式是词层面的形式和意义的系统性配对”(Booij, 2012)；

(2) 与结构主义和生成主义的形态学相比，认知形态学和构式形态学都是一种基于意义的理论框架(meaning-based networks)，强调语义在形态分析

中的重要性；

(3) 二者都强调图式的重要性，认知形态学主张形态表达式是一种规约单位(conventional units)，是构式图式的具体体现，派生语素的图式是表达该语素所有义项共同特征的概括性模式，也是构成新词的模板；构式形态学提出了形态图式的概念(morphological schemas)，认为形态图式定义了合成词的外在形式和它的意义/语用的系统性关联，同时也能够限定新词的构成方式(Booij, 2012)。

但具体来看，认知形态学和构式形态学在具体观点和分析方法上仍然存在许多不同之处：

(1) 认知形态学认为"形态表达式是形式和意义的配对"，主要指的是语音形式和意义的配对，提出形态表达式有两极：语音极和语义极，两极间的配对由言语需求或交际目的来激活；构式形态学"形态构式是形式和意义的配对"的主张中，形式则包括了语音和形态句法属性，Booij(2010: 6)提出的也是语音、句法和概念的三重平行结构模型(tripartite parallel architecture)；

(2) 构式形态学在强调图式重要性的基础上，指出图式存在抽象程度的差异，提出高度结构化的词库由抽象程度不同的图示和子图式构成，子图式是图式的例示(instantiation)，能够提供更具体的语义特征，例如 Booij(2010: 62)分析了荷兰语中"hoofd"(头)在 NN 复合词中的图示层级：

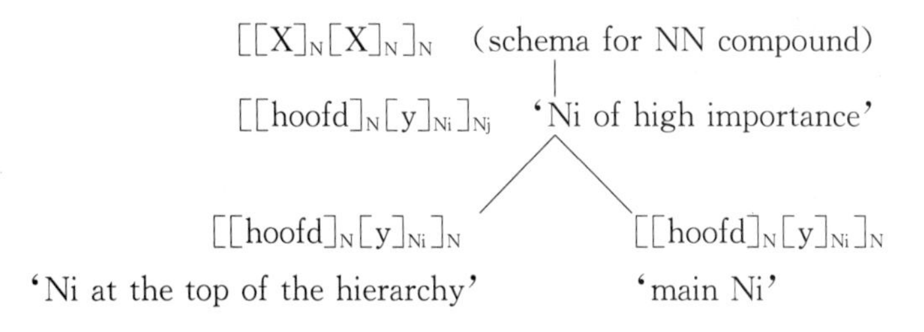

(3) 在词义的分析方法上，认知形态学采取的是"释义＋词基特征＋例词解释＋其他例词列举"的文字描述型模式，例如 Hamawand 对英语中前缀"fore-"的第一个义项是这样分析的："'(a) preceding or leading the agent mentioned in the root'(释义). This sense surfaces when the nominal bases are common personal nouns. (词基特征) For example, a forefather is a person (especially a man) whom one is descended from, especially one who lived a long time ago. (例词解释) Similar words are foreman, forerunner, forewoman, and so on。(其他例词列举)"构式形态学的分析方法更为形式化，除了语义信息外，还同时提供语音和形态－句法信息，如对于汉语的类前缀"零"，Arcodia(2012: 192－195)和 Arcodia & Basciano(2018)是这样分析的：

"$[[ling]_{Ni}[X]_{Ni}]_{ADJk} \leftrightarrow [lacking\ SEM_j]_K$零风险 ling-fengxian 'zero risk'";

(4) 从两个理论框架的适用性来看,Hamawand 的认知形态学理论框架更适合对某一语言不同类型的构词法(派生+复合)做多维度立体式穷尽性研究,Hamawand 基于这一理论框架已经详细分析了英语中存在的全部前缀、后缀的范畴化情况,并对同一认知域内的类词缀分布做了细致对比,也分析了最有代表性的类词缀对项的识解差异,操作性和可重复性很强;而 Booij 在他的形态学专著 *Construction Morphology* 中,采用构式形态学理论框架讨论了诸多语言如荷兰语、希腊语、日语、英语的形态学问题,如名词并入(noun incorporation,即 N. V. 型复合词)、可分的复合词(如某些语言中的连动词(serial verbs))、进行体构式(如英语中的-ing)、短语式名称(具有命名功能的 AN 类构式,属固定短语)、数词、循环形态(recycling morphology,如属格结尾-s 发展出诸多新用法)等,可见 Booij 的目的在于通过对这些问题的讨论来显示构式形态学不仅在词汇形态(lexical morpholgogy)而且在屈折形态(inflected morphology)上都有施展空间,与认知形态学相比,Booij 提出的构式形态学更侧重理论的革新,但似乎在研究的具体路径上并没有给出统一的示范。

接下来再来看看认知形态学和生成词库论的对比,在此之前我们想先来谈谈形态学(尤其是词汇形态学)和词汇语义学的关系。

在梳理文献的过程中,我们发现,国内学者一般是将词汇形态学和词汇语义学看作是分别研究词的形式和意义的词汇学分支,如张维友(2010:22)认为:"词汇的研究一般围绕词的形式和意义展开。词的形式包括其语音形式和构成形式,词汇学研究的是后者,所以被称为词汇形态学(1exical morphology)。词的意义是词的内容……研究词的这部分内容或意义的称为词汇语义学(1exical semantics)。"王文斌、邵斌(2017:5)也有类似表述:"我们可以大体归纳词汇学所涵盖的研究范围,一是研究词汇内部结构形式的形态学,更确切地说,是词汇形态学……二是研究词汇意义的词汇语义学,更确切地说,是词汇语义学,涉及词的意义、词与词之间的意义关系、词义与语境的关系等……"言下之意,词汇形态学关注形式,词汇语义学关注意义。不过,在第 2.1 节中,我们已经分析过,构词法研究(包括基于形式的形态学和构式形态学的研究成果)近年来出现了语义化的发展趋势,那么在目前将语义融入形态学研究的大趋势下,认知形态学与生成词库理论所代表的词汇语义学在研究范式和研究结论上存在何种差异,是否存在重合和交叉?这是我们需要着力解决的问题,我们将分别以宋作艳(2009,2010,2015)和 Hamawand(2011)对汉语类词缀和英语词缀的研究为例,展示生成词库理论和认知形态学具体的分析过程。

宋作艳(2009,2010,2015)基于生成词库理论研究了汉语中与事件强迫相关的类词缀,其主要结论我们已经在本书第1.2.4.5节中做过介绍,这里我们着重展示其对类词缀释义的具体分析过程,以指人类词缀"家"为例:研究首先提出"X家"的释义模式是"掌握某种专门学识或从事某种活动的人",进而指出"N.家"中的N.存在4种语义类别:N.指学科、乐器、文学体裁以及抽象名词,并详细分析了每一类语义类别下隐含的动词和重建的V.P.的具体情况,限于篇幅,我们这里只节选宋文(2015:243)对"N.指某学科"时的分析:

"1) N.指某学科,形式上表现为'……学'。'N.家'指专门研究某学科的专家,隐含的动词都是'研究',是N.的功用角色,重建的V.P.是'N.家'的功用角色,如'研究'是'数学'的功用角色,'研究数学'是'数学家'的功用角色。"

对比Hamawand(2011: 135)对英语后缀"-ist"的分析:

"In major formation, the suffix *-ist* depicts agenthood. It has four semantic variants. (a) 'a person who is versed in the knowledge field indicated by the root' This sense surfaces when the nominal roots are abstract, naming fields of science. For example, *an anthropologist* is a person who is versed in anthropology. Other examples are *economist*, *pathologist*, *pharmacist*, *physiologist*, *psychologist*, and so on…."

以上两段分析体现出认知形态学和生成词库理论在分析过程上存在以下三点共性:

(1) 都关注词缀/类词缀同不同类别的词基结合时所产生的不同意义,并对此进行了归类和总结;

(2) 都试图提取与词缀/类词缀结合的词基的共同特征;

(3) 都关注真实的语言使用,借助语料库考察词缀/类词缀所构词的真实使用情况。

但同时,二者在词缀和类词缀研究中也有以下两点区别:

(1) 理论解释的覆盖面不同。

生成词库理论擅长解决构词中的多义问题(polysemy),但并不太关注近义词缀/类词缀的对比分析(the multiple-affix question)(Lieber, 2004: 8);认知形态学则除了利用范畴化理论解决多义问题外,构型理论和概念化理论还很适合用于词缀/类词缀的对比分析(具体详见本章2.2.3和2.2.4节),这一点不仅具有本体研究价值,在对外汉语教学实践、学习词典的编纂上也有很强的应用价值。

(2) 更为关键的是，二者虽然同样涉及词缀/类词缀所构词的词义分析，但在分析时关注的重点不同。

宋作艳基于生成词库理论研究类词缀是从事件强迫着眼，更强调对其构词中隐含的谓词的挖掘，因此分析时着重分析了各类词缀同名词性词基 N. 结合时隐含动词与 N. 的关系、重建的 V. P. 与类词缀所构词的关系。这一点与生成词库理论的性质有关，它本身是“基于计算和认知的自然语言意义模型”，关注词义的形式化和计算(宋作艳，2015：8)，因此在词义分析时自然就需要重点研究哪些信息在构词时被隐含了，以及我们如何将这些隐含信息还原出来。而 Hamawand 的认知形态学则更关注人类的认知机制在构词中所起的作用，因此在分析词义时更强调词基在词义中的地位和作用，如我们将“X 学家”解释为“从事词基‘X 学’所示学科的专家”，这是因为，在人类识解“X 家”语义的过程中，词基所表示的意义才是被“凸显”的内容，我们能够自动将其中的动词处理为“研究”或“从事”，而不是“学习”(当然其背后反映的认知机制也值得探讨)，通过上面对“-ist”释义的展示我们也能发现，在认知形态学的理论框架下，动词的隐含并非关注的重点。

综合以上分析，可以发现基于生成词库理论和认知形态学的词缀/类词缀研究的确有了一些重合之处，都开始关注构词过程中的语义问题，但很明显还是各有所长。认知形态学虽然是形态学的一个分支，但早已不像大家印象中的那样只注重形式层面的分析，它不仅在词缀/类词缀的多义方面很有解释力，而且在词缀/类词缀的系统比较上也很有优势。

2.4 本书对 Hamawand 理论框架的调整

本章前面讨论的都是认知形态学的优势，我们在实际研究的过程中发现，Hamawand 基于英语构词法研究提出的这一框架也有不适合汉语特点和不太高效的地方，因此我们对这一框架进行了局部调整，以下是具体说明：

(1) 认知形态学在分析词缀构词的语义范畴化时采取的是“释义＋词基特征＋例词解释＋其他例词列举”的文字描述型模式，其中的释义部分不甚高效，我们借鉴构式形态学的释义方式，将其进一步形式化，如将类前缀“零－”构词的其中一个语义变体分析为：“$[零[X]_{C.N.}]_{N.}$，X 为可数名词，派生后表示‘X 所表概念的数目为零’。”

(2) Hamawand 的理论框架虽然也是基于语料库的研究，但并不直接展示语料库中所构词的数量。我们在类词缀构词的语义范畴化研究中，统计并标明了各类词缀在所用语料库中的所构词数量以及各语义变体的构词数量，以直观反映各类词缀构词时的具体分布情况，如我们对类词缀“员”在原型义项下的其中一个语义变体的分析：“[[X]$_{Act.V.}$员]$_{N.}$，表示‘以 X 为职业的人’，‘X 员’是 X 的施事，共 229 例。”

（3）在前缀的范畴化部分，Hamawand 对前缀的一级分类标准是“肯定/否定”，肯定性前缀如“ante-，be-，en(m)-，fore-，inter-，macro-，mid-”等，否定性前缀包括“anti-，counter-，de-，dis-，mal-，mis-，non-，semi-，un-”等，这一分类不太适合用于汉语的类前缀（尤其是否定类前缀的说法容易产生歧义），因此在“汉语类前缀构词的语义范畴化”一章中，我们将一级分类标准调整为“近/反义类前缀”。

（4）在对同一认知域的词缀进行比较时，Hamawand 的理论框架侧重于分析词缀搭配词语在人和物上的区别，如同样表示“对立”（contrary）的前缀“dis-，un-，in-”的区别在于“dis-”用于评价人的态度，如“disloyal，dishonest”；“un-”则用于评价东西的性质，如“unclean，unusual”；“in-”则用于评价情况的性质，如“inappropriate，insignificant”。但对汉语来说，类词缀所搭配词基的语义差别更多体现为具体的语义特征差异，例如在表职业的认知域中，类后缀“员、手、师”分别倾向于同具有功能性、技术性、专业性的词基相结合。

（5）在认知域的归并上，我们也根据汉语的情况做了一些调整，例如 Hamawand 将英语中所有表人后缀如“-ant，-er，-ee，-ist，-(i)an，-ster”都归纳为施事认知域，但是汉语的表人类后缀数量众多，且有些意义存在明显差别如“一员”“一霸”“一迷”，为了提高比较的效率和价值（我们更关注意义近似的表人类后缀在构词时有怎样的选择倾向），我们对施事认知域做了进一步的细化，划分出职业认知域、专长认知域和痴迷认知域。

（6）在识解理论中，Hamawand 主要采用了视角这一维度来解释英语词缀对项的构词差异，根据我们对汉语同一认知域中的类词缀派生时的实际情况分析，我们又增加了凸显维度。另外，在具体的过程中，Hamawand 是直接进行识解差异的分析，我们主张，识解对类词缀语义特征的影响会反映在类词缀所构词的句法特征上，因此在第五、八章“汉语类前/后缀对项的构词识解”中，我们的思路是：先从类前/后缀对项派生词在句法中的搭配和共现差异入手，总结它们的语义差异，再从识解的不同维度对这些搭配和语义差异做出解释，最后分析造成这些识解差异的原因。

另外，在运用此框架进行分析的过程中，另有以下两个问题需要考虑汉语特点：

（1）英语词缀往往有很明显的词形标记，如“-ness，-er，im-”等都只能做词缀，汉语则不同，本书研究的全部类词缀都有相应的词根用法，因此在对类词缀的派生词进行量化分析时，就必须先把所有类词缀的派生词筛选出来，并把其他非类词缀派生词排除在外。例如“家”构成的“钢琴家、演奏家、画家”等都是类词缀“家”的派生词，但“法家、儒家、墨家”等都不是。不过有些类词缀的派生词筛选起来有一定的难度，如对“无”所构成的词而言，“无轨（电车）、无纺布、无条件、无辜、无尽、无法无天”哪些应该算、哪些不算呢？我们将在第 3.4.1 节中专门讨论这一问题。

（2）英语有空格分词，所以我们可以很容易地判断出词缀的派生词，但汉语本身没有分词的标记，部分类词缀（主要是类前缀）的派生词及其内部层次并不是那么容易判断。例如类前缀“非”后边常接多音节成分，如“非器官移植医院、非行政许可事项、非公路用轮胎、非统一招标采购药物、非能源矿产开发专家”等，那么类词缀“非”构成的派生词究竟是“非器官移植医院”还是“非器官”呢？如果是前者，那其内部层次是“[[非[[器官]$_{N.}$[移植]$_{V.}$]$_{N.}$]$_{NPA.}$[医院]$_{N.}$]$_{N.}$”，还是“[[非[器官]$_{N.}$]$_{NPA.}$[移植]$_{V.}$[医院]$_{N.}$]$_{N.}$”呢？我们将在第 3.4.2 节中对此作专门讨论。

2.5 小结

本章我们详细介绍了本书采用的理论框架及其价值，基于这一框架，本书对类词缀的构词研究将围绕以下一些问题展开：

（1）类词缀在构词时其语义是如何范畴化的？在类词缀的多个义项中，哪个是原型，哪些是非典型或边缘义项？具体到原型义项和边缘义项内部，类词缀同不同性质的词基结合时又各自包括哪些语义变体，形成了哪些语义模式？

（2）类词缀意义的形成是人的识解作用于认知域的结果，词汇项无法脱离认知域来被人独立理解，那么语义内容隶属于同一认知域的类词缀在构词时对词基各有什么样的选择限制？

（3）如果属于同一认知域的类词缀构词时发生了重合，即附加在同一个词基之上时，我们如何从认知（识解）的角度解释这些派生词对项在搭配和语义上的差异？识解的差异又是如何产生的？

以上三类问题环环相扣，共同构成本研究的主体部分：

在构词的过程中，类词缀附加在不同的词基上可以表示不同的意义，它的这些意义构成了一个原型范畴，有的意义处于中心地位，是原型义项，有的意义处于边缘地位，是边缘义项，因此我们首先要解决的问题就是确定每个类词缀的原型义项和边缘义项，以及在原型义项和边缘义项下，当类词缀与不同类别的词基结合时，又会产生哪些语义变体和形成哪些语义模式。此外，我们还将对类词缀的形成过程进行历时考察，结合历时语料梳理类词缀的形成和语义演变脉络。

在对各类词缀构词时的语义分化情况充分描写后，我们就需要对那些具备相同语义内容（隶属于同一认知域）的类词缀进行横向比较，考察它们在构词时对词基各有哪些选择限制，以发现它们可以在词汇系统中共存的原因；虽然属于同一个认知域的类词缀占据的是认知域的不同侧面，在构词时各有选择倾向，但有时它们构词时也会产生交集，表现就是它们会附加在相同的词基上，例如类前缀“不”和“非”会派生出“不人道－非人道、不理性－非理性、不科学－非科学”等形态相关、语义相近的派生词对项，所以我们最后要解决的问题就是从识解的角度对这些派生词对项的搭配和语义差异进行解释，并探索识解差异的产生原因。

除此之外，我们还将对研究过程中发现的关键性问题进行讨论，例如部分类前缀具备的指称化功能、兼类类后缀的形成、派生词构词的层次性问题等。

第三章　汉语类前缀构词的语义范畴化

本章主要研究汉语类前缀构词的语义范畴化问题。根据汉语类前缀所表意义的相近或相反，我们先把汉语类前缀分为近义类前缀和反义类前缀两类，然后按照认知域对各个类前缀的构词范畴化进行量化研究，其中近义类前缀包括表示否定（negation）的“不—、无—、零—、非—”，表示差距（inadequacy）的“半—、类—、准—”，表示降级（degradation）的“次—、准—”；反义类前缀包括表示性质（feature）的“软—、硬—”，表示时序（temporality）的“前—、后—”，表示支配关系（dominance）的“总—、分—”。

3.1　近义类前缀构词的语义范畴化

3.1.1　否定认知域中类前缀构词的语义范畴化：“不—、无—、零—、非—”

类前缀“不—、无—、零—、非—”都表示否定，从语义上来讲，否定可以包括矛盾（contradictory）与对立（contrary）两类。根据叶斯柏森（1988：464），在逻辑学中，“两个矛盾的概念加在一起包含了存在的全部事物，因为排除了中间的词语”，是一种非此即彼的关系，例如“男”和“女”、“生”和“死”，而“两个对立的概念却允许有一个或一个以上的中介的概念”，是一种极性对立的关系，如“白”和“黑”、“富裕”和“贫穷”等。据此分类，在汉语中，类词缀“无、零、非”表示的是矛盾，“不”表示的是对立。

3.1.1.1“不”构词的语义范畴化

“不”是现代汉语里最常用来表示否定的语素，它既可以用作否定副词构成否定短语，也可以作词内成分参与构词。在“不”构成的词中，有一类非常特殊，它们都是三音节，从形式上看是“不”与名词的组合，构词后却是形容词。它们数量不多，我们目前仅找到了“不逻辑、不民主、不道德、不名誉、不科学、不规则、不礼貌、不人道”这 8 个词，有学者将此时的“不”判定为类词缀（吕叔湘，1979：48；赵元任，1979：113；马庆株，1995a）。

在这 8 个派生词中，类前缀“不”的原型义项是附加在抽象的名词性词基前表示对立，即与词根所表的概念相反[①]，如“不名誉”意为“对名誉有损害；不体面”（《现汉》），“不道德”意为“不符合道德标准”，“不人道”意为“不合乎人道”，“不规则”意为“没有规则的”，“不逻辑”意为“不符合逻辑”。

与类词缀“不”只表对立类否定不同，词根“不”构词时除了可以表示对立类否定，如“不同、不少、不好、不足、不利、不幸”之外，还可以表示矛盾类否定[②]，如“不服、不及、不朽、不语、不绝、不乏、不觉”等。词根“不”都是与动词或形容词性的成分结合，而我们之所以将名词性词基前表对立义的“不”称为类词缀，是因为它具备改变词基性质的功能，词基是名词，派生后则是形容词，这一点同词根“不”有根本性的不同，后者构词后词性通常与“不”后的成分（中心）一致[③]。

当然，词根“不”参与构词时，也常出现整词的性质与中心不一致的情况，这类“不 X”词都由“不 X”类短语历时演变而来，内部语义关系也变得十分模糊，例如副词“不失、不免、不任、不定、不料、不期、不禁”，形容词“不堪③[④]、不一、不速[⑤]”，连词“不拘、不问、不管、不论、不怕、不过、不但、不仅、不料”，动词“不治、不得[⑥]、不暇、不便②[⑦]”，名词“不测、不才②[⑧]、不平、不净、不是、不幸③[⑨]”。与类词缀派生词的形成多依靠类推机制不同，这类词的形成属

---

① 陈平（1985）将“不”的这一意义称为“指反”，指的是“有一些词根，大都是一些形容词性词根，同某些否定词素结合，不仅仅是对原意的简单否定，而是构成一个新的同原意相对峙的概念，肯定式和否定式之间是反对关系”，“这个新生的概念本身又可以有比较等级，可以被程度副词修饰，如 very unhappy，‘太不道德’等等”。也就是说，判断一个类词缀是表矛盾类否定还是对立类否定的方法就是看其派生词是否可被程度副词修饰，“不”的派生词“不道德、不人道、不规则”等都可受程度副词修饰，所以都是表示对立。

② 陈平（1985）将矛盾类否定称为“述无”，即“表现事物、动作、关系或状态等概念的名词性词根、动词性词根、副词性词根和连词性词根，以及一些表示性质的形容词性词根，加上否定词素以后，意指不存在该事物、动作，关系或状态的实体或本质属性，不具有那种性质”。

③ 关于“不”的类词缀身份的判定问题，我们将在本章 3.4.1 节中展开进一步的讨论。

④ 序号③表示“不堪”在《现汉》中的第三个义项：“形 用在消极意义的形容词后面，表示程度深：疲惫～|破烂～|狼狈～。”

⑤ 意为“没有邀请”，如“不速来访”。

⑥ 意为“动 助动词。用在别的动词前，表示不许可：～大声喧哗|～无理取闹”（《现汉》）。

⑦ 意为“动 不适宜（做某事）：他不愿意说，我也～再问|他有些不情愿，又～马上回绝”（《现汉》）。

⑧ 意为“名 谦称自己：其中道理，～愿洗耳聆教”（《现汉》）。

⑨ 意为“名 指灾祸：惨遭～”（《现汉》）。

于"粘合"①变化，粘合后的"不X"类词以虚词居多，粘合的过程既是词汇化也是语法化的过程，例如"不免"在古代汉语中为动词短语，意为"不能免除，不免除"，如"阳子行廉直于晋国，不免其身，其知不足称也"(《国语·晋语八》)，成词后则变为了副词，如"看到这个场景，不免让人暗自神伤"。

3.1.1.2 "非"构词的语义范畴化

我们在国家语委现代汉语语料库中共检索到26例类词缀"非"构成的派生词，鉴于类词缀"非"常在书面语中出现，我们又在DCC动态流通语料库中检索了它在《人民日报》中的使用情况，最终共得到306例"非X"②。

在这306例"非X"中，类前缀"非"的原型义项是表示矛盾类否定，"非X"意为"否定X的性质"，根据"非"同不同类别词基的结合情况，"非"在这一义项下又产生了四种语义变体：

1. [非[X]$_{Ina.\ N.}$]$_{N.}$，X为无生名词，派生后表示"不属于X所示的类别"，共228例。词基为具体事物名词的例子如"非保税区"表示不属于保税区，"非必需品"表示不属于必需品，"非成员国"表示不属于成员国。词基为抽象名词的例子如"非暴力"表示不属于暴力的因素，"非核心"表示不属于核心，"非实名制"表示不属于实名制的范围。这类[非[X]$_{Ina.\ N.}$]$_{N.}$还可以继续同词根结合构成新的复合词，即[[非[X]$_{Ani.\ N.}$]$_{N.}$[Y]$_{N.}$]$_{N.}$，新的复合词词性与Y一致，表示"不属于X的一类Y"，如"非京籍考生"意为"不是北京籍的考生"，"非财力因素"表示"不属于财力的因素"，"非低温条件"意为"不是低温的条件"。

在第一种语义变体下，我们观察到"非"在构词时具有以下一些特征：

(1) 单音节语素(包括自由和不自由的)加"非"只能充当词内成分，如"非电""非钢""非农"不成词，"非电行业""非钢产业""非农户籍"才是词；

(2) [非[X]$_{Ina.\ N.}$]$_{N.}$成词的派生词中，词基以具体事物名居多，如"非金属、非处方、非车险、非城市、非创业板、非缔约国、非碘盐、非东道主、非反对派、非工程区、非股东、非假日、非居住区、非军事区、非可见光、非名校、非企业、非商品、非贫困户、非生态区、非声索国"，词基为抽象名词的相对较少，仅

① 粘合是指"两个或者几个原来分开的但常在句子内部的句段里相遇的要素互相熔合成为一个绝对的或者难于分析的单位"(索绪尔，1980：248)。关于"不"构词时的这种粘合现象，可参见董秀芳(2003)。

② 由于"非X"常常只能作词内成分，为了方便计算，我们这里用"例"而不用"个词"的表述方式，凡是与"非"结合的词基X相同、但复合词中心(Y)不同的"非XY"形式的复合词均归为1例，如"非户籍人口"和"非户籍考生"因为与"非"结合的都是词基"户籍"，所以归入1例。

有“非工伤、非基本面、非逻辑”等。从另一方面来讲，抽象的X与“非”结合后更倾向于作词内成分，对复合词中心Y(Y可以是具体名词，也可以是抽象名词)形成限制，如“非奥运(赞助商、主办国)，非户籍(人口、考生、人才)，非金融(行业、机构、企业)，非军事(方式、行动、缓冲区、手段、政治联盟)，非农业(户籍、户口、家庭、青年、示范中心、收入、投资项目)，非商业(大会、贷款、热点区域、组织)，非亲缘(关系、社会)”等。

(3)“非X”作词内成分时，有时也可与动词性词根复合，构成[[非$[X]_{\text{Ina. N.}}]_{\text{N.}}[Y]_{\text{V.}}]_{\text{V.}}$，此时复合词的性质与Y一致，“非X”的作用也是为Y分类，如“非军事冲突”意为“不是军事方面的冲突”，“非婚生育”表示“不在婚姻内的生育行为”，“非全日制用工”表示“不是全日制的使用工人”。

2. [非$[X]_{\text{Ani. N.}}]_{\text{N.}}$，X为表身份的指人名词，派生后表示不具有某种身份，共39例。例如“非成员”意为“不是某一团体或组织成员的人”，“非党员”意为“不是党员的人”，“非公务员”意为“不是公务员的人”。此外还有“非冠军、非海归、非会员、非华裔、非家庭成员、非居民、非客户、非领导、非名手、非穆斯林、非纳税人、非农民工、非企业法人、非商家、非少数民族、非社员、非无产阶级、非研究生、非英雄、非在校生、非孕妇、非正规军、非东道主”等。

与第一类同样，这类“非X”也可以继续充当词基与另外的词根Y结合构成新的复合词，形成[[非$[X]_{\text{Ani. N.}}]_{\text{N.}}[Y]_{\text{N.}}]_{\text{N.}}$，此时的“非X”具有区别特征，新构成的复合词的词性与Y相同，意为“不是X的一类Y”，如“非党员干部”表示“不是党员的干部”，“非国家工作人员受贿罪”意为“不是国家工作人员的所犯的受贿罪”，“非居民用户”指的是“不是居民的这一类用户”，如天然气收费的非居民用户为餐饮、酒店等用户。

3. [非$[X]_{\text{NPA./A.}}]_{\text{NPA.}}$，派生后只能作定语，表示不具有某一性质，共28例。附加在区别词词基上的例子如“非常规”表示不具有常规性，“非创伤性”表示不具有创伤性，“非教科书式”表示不具有教科书式的特点，“非资源型”表示不具有资源型的特点。此外，还有“非财政性、非传统型、非公益性、非国际性、非货币性、非基础性、非建制性、非经常性、非卡拉OK型、非排他性、非权力性、非商业性、非线式、非职业、非主流性”等。附加在形容词词基前的例子如“非正常”表示不正常，“非正式”表示不具有正式的特点。

4. 附加在动词和动词短语上的例子主要包括两类，共11例：一类是“非+X化”，即[非$[X化]_{\text{V.}}]_{\text{V./NPA.}}$，这一类“非X”可以成词，新的派生词可以作动词，也可以作区别词(与“化”的兼类性质有关)，如“非学者化、非层级化、非常态化、非结构化、非市场化”，如“服务业中服务的市场化和非市场化”；一类是"非＋VP"，这类 VP 只能作词内成分，后面须加名词或名词短语构成复合词，如"非器官移植 医院、非行政许可 事项、非公路用 轮胎、非统一招标采购 药物、非能源矿产开发 专家、非农业用 水、非传染病防控 论坛、非工程承包 业务"等①。

类前缀"非"表示"否定事物的性质"的义项是由古代汉语中"非"表否定判断而来。② 在古代汉语中，名词谓语的否定常用"非"，如"此非君子之言，齐东野人之语也"(《孟子·万章上》)，后来在使用过程中，"非"表示判断的意义渐渐也可理解为对某一范围的否定(尤其是在"非 A 即 B"这一结构中)，例如"你既是秀才，只合苦志于寒窗之下，谁教你夤夜辄入人家花园，做得个非奸即盗"(元·王实甫《西厢记》)，这是"非"的类词缀用法形成的基础。后来随着"非＋X"使用的频繁，"非"否定范围的用法从名词扩展到形容词和动词上，"非"的意义也逐渐发生了虚化，从而就成为"否定事物的性质"的类前缀了。

3.1.1.3 "零"构词的语义范畴化

我们在国家语委语料库中仅检索到类前缀"零"构成的派生词"零增长"1个词，但在 DCC 语料库中检索到 169 个词，这是因为 DCC 语料库中的语料都来源于报纸，而"零"在"新闻语体中出现频率较高"(张谊生，2003b)，所以"零"在 DCC 中的出现频率远高于国家语委语料库。

在这 170 个派生词中，"零"的原型义项是表矛盾类否定，"零 X"意为否定 X 的数量。根据"零"与不同词基的结合情况，"零"在这一义项下又包括以下几种语义变体：

1. $[零[X]_{C.N.}]_{N.}$，X 为可数名词，派生后表示"X 所表概念的数目为零"，共 25 个词。例如"零次品"表示次品数为零；"零纠纷"表示纠纷的数量为零，即没有纠纷；"零死角"表示死角的数量为零，即没有死角。此外，还有"零艾滋病人、零安全事故、零非法移民、零废弃物、零故障、零广告、零火灾、零积案、零奖牌、零漏洞、零缺陷、零伤病、零失误、零事件、零刑事案件"等。这些名词性词基均可受量词(包括个体量词、种类量词和动量词)修饰，例如

---

① 对于这样的多音节尤其是含动词的多音节"非 XY"类词，如何分析其内部的层次结构是我们研究时需要重点关注的，这涉及类词缀"非"的否定辖域，我们将在本章 3.4.2 节中专门讨论这一问题。

② "非"在古代汉语中作否定词时最常用于判断句，否定的是主语和"非"后成分的关系。不过对于"非"的性质，学界有不同看法：一派认为它是否定副词，以王力(1962/1999：247，267)为代表；另一派认为它是系词，以吕叔湘(1944/2014：331－332)为代表。无论它是哪种性质，均不影响类词缀"非"的意义和形成。

“X位艾滋病人”“X条广告”“X块奖牌”“X项(个)缺陷”“X次失误”等。

2. ［零［X］$_{UC.N.}$］$_{N.}$，X为不可数但含有数量概念的名词，派生后表示“X所表概念的‘量’为零或接近于零”，共50个词。例如“零补贴”表示补贴的“量”为零，“零磁场”表示磁场的大小为零，“零高度”表示高度为零。此外，还有“零差价、零差距、零差率、零产量、零成本、零地价、零费、零风险、零概率、零隔阂、零工资、零间隙、零利润、零能耗、零首付、零团费、零佣金、零账户、零折扣”等。这些名词性词基均可进入“N.很高/低”或“N.很大/小”结构，例如“补贴很大/小”“地价很高/低”“薪酬很高/低”“折扣很大/小”等。

3. ［零［X］$_{V.}$］$_{V.}$，X表示动作行为或变化，派生后表示该动作行为或变化过程不存在，共79个词，例如“零报考”表示“报考”这一行为不存在，即没有(人)报考；“零超期”表示没有发生超期行为；“零犯罪”表示没有发生犯罪行为。此外，还有“零容忍、零拖延、零爆炸、零被引、零产出、零超限、零出资、零等待、零垫付、零翻译、零废弃、零焚烧、零复吸、零感染、零干扰、零干预、零加价、零减产、零接待、零排放、零赔偿、零伤残”等。

4. ［零［X］$_{N./V.}$］$_{N./V.}$，X为名动兼类词，派生后既可表示数目或者“量”为零，也可表示该动作行为不存在，共6个词。如“零记录”既可表示记录的数目为零，也可表示记录这一动作不存在；“零伤亡”既可表示伤亡数为零，也可表示没有(人)伤亡；“零投诉”既可表示投诉数为零，也可以表示没有投诉这一行为的发生。其他3个词为“零纪录、零缺位、零投入”。

5. ［零［X］$_{A.}$］$_{A.}$，X为性质形容词，派生后表示该性质的程度为零或牵涉的实体数目为零。表示程度为零的有2个词，如“零懈怠”表示懈怠的程度为零，“零自满”表示自满程度为零；表示牵涉实体数目为零的有2个词，如“零不良”表示不良的(东西)数目为零，“零合格”表示合格的(人或东西)数目为零。

除了表示否定这一原型义项之外，“零”有时还可表示：

1. ［零［X］$_{N.}$］$_{N.}$，表示X所表概念是“零”本身，共2个词，如“零起点”表示起点是“零(本身)”，即从头开始；“零报告”表示报告是“零(本身)”，即在报告中填“零”上报。

2. ［零［X］$_{V.}$］$_{V.}$，表示X所示动作的起始点为“零”，共2个词，如“零起步”表示从“零”起步，“零突破”表示突破了“零”。

此外，这在170个词中，有2个“零X”是从短语压缩而来的，语义关系已经不明显，容易引起歧义。如“零换乘”表面看上去应意为“换乘这一行为不发生”，而实际上它表示不用长距离行走即可换乘，“零窗口”也并非“窗口数量为零”，而是表示与“窗口”[1]时间的误差为零。

与类词缀“不”和“非”不同的是，类前缀“零”的形成是内因和外因共同作用的结果。一方面，它表示“否定事物的数量”这一意义由“零”作“[数]表示没有数量：一减一等于～|这种药的效力等于～”（《现汉》）发展而来；另一方面，近一个世纪以来，受英语“zero”的影响，“零”也常常直接修饰某些名词或动词（张谊生，2003b），随着使用的频繁（许多派生词都是近二三十年产生的），“零”的这一用法慢慢固定下来，类前缀“零”便由此产生了。

3.1.1.4 “无”构词的语义范畴化

我们在国家语委和DCC语料库中共检索到类前缀“无X”26例[2]。在这26例“无X”中，类前缀“无”的原型义项是表矛盾类否定，“无X”否定的是事物的存在。根据词基类别的不同，“无”又包括以下两种语义变体：

1. $[\text{无}[X]_{N.}]_{NPA.}$，表示X的不存在，共25例，除“无条件”外，“无X”只能充当词内成分。其中又分两种情况，一种是否定具体事物的存在，如“无轨（电车）”即没有轨道的电车，“无被（花）”即没有花被的花，“无脊椎（动物）”即没有脊椎的动物，此外还有“无尘（环境）、无党派（人士）、无纺（布）、无核（小枣）、无菌（环境）、无烟（煤）、无照（驾驶）、无政府（主义）、无霜（冰箱）、无底（洞）、无线（电）、无袖（上衣）”等；另一种情况是表示否定抽象事物的存在，如“无条件”指的是没有任何条件，“无障碍（交流）”即“没有障碍地交流”，此外还有“无公害（蔬菜）、无痕（内衣）、无性（繁殖）”。

2. $[\text{无}[X]_{V.}]_{NPA.}$，表示X所示动作行为没有发生，共1例，如“无记名（投票）”就是没有记名的投票。

通过以上举例，可以发现类词缀“无”派生出的新形式大多属于起区别作用的词内成分，如“无被（花）”“无脊椎（动物）”，一般会有一个对应的“有X”形式（有时“有”可省略），且中间一般不能插入“的”，如“无轨（电车）－有轨（电车），无菌（环境）－有菌（环境），无烟（煤）－有烟（煤），无政府（主义）－政府（主义），无条件（反射）－条件（反射）”等，“无X”的作用为复合词的中心分类；“无X”也可能是独立成词的区别词，如“无条件”，有时倾向于不加“的/地”（加了之后也成立），如“无条件投降”（中心语较短，且一般为非及物动词），有时倾向于加“的/地”，如“无条件地爱你”“无条件地接受现成的规则”

---

① “窗口”为航天器发射术语，意为“允许航天器发射的最有利的时间范围”（释义引自熊武一、周家法总编，卓名信、厉新光、徐继昌等主编《军事大辞海》（长城出版社，2000）词条“发射窗口”）。

② 因为大多数有派生性的“无X”都只能作词内成分，所以我们也采用“例”的计算方式。

(中心语较长,或为动宾短语)①。

要注意,同样都是表示"否定",我们需要把"无轨电车、无政府主义、无菌环境"中的"无"与"无边、无眠、无耻"中的"无"区分开,前者可以算作类词缀,但后者只能是词根,它们在形态和句法上都有很大区别,我们将在本章3.4.1节中具体讨论这一问题。

类前缀"无"表"否定事物的存在"这一意义是从词根"无"作动词时表示"没有(跟'有'相对)"(《现汉》)这一义项发展而来的,例如"从无到有""有则改之,无则加冕",此时"无"可用在名词或动词前,如"无偏无党,王道荡荡"(《书·洪范》)中"无偏无党"即没有偏向。后来在使用过程中当"无"构成的成分被用作修饰性的定语或状语时,"无"的动词性就被弱化了,表示事物或动作的不存在,如在"无领上衣"中,"无领"表示与"有领"相对的概念,此时"无"就再语义化为类词缀了。

3.1.2 差距认知域中类前缀构词的语义范畴化:"半-、类-、准-"

类前缀"半-、类-、准-"都可以表示差距(inadequacy),因此可归属为差距认知域。所谓差距认知域,指的是反映两实体及其性质之间存在差距的概念领域。与否定认知域不同的是,差距认知域中各个类前缀表示差距的时候存在被比较的对象,往往表达的是一种近似但又有所不同的意义。

3.1.2.1 "半"构词的语义范畴化

我们在国家语委和DCC语料库中分别检索到7个和19个"半"构成的派生词,排除重复出现的词后共计21个词。我们又补充了《现汉》收录但未在语料库中出现的词6个,最终得到27个类前缀"半"的派生词。

在这27个派生词中,类前缀"半"的原型义项是表示"部分相似",具体来说,包括以下两种语义变体:

1. $[半[X]_{G.A./V.}]_{A./V.}$,X为可被量化的形容词或动词,派生后表示"在一定程度上接近但没有完全达到词基所表示的性质或状态",共13例。例如"半饱"指的是有些饱了,但没有完全吃饱;"半透明"指的是接近透明,但又不完全透明。此外,还有"半大、半公开、半酣、半旧、半开、半死、半瘫痪、半新、半醒、半自动、半醉"等。

2. $[半[X]_{N.}]_{N.}$,派生后表示具有词基所表概念的部分特征,共14例,如

① 在"无"构成的派生性结构中,"无条件"较为特殊,它在"无条件反射"中只能充当词内成分(不能说"*无条件的反射"),但在"无条件投降"中却是词,换句话说"无条件反射"整体是词,而"无条件投降"整体是短语。之所以出现这种不同,我们推测是因为"条件反射"是词,而不存在所谓"*条件投降"。

“半疯儿”指的是患有轻微精神病的人；“半元音”指的是具备元音的一些特点，介于元音跟辅音之间的音素。此外，还有“半彪子、半封建、半官方、半劳力、半流体、半熟脸儿、半文盲、半殖民地”等。

在我们筛选出的27个派生词中，“半”表示的意义均可归纳为原型义项“部分相似”，未发现边缘义项的存在。

类前缀“半”表“部分相似”的这一原型义项由词根“半”发展而来。词根“半”的本义是“[数]二分之一；一半(没有整数时用在量词前，有整数时用在量词后)”，如“半尺”“一斤半”“过半”等，此时词根“半”也可以附加在名词前面，如“半边天”“半价”“半日制”，“二分之一；一半”的意义仍然比较具体。随着词根“半”搭配范围的扩展，“二分之一；一半”的实在意义就慢慢模糊，不再强调相似量的精确性，“半”由此引申出了“部分相似”的意义。

3.1.2.2 “类”构词的语义范畴化

类前缀“类”在现代汉语里的能产性不高，我们在国家语委和DCC语料库中仅检索出9个“类”构成的派生词，又补充了前人研究(陈光磊，1994：24)中出现但语料库未收录的5个词，最终共得到14个词。

在这14个派生词中，类前缀“类”的原型义项是“类似”，与它结合的词基都是名词，派生规则为$[类[X]_{N.}]_{N.}$，表示“近似但又不完全是词基表示的概念”，X多为专业术语。例如“类星体”是类似恒星的星体(并非真正的恒星)，“类脂”是“在结构上或脂溶性方面类似脂肪的其他脂类化合物”[①]，“类地(行星)”是物理性质和天体特点跟地球相似的行星，“类激素”是环境激素，即可以模拟人体内的天然激素的外因性干扰生物体内分泌的化学物质，“类词缀”则是近似词缀的语素。除此之外，还有“类人猿、类风湿、类固醇、类菌、类囊体、类胡萝卜素、类木行星、类新星、类毒素”等。由于“类”的能产性很低，所以它不具备生成周遍性，仅具备接收周遍性。

鉴于“类”更常在专业术语中出现，我们又检索了中国知网工具书数据库[②]中“类”的派生词，发现它的词基多隶属于医学、生物、地理等领域，如“类偏执、类中风、类伤害、类梧桐、类麦粉、类乳岩、类晶体、类白喉、类树脂、类血浆、类天花、类消症”等。

类前缀“类”的原型义项“类似”由词根“类”发展而来。词根“类”(繁体为“類”)的本义是“种类相似”，《说文解字》曰“类，种类相似，唯犬为甚”，如“画虎不成反类犬”“不类前人”。相似意味着不完全相同，即“类似”，当“类”位于

---

① 释义引自农业大词典编辑委员会编《农业大词典》(中国农业出版社，1998)。

② 网址：http://gongjushu.cnki.net/refbook/default.aspx(访问日期：2022-04-11)。

某些名词前时，表示"像"的动词义开始脱落，转而指称近似但又不完全是名词性词基所表的概念，类前缀"类"的"类似"义由此产生。

3.1.2.3 "准"构词的语义范畴化

我们在国家语委语料库中检索出 33 个类前缀"准"构成的派生词，在 DCC 语料库中检索到 46 个词，排除重复出现的词后共计 78 个，又补充了前人文献（Chao，1968/2011：235；陈光磊，1994：25；马庆株，1995a；汤志祥，2001：154；沈光浩，2011b）中提到但语料库中未出现的词 36 个，最终共得到 114 个词。

在这 114 个词中，"准"的原型义项是表"高度相似"，具体来说包括以下三种语义变体：

1. $[准[X]_{Ani.\ N.}]_{N.}$，X 为表身份名词，派生后表示"基本可归入、但又不完全是 X 代表的这类人"，共 8 个词。如"准法盲"即基本属于法盲，但稍微懂一点法；"准球迷"即喜欢足球，但跟真正的球迷比又懂得少点；"准市民"指的是进城打工的农民工，他们在城市生活工作，但户口仍在农村。另外，还有"准出口商、准处女、准老族、准绅士、准学究"。

2. $[准[X]_{Ina.\ N.}]_{N.}$，表示"虽然还有差异、但基本属于 X 所表事物或概念的范畴"，共 69 个词。此时 X 多是行业术语，如"准货币"指的是"一种以货币计算价值，不能直接用于流通，可以随时兑换成通货的资产"[①]；"准三双"是篮球术语，指的是在篮球比赛中得分、篮板、助攻、抢断和盖帽五项数据有三项接近 10；"准贷记卡"指功能与贷记卡相似，但持卡人须先按发卡银行要求交存一定金额的备用金、存款有利息、可透支的信用卡。类似的还有"准 3G、准白话、准宾语、准出口国、准词头、准词缀、准地转、准电子、准定常、准动量、准分子、准风月谈、准公共品、准惯性、准静态、准军事安保公司、准快线、准类型片、准粒子、准平衡态、准液态"等。有时 X 也可以是普通名词，如"准血缘关系、准工作、准文化、准艺术、准音乐、准两年、准残缺家庭"等。

3. $[准[X]_{V.}]_{V.}$，表示接近 X 所示的动作行为，共 2 个词。"准静止"即接近静止，"准军事化"即管理等接近军事化。

除了表"高度相似"这一原型义项之外，"准"还产生了以下两种边缘义项：

1. $[准[X]_{Ani.\ N.}]_{N.}$，X 为表身份名词，派生后表示"即将成为 X 所代表的那一类人"（"逼近"义），共 33 个词。如"准妈妈"指的是已经怀孕、即将成为

---

① 释义引自黄达、刘鸿儒、张肖主编《中国金融百科全书》（经济管理出版社，1990）。

妈妈的女人；“准顾客”指的是“有可能购买商品的人”①，未来可能成为顾客的个人或组织；“准明星”是即将成为明星的人，如练习生、艺术专业的学生或者刚刚进入演艺圈的新人等。此外，还有“准 MBA、准爸爸、准博士、准潮妈、准成员、准大学生、准儿媳、准房奴、准工作者、准护士、准画家、准记者、准驾驶员、准居民、准军嫂、准老公、准媒体人、准人才、准投资者、准新娘”等。

2. [准[X]$_{N.}$]$_{N.}$，X 为军衔，派生后表示“X 所示军衔的最低一级”（“降级”义），共 2 个词。例如“准将”是将级军官最底层军衔，介于上校和少将之间；“准尉”指的是尉官的最低一级军衔，介于上士和少尉之间。

类前缀“准”表示“高度相似”“逼近”和“降级”的义项是由词根“准”发展出来的。词根“准”有“标准”（《现汉》）之义，如“准绳、水准、准则”等，后引申出“依据；依照”（《现汉》）义，如“准此办理”，当“依据；依照”的对象与被依照的对象并不完全相同时，就自然引申出“高度相似”和“降级”之义，当“不完全”的原型义项附加在某些表一类人的名词前、描写一种事物向另一种事物变化和发展的动态过程时，就产生了“逼近”义。

3.1.3　降级认知域中类前缀构词的语义范畴化：“次－、亚－”

类前缀“次－、亚－”都可以表示整体中的部分或者低于某程度、未完全成为某事物，我们将这一认知域归纳为降级认知域（degradation）。

3.1.3.1 “次”构词的语义范畴化

类前缀“次”在现代汉语里的能产性不高，我们在国家语委和 DCC 语料库中仅检索出 13 个它的派生词，又补充了在《现汉》和前人研究（陈光磊，1994：24；沈光浩，2011b）中出现但语料库未收录的 5 个词，最终共得到 18 个词。

在这 18 个派生词中，类前缀“次”的原型义项是表示降级，而且常是消极降级，即这种降级常常是向更差或者人们不期望的情况发生。根据词基的不同类别，“次”在“降级”义项下共产生了四种语义变体：

1. [次[X]$_{N.}$]$_{N.}$，X 一般为专业术语，派生后表示“接近并低于词基所表概念”，共 11 个词。如“次声波”指的是“低于人能听到的最低频（20 赫兹）的声波”（《现汉》），“次贷”指的是“次级抵押贷款”。此时，X 最常为化学物名，“次”专指化合价低的，如“次氯酸钙”得名源于其分子式为“$Ca(ClO)_2$”，比“氯酸钙”的分子式“$Ca(ClO_3)_2$”中氯酸根（ClO_3）的化合价低，类似的还有“次氯

①　释义引自于根元主编《现代汉语新词语词典》（中国青年出版社，1994a）。

酸盐、次硝酸铋”等。

2. $[次[X]_{A.}]_{A.}$，X 为性质形容词，派生后表示“程度稍低于 X 的”，共 3 个词。如“次强”表示稍弱于“强”的(常用于音乐)，“次发达(地区)”表示经济发展程度稍低于发达地区的(地区)，此外还有“次高尚”。这一类派生词基本都表达消极降级，例如“次发达地区”与发达地区相比更为落后，“次高尚”也不是我们所赞成的。

3. $[次[X]_{N.}]_{N.}$，派生后用来指称 X 的组成部分，共 2 例。如“次大陆”指的是“指大陆上面积很大，在地质构造和地理条件有显著的独特性或在政治上具有相对独立性的地区”①；“次动词”即介词，因为有学者将其看作是“动词的一种”，故称为“次”动词(丁声树，1961：95)。

4. $[次[X]_{N.}]_{N.}$，X 为职务名，派生后表示“副的 X”，共 2 个词。“次长”指的是“某些国家或地区称政府部长的副职”(《现汉》)，“次官”指的是“指各部门次于正职的副长官，亦称副贰、副职”②。这一意义在现代汉语里更常用“副”表示。

在以上 4 个语义变体中，变体 1 为最核心的语义变体，变体 2、3、4 都是由变体 1 引申而来的，变体 2 继承了变体 1[＋程度低]的语义特征，结合范围由名词扩展到了形容词；变体 3 和 4 的意义在变体 1 的基础上发生了引申，前者表示的降级为下位义，后者则为从属义。

在我们筛选出的 18 个派生词中，类前缀“次”表示的意义均可归纳为原型义项“降级”，未发现边缘义项的存在。

类前缀“次”的原型义项“降级”由词根“次”发展而来。词根“次”有“次序排在第二的”之义，如“次日”“次子”等。“第二”往往与水平、程度等稍弱的意义联系在一起，所以当“次”附加在名词或形容词之前时，其表示“第二”的实词义就再语义化为“降级”义了。

3.1.3.2 “亚”构词的语义范畴化

我们在国家语委和 DCC 语料库中分别检索出 41 个和 15 个类词缀“亚”构成的派生词，排除重复出现的词后共计 50 个，加上在前人文献(陈光磊，1994：25；马庆株，1995a；苏向红，2010：297；沈光浩，2011b)中提到但语料库中未出现的 17 个词，共得到 67 个词。

在这 67 个派生词中，类前缀“亚”的原型义项是表示降级，具体来说包括以下两种语义变体：

---

① 释义引自袁世全主编《中国百科大辞典》(华夏出版社，1990)。

② 释义引自吕宗力主编《中国历代官制大词典》(北京出版社，1994)。

1. 表示“接近并低于”,可分为以下几种情况:

A. [亚[X]$_{N.}$]$_{N.}$,表示接近并低于X所表概念,共44个词。如“亚热带”是指纬度在温带以上,靠近热带的地区,其夏季与热带相似,但冬季比热带冷;“亚熟男”指的是“表面成熟,实际性格尚未完全成熟的男人”[①];“亚毫米波”指的是波长接近并小于毫米波的一种波(波长一般是1),除此之外,还有“亚爱情、亚北极、亚别墅、亚成体、亚纯函数、亚单身、亚单位疫苗、亚高山区、亚婚姻、亚疾病、亚情感、亚生存状态、亚微观、亚微米、亚稳态、亚黏土、亚治疗剂量”等。此外,“亚+N$_{素}$”还常用于化学名中,表示原子价低的、酸根或化合物中少含一个氢原子或氧原子的,如“亚硫酸”得名于其分子式为“H_2SO_3”(硫酸分子式为“H_2SO_4”),同样的还有“亚硫酐、亚硫酸钠、亚硫酸盐、亚硝(化)、亚硝酸、亚硝酸胺”等。

B. [亚[X]$_{A.}$]$_{A.}$,表示程度低于X的,共4个词,如“亚急性”表示病症发病稍慢于急性;“亚健康”指的是“身体虽然没有患病,却出现生理机能衰退、代谢水平低下的状态”,即不太健康的状态;“亚快乐”是一种表面快乐但却并非真正快乐的状态。

C. [亚[X]$_{V.}$]$_{V.}$,表示接近但并未真正达成该动作行为,共3个词。如“亚失业”指“尚未正式失业,但工资、待遇比以前大幅下降的从业状态”[②];“亚偷情”则是男女之间发乎情止乎礼的暧昧行为。

2. [亚[X]$_{N.}$]$_{N.}$,表示X的组成部分,共16例。例如“亚文化”指的是那些“与主文化相对应的那些非主流的、局部的文化现象”[③],如火星文、脑残体等;“亚群体”是在一个群体中根据不同特点和属性分出的下位群体,如青年娱乐群体、青年政治群体等。这一语义变体的“亚”常用于物理、生物、地理和心理学术语中,如“亚细胞、亚显微结构、亚叶绿体、亚冰期、亚层[④]、亚纲、亚目、亚科[⑤]、亚类[⑥]、亚种[⑦]”等。

---

① 释义引自刘海润、亢世勇主编《现代汉语新词语词典》(上海辞书出版社,2015)。

② 释义引自刘海润、亢世勇主编《现代汉语新词语词典》(上海辞书出版社,2015)。

③ 释义引自车文博主编《心理咨询大百科全书》(浙江科学技术出版社,2001)。

④ 亚层有时指“电子亚层”,即在同一电子层中电子能量存在微小的差异的下位电子层;有时也可指“地质亚层”,即根据地质形成划分出的地质层的下位层。

⑤ “亚纲、亚目、亚科”都是生物分类法的一级,亚纲位于纲和目之间,亚目位于目和科之间,亚科位于科和属之间。

⑥ “亚类”是“土类的续分。依据同一土类中由附加成土过程所产生的性质划分,具有土类或土纲间的过渡特征”。[引自全国科学技术名词审定委员会审定《地理学名词》(科学出版社,2007)]。

⑦ “亚种”是“种内个体在地理和生态上充分隔离以后所形成的群体”[引自全国科学技术名词审定委员会审定《遗传学名词》(科学出版社,2006)]。

在我们筛选出的 67 个派生词中,类前缀“亚”表示的意义均可归纳为“降级”,未发现边缘义项的存在。

类前缀“亚”表示降级的原型义项由词根“亚”发展而来。词根“亚”有“较差(常用于否定式)”(《现汉》)之义,如“他的技术不亚于你”;此外词根“亚”在古代汉语里还有“第二”之义,如“亚献”指的是“举行祀典时,第二次献爵”①,“亚元”指的是“名列第二”②,“亚饭”指的是“古代天子、诸侯的第二次进食”③,“亚圣”是孟子,因为其道德才智仅次于圣人“孔子”。“第二”离“第一”最近但同时又次于“第一”,因此词根“亚”表“第二”的义项进一步泛化,产生了“降级”义,类前缀“亚”由此产生。

与类前缀“次”常表示“消极降级”不同的是,“亚”表示的是“中性降级”,“亚 X”并不强调降级的好与坏,只是客观地描述。例如“亚急性”的词基“急性”为区别词,“亚急性(病例)”指的是发病速度慢于急性病例但快于慢性病例;“亚失业”的词基“失业”为动词,“亚失业”也只是在描述还未完全失业,但收入降低、工时减少的状态。

3.2　反义类前缀构词的语义范畴化

3.2.1　性质认知域中类前缀构词的语义范畴化:“软－、硬－”

类前缀“软－”和“硬－”在汉语当中都可以表示事物的性质,属于性质认知域。这两个类前缀在语义上相反,构词上呈现出一定的对称性。

3.2.1.1 “软”构词的语义范畴化

我们在国家语委和 DCC 语料库中共检索到“软”的派生词 49 个,补充前人文献(汤志祥,2001: 149－164;沈光浩,2011b)中收录但语料库中未出现的词 34 个,共计 83 个词。

在这 83 个派生词中,类词缀“软”的原型义项是表示“非硬性的”,具体来说包括以下两种语义变体:

1. $[软[X]_{Abs.\ N.}]_{N.}$,$[软[X]_{V.}]_{Vi.}$,X 表原则、标准等,派生后表示“X 是非强制性的、有伸缩余地的”,共 9 个词。X 为名词的例子如“软标准”指的是诸如综合素质评价等较为灵活的、非强制性的标准,“软任务”是非强制性的、

① 释义引自徐富等编《古代汉语大词典》(上海辞书出版社,2007)。

② 释义引自罗竹风主编《汉语大词典》(上海辞书出版社,2011)。

③ 释义引自罗竹风主编《汉语大词典》(上海辞书出版社,2011),“亚饭”另有一个义项为“古代天子、诸侯第二次进食时奏乐侑食的乐师”。

灵活的任务，“软条件”是非必须拥有的、可供选择的条件。此外还有“软指标、软原则”等。词基为动词的例子如“软约束、软预算约束”。此类派生词均有反义的“硬 X”派生词。

2. [软[X]$_{Ina.\ N.}$]$_{N.}$，[软[X]$_{Act.\ V.}$]$_{Vi.}$，表示“X 是柔和的、刺激性弱的”，此时词基为无生名词或动作动词，派生后保留原词性，但及物动词派生后变为不及物动词，共 28 个词。词基为无生名词时，可以是具体的事物名词，如“软饮料”为酒精度低的、口感柔和的饮料，“软 X 光”指的是“由较低千伏产生的能量低且穿透力弱的 X 射线”①，“软文”即软广告，指的是将宣传内容融合进文章内容中的广告，它宣传的手法较柔和，不会引起读者的反感；也可以是抽象名词，如“软办法”指的是手段较柔和、不强硬、更容易被接受的办法；“软色情”是比较正常、让人看了不会感觉不舒服的色情，还有“软法子、软方法、软思维、软招子”等。词基为动作动词的例子如“软罢工”是采取消极怠工、请病假等较温和手段的罢工，“软杀伤”是指“不触及和消灭对方的物质形态，而通过电子干扰、网络攻击等方式，使对方通信、指挥、情报预警等系统失灵，丧失作战能力的作战方式”②。类似的例子还有“软抵制、软改革、软结合、软违约、软宣传、软处理、软抱怨、软裁员、软营业”等。此类派生词均有反义的“硬 X”派生词。

除了“非硬性的”这一原型义项，“软”还可以表示词基所示事物或动作行为是涉及人文方面的、与外在物质方面相对的，派生规则为[软[X]$_{N.}$]$_{N.}$或[软[X]$_{Act.\ V.}$]$_{Vi.}$，共 46 个词③。派生词的词性与词基一致，但动词性词基在派生后失去了及物性。词基为具体事物名词的例子如“软专家”是“决策科学方面的专家”④；“软装备”即软件类的装备；“软商品”则是“服务性行业、非物质的商品”⑤。词基为抽象名词的例子如“软待遇”指的是非薪资等的福利、环境、发展前景等方面的待遇；“软实力”指的是一个国家或城市在文化、价值观念、社会制度等影响自身发展潜力和感召力等方面的实力；“软资源”是诸如科学技术、信息等非物质形态的资源。此外还有“软服务、软工作、软环境、软机制、软力量、软权力、软素质、软援助、软毛病、软绩效、软霸权、软文化”

---

① 释义引自孔繁瑶、蔡宝祥主编《兽医大辞典》(中国农业出版社，1999)。

② 释义引自刘海润、亢世勇主编《现代汉语新词语词典》(上海辞书出版社，2015)。

③ 下文我们将分析类前缀“软”和“硬”表示“(非)人文方面的”这一义项的产生是受英语的影响，并且表示这一义项的派生词多形成时间较晚，因此虽然它们较为能产，我们仍将它们暂时归入边缘义项。随着时间的推移，如果表示这一义项的“软/硬”派生词仍持续大量出现，并在汉语中稳定使用，这一义项就有可能变为原型义项。

④ 释义引自于根元主编《现代汉语新词词典》(北京语言学院出版社，1994b)。

⑤ 同上。

等。词基为动作动词的例子如“软缺电”指的是由非硬件条件引起的结构性缺电，“软思考”是指综合人文方面因素的思考。

在以“软”开头的三字词中，有一类较为特殊，如“软刀子、软钉子、软耳朵、软骨头”，有学者将其中的“软”也看作类词缀（汤志祥，2001：149－164；岳秀文，2013），但我们认为，“软刀子”这类词是“软”和“刀子”结合后整个词发生了隐喻，如“软刀子”比喻“使人在不知不觉中受到伤害或腐蚀的手段”（《现汉》），“软耳朵”比喻“没有主见容易听信别人话的人”（《现汉》），而“软”在和“刀子”等结合时仍然表示“物体内部的组织疏松，受外力作用后容易改变形状”的本义，因此“软”此时仍属于词根语素，而非类词缀。

3.2.1.2 “硬”构词的语义范畴化

我们在国家语委和DCC语料库中共检索到“硬”的派生词65个，补充前人文献（汤志祥，2001：149－164）中收录但语料库中未出现的词15个，共计80个词。

在这80个词中，“硬”的原型义项为“硬性的”，包括以下几种语义变体：

1. ［硬［X］$_{Abs.\ N.}$］$_{N.}$，［硬［X］$_{V.}$］$_{Vi.}$，X表原则、标准等，派生后表示“X是硬性的、不可改变的、不能通融的”，共18个词。词基为名词的例子如“硬规定”即硬性的、不可更改的规定；“硬条件”即必须具备的条件；“硬要求”即必须做到的、不能改变的要求。此外还有“硬道理、硬规范、硬机制、硬框框、硬指标、硬制度”等。词基为动词的例子如“硬约束”。在这一类派生词中，“硬成本”是个例，意为固定支出成本，如商店的店面租金、装修、工人工资等，此时词基“成本”为可量化的具体名词。

2. ［硬［X］$_{Ina.\ N.}$］$_{N.}$，［硬［X］$_{Act.\ V.}$］$_{Vi.}$，表示“X是强硬的”，此时词基为无生名词或动作动词，派生后保留原词性，但及物动词派生后变为不及物动词，共26个词。词基为无生名词时，可以是具体名词，如“硬X射线”为“能量大、穿透力强的X线”①，“硬牌子”指的是有很高的品牌价值、在市场上很受大众认可的强势品牌；也可以是抽象名词，如“硬保障”即坚实的、牢固的保障，“硬举措”即强硬的、能够起到切实效果的举措，“硬作风”即强硬的、不软弱的作风，还有“硬本领、硬本事、硬措施、硬功夫、硬手段、硬手腕、硬色情”等。词基为动词例子如“硬监督”为切实有效、严厉的监督；“硬着陆”原意为“航天器不经减速而以极快速度降落到自然天体的表面”，现在常“比喻宏观经济因采取较猛烈的变动措施而在短期内大幅度下降”②。此外还有“硬稳定、硬支撑、硬挂钩、硬发展”等。

---

① 释义引自孔繁瑶、蔡宝祥主编《兽医大辞典》（中国农业出版社，1999）。

② 释义引自贺国伟主编《现代汉语反义词典》（上海辞书出版社，2009）。

除了“硬性的”这一原型义项，“硬”还可以表示词基所示事物或动作是涉及物质方面的、非人文方面的，派生规则为“$[硬[X]_{N.}]_{N.}$”或“$[硬[X]_{Act.V.}]_{Vi.}$”，共33个词。派生词的词性与词基一致，但动词性词基在派生后都失去了及物性。词基为具体名词的例子如“硬商品”即物质资料商品；“硬设备”即硬件类的设备。此外还有“硬书、硬专家、硬宅男”等。词基为抽象名词的例子如“硬实力”是指一个国家的经济力量、军事力量和科技力量，它是一种看得见、摸得着的物质力量；“硬投资环境”是指诸如城市设施、气候、地理、生活等容易被人们视觉感受到的环境因素，具有较强的物质性；“硬投入”即具备物质形态的投入，如人财物的投入等。此外还有“硬环境、硬技术、硬科学、硬权力、硬资源、硬科幻、硬医学、硬产业、硬文化、硬国力”等。词基为动词的例子如“硬缺电”指的是因为装机不足等硬件问题导致的缺电；“硬提升”即硬件因素的提升。类似的例子还有“硬接轨、硬思考、硬管理”等。

类前缀“软”和“硬”在表示“(非)物质层面、(非)人文方面的”时语法化程度最高，可搭配的词基范围十分广泛，它们的意义随着词基的不同也呈现出不同面貌。这种意义的灵活性是由隐喻机制造成的，具体来说“软”和“硬”表示“(非)物质层面、(非)人文方面的”时，它们的派生词共涉及以下三种隐喻：

1. 自然科学是“硬”，人文和社会科学是“软”。例如“硬科学”包括数学、物理学、化学、天文学等，“软科学”则包括系统科学类、领导与管理学类、科学学类以及关于人才、创造思维、心理和行为科学类四大类；“硬科幻”以物理学、化学、生物学、天文学等自然科学为基础，“软科幻”则多以哲学、心理学、政治学、社会学等人文或社会科学为基础。

2. 有形是“硬”，无形是“软”。例如“硬资产”是指切实并持久存在的、受经济周期影响较少的资产种类”，包括基本金属、能源、房地产等；“软资产”则是无形的，企业商标、商号、经营模式、管理经验、运作流程、人才理念等都属于软资产；“硬战争”是指实打实的军事战争，而“软战争”则通常用来指称经济、营销等无形战争。

3. 晦涩难懂为“硬”，轻松易懂为“软”。例如“硬新闻”指的是诸如政治、经济、科技新闻等题材较为严肃的新闻，而“软新闻”则包括社会花边新闻、娱乐新闻、体育新闻、服务性新闻等轻松、富有趣味性的新闻；“硬书”指的是诸如哲学理论、自然科学这些难懂的书，“软书”则是指历史、文学这类容易读进去的书①。

① “硬书”和“软书”的释义来源于张颐武《软书和硬书都要读》(《中国科学报》，2012-11-30第6版)。

除了以上两个义项外，“硬”有时还可以表示能力强的，其派生规则为$[硬[X]_{Ani.\ N.}]_{N.}$，此时X为表人名词，派生后仍为表人名词，共3个词，如“硬干部、硬部队、硬班子”等。

类词缀“软”和“硬”的产生是汉语词义引申和外来词影响共同作用的结果。以“硬”为例，它作词根时有表示“物体内部的组织紧密，受外力作用后不容易改变形状”(《现汉》)的意思，当“硬”由指称具体事物的物理性质发展为指称抽象事物的性质时，“不容易改变”的特征得以保留，发展为“硬性的”之义，类词缀“硬”的原型义项由此产生。“软”和“硬”在表示“人文/物质方面的”意义上，则主要是受了英语的影响，根据韩晨宇(2007)和岳秀文(2013)对《现代汉语词典》第一版(1980)、第五版(2005)和第六版(2012)的统计，《现汉》收录的表示这一意义的“软/硬”的派生词在第五版中大量增加，也就是说，这一义项的产生时间并不是很早，在这些派生词中，“软/硬件”是产生时间较早的一组，它们是英语“soft/hardware”的意译词，在“软/硬件”产生后，一系列派生词“软/硬科学、软/硬技术、软/硬管理、软/硬专家”则据此类推形成，“软”和“硬”从电脑名词扩展到了其他领域，它们表示“涉及人文方面的、与外在物质方面相对的”和表示“涉及物质方面的、非人文方面的”类词缀义项由此产生。

3.2.2　时序认知域中类前缀构词的语义范畴化：“前－、后－”

类前缀“前”和“后”表示的都是事件的时间先后顺序，我们将其所在的认知域归纳为时序认知域(temporality)。

3.2.2.1“前”构词的语义范畴化

我们在国家语委和DCC语料库中分别检索到“前”的派生词71个和279个，排除重复出现的词，共得到333个“前”的派生词。

在这333个派生词中，类词缀“前”的原型义项是表示“之前的”。根据结合词基的不同类别，“前”在这一义项下又产生了三种语义变体：

1. $[前[X]_{Ani.\ N.}]_{N.}$，X为表身份[①]或职务(包括职业)的指人名词，派生后表示“从前的X”，仍为名词，共289个词。词基为身份名词的例子如“前奥运冠军、前NBA球星、前短跑名将”等，在这些例子中，“前X”都可直接解释为“以前的X”。当词基为表示职业或职务的名词时，“前X”还具有“现已不从事该职业或不担任该职务”的意思，如“前总统”即已经卸任的总统，“前白宫发言人”即从前的、现已卸任的白宫发言人，“前纺织女工”即从前的、现已辞职的纺织女工。

---

① 严格来说，职业、职务都是一种身份，我们这里指的身份是将职业和职务名称排除在外的身份。

除此之外，还有“前编辑局长、前部长、前财长、前首相、前高管、前工程师、前国会主席、前国脚、前国王、前行政长官、前联合国秘书长、前内务部长、前首席法官、前议员、前政府官员、前执行主席”等。在此语义变体上，短语以下的各级语法单位均可充当词基，词基为语素的例子如“前妻、前夫”，词基为词的例子如“前主席、前总统、前首相”，词基为短语的例子如“前中国国家乒乓球队领队、前中国教育学会会长、前芝加哥市市长、前驻叙利亚大使”等。

不过，并非所有表示身份和职业的名词均可充当类词缀“前”的词基，例如“＊前爸爸、＊前数学家、＊前疯子、＊前公仆”均不成立。“前 X”的词基需要在语义上满足以下条件：(1)该身份或职务日后可能发生变化，因此诸如“爸爸、男孩、女孩、上帝、数学家、疯子”等在身份形成后一般不会发生变化的词均无法充当词基；(2) 该身份或职务不能是临时性的角色，如“报告人[①]、乘客、嘉宾”等表示临时性身份的词也不能充当词基；(3)该身份或职务须是客观的、没有附加感情色彩的，诸如“网虫、财迷、守财奴”等非正式的以及带有感情色彩的身份或职业名词均不能充当词基。

“前”之所以在词基上有这样的选择限制，主要还是因为语义的要求，既然“前”表示的是“以前的”，那就代表这种身份或职务(包括职业)是可能发生变化的，如果不发生变化，就无所谓曾经是而现在不是了，因此就不可能有“＊前爸爸、＊前妈妈”这样的说法；而之所以“前报告人、前乘客”等临时性角色不能说，则是因为他们本身都只在当时当地的具体情境中存在，“报告人”离开了“报告”这个语境也就不再是“报告人”了，当然也无所谓强调身份的转变；至于“前守财奴、前网虫”等主观性较强的词不能说，我们推测可能与“前X”一般出现在书面语体中有关。

还需要强调的是，这一语义变体下的“前 X”是否成立需要结合语境做具体判断，如我们上文谈到的“前主持人”的例子，再以“农民”为例，一般人可能觉得“前农民”无法接受，但实际上，在而今“农民”已经成为了一种职业名的背景下，“前农民”是可能成立的，我们在 BBC 语料库中就搜到了这样的例子：

东北男人“忽悠”，就是前农民赵本山表演的。(微博语料)

我到过这些“前农民”家里，几乎都剩了中老年人，在自家小院种鲜花和果蔬，不仅美观怡情，而且摆在门口出售。(人民日报，1999—07—16)

---

① “X 人”一般都是表示临时性的角色(宋作艳，2015：241)，如“证明人、乘车人、担保人”等，但也有例外，有时还是需要结合语境来判断，例如在“她是这台晚会的主持人”中，“主持人”是临时角色，所以我们就不能说“＊她是这台晚会的前主持人”，但是在“她是一名主持人”中，“主持人”表示的是职业名，我们就可以说“她说一名前主持人”，我们上面举的例子“前白宫发言人”同样也是如此。

2. ［前［X］$_{N.}$］$_{N.}$，X为国家、地区或机构名，派生后表示“原来存在、现已不存在的国家、地区或机构”，派生后仍为名词，共25个词。例如“前政府”即原来的政府（现在已不存在）。除此之外，还有“前单位、前官邸、前国际联盟、前清、前西南台、前英属殖民地、前殖民地”等①。

3. ［前［X］$_{N.}$］$_{N.}$，X为科学术语，表示“X产生之前的事物”，派生后仍为名词，共19个词。例如“前工业社会”在工业社会之前，是指“生产力发展水平不高，机械化程度很低，主要以农业、渔业、采矿等消耗天然资源的经济部门为主的社会形态”②；“前科学”即自然科学产生之前的诸如神话、巫术等③，“前资本主义”即在资本主义社会之前，资本主义生产方式已经诞生，但在社会中并不占主导地位的时期。此外还有“前寒武纪、前思维、前网络时代、前微博时代、前戏剧、前运算期、前芝加哥学派”等。

在现代汉语中，“前”既可以表示空间概念，如“前门、窗前”，又可以表示时间概念，如“前天、几年前”，表示时间概念的“前”的形成是表示空间概念的“前”隐喻的结果。表示时间概念的词根“前”有“过去的时候”之意，如“前天、解放前、前功尽弃”等，此时“前”属于自由语素，可单用；过去的情况往往会和现在有所不同，因此，当“前”位于表示职位或身份、国家或机构的名词前，“从前的”义项就引申出了“已卸任的”或者“已经不存在”的意义，“前” 的语义由此发生了类化，类前缀“前”就形成了。

3.2.2.2 “后”构词的语义范畴化

我们在国家语委和DCC语料库共检索到“后”的派生词37个，由于我们统计的八位学者都未将“后”列为类前缀，我们又从其他研究类词缀“后”的文献（贾益民，2005；汪磊，2005）中补充了25例，共计62个词。

在这62个词中，“后”的原型义项是表示“之后的”，具体来说包括以下三种语义变体：

1. ［后［X时代/时期］$_{N.}$］$_{N.}$，表示“X时代/时期之后的时间”，派生后仍为名词，共51个词。例如“后奥运时代/时期”指的是奥运会后的时期；“后金融危机时代”是金融危机后全球经济开始出现复苏增长的时代。除此之外，还有“后巴沙尔时期、后霸权时代、后动荡时期、后工业化时代、后冷战时代、后平板时代、后石油时代、后摇滚时代、后物质时代、后基因组时代”等。

有时“时代/时期”还可被替换为其他表示时间段的词，如“后工业化阶

---

① 语料中还有“前苏联”的例子，新华社曾于2018年发布《新华社新闻报道中的禁用词（第一批）》，其中第100条规定：一般情况下不使用“前苏联”，而使用“苏联”。

② 释义引自庞元正、丁冬红主编《社会发展理论新词典》（吉林人民出版社，2001）。

③ 关于“前科学”的概念具体可参见陈建涛（1993）。

段、后工业社会”等。

2. $[后[X(主义)]_{Abs.\ N.}]_{N.}$，表示“X代表的理念或流派的新发展”，派生后仍为名词，共8个词。这一类派生词与词基在语义上具备继承和超越的关系，“后X主义”出现在“X主义”之后，继承了“X主义”的传统，但同时又是对“X主义”的反叛。例如“后现代主义”被认为“既是‘现代’的延续，又试图超越业已‘过时’的‘现代派’”①。除此之外，还有“后结构主义、后凯恩斯主义、后古典主义”。“X主义”也可省略“主义”，如“后现代(城市化建设、手法)、后当代(艺术)”。

在该语义变体下，有时表示理念或流派的词基并不以“主义”结尾，例如“后乌托邦”指的是“承认对传统乌托邦幻想及神话的消解的前提下，进行新的超越的尝试”(张颐武，1993)，这里的“乌托邦”并非指理想中的国家，而是指乌托邦式的价值取向。

3. $[后[X]_{Act.\ V.}]_{V.}$，表示“在该动作行为之后”，主要用于科技领域，共3个词。如“后处理”在不同技术领域往往有不同含义，例如在森林工业领域，它指的是“硬质纤维板经热压后，采取热、湿、油浸处理以求进一步提高产品主要物理力学性质的工艺过程”②，也就是说，它是基本的热压处理工作之后进行的“处理”。此外，还有“后加工、后规划”。

同“前”一样，“后”在现代汉语中既可以表示空间，如“后门、村前村后”，又可以表示时间，如“后天、后辈”。表示时间的“后”由表示空间的“后”隐喻而来。表时间的词根“后”意为“以后的时间；较晚的时间”，此时“后”为自由语素，可单用。词根“后”表示“以后的时间”时是以现在为参照点，当这个参照点移动到其他位置，如某个已经存在的时代时，“后”就自然引申出了“在(这个时代)之后”的意思，类词缀“后”由此形成。

类前缀“前、后”与表示时间的词根“前、后”在语义上最大的不同之处在于词根“前”和“后”都是可同时指向过去和未来，如“前天、前缘”中的“前”指向过去，而“前途、前景”中的“前”指向未来；“后天、后辈”中的“后”指向未来，而“往后看”的“后”指向过去③。但是类前缀“前”只能指向过去，“后”只能指向未来，这也是它们再语义化的表现之一。

---

① 释义引自马国泉、张品兴、高聚成主编《新时期新名词大辞典》(中国广播电视出版社，1992)。

② 释义引自中国农业百科全书总编辑委员会森林工业卷编辑委员会、中国农业百科全书编辑部编《中国农业百科全书·森林工业卷》(农业出版社，1993)。

③ 当然，词根“前”和“后”虽然都是既可以表示过去，也可以表示未来，但仍有频率的差异。王灿龙(2016)指出，“前”表过去、“后”表将来为无标记用法；“前”表将来、“后”表过去是有标记用法。

3.2.3　支配认知域中类前缀构词的语义范畴化："总－、分－"

类前缀"总"和"分"表示支配与被支配的语义关系，我们将其所在的认知域归纳为支配认知域（dominance）。

3.2.3.1 "总"构词的语义范畴化

我们在国家语委和DCC语料库中共检索到"总"的派生词220个，在这220个词中，"总"的原型义项是表示"处于支配地位的"，包括以下四种语义变体：

1. $[\text{总}[X]_{Ani.N.}]_{N.}$，X为表职业或职务的指人名词，此时"总"意为"为首的、处于最高地位的"，派生后仍为指人名词，"总X"一般是在X中职位最高的，或者是处于领导地位的，共83个词。如"总编辑"指的是"新闻、出版等机构编辑工作的总负责人"（《现汉》），"总领事"是指"领事中的最高一级"（《现汉》），"总会计师"是指"我国大中型企业等经济单位在经理或厂长领导下，主管经济核算工作的负责人"①。除此之外，还有"总裁判、总参谋长、总策划人、总承包商、总代表、总导演、总队长、总负责人、总干事、总经理、总教练、总设计师、总司令、总协调员、总指挥、总主教"等。

并非全部表示职业或者职务的指人名词都能充当"总"的词基，它们必须隶属于某等级体系中，而且不能处于该等级的最高位置，这就意味着在职位上没有上升空间或者具有唯一性的表职务或职业的名词不能充当"总"的词基。"＊总国王"不成立，因为一个国家的国王只有一个，而且"国王"已经是最高统治者；"＊总北京市市长"也不能说，因为北京市市长只有一个，不存在"＊分北京市市长"。同理，"＊总联合国秘书长、＊总美国总统、＊总北大校长"也都是不成立的。

2. $[\text{总}[X]_{N.}]_{N.}$，X为机构名或处所名，此时"总"意为"职能上统筹、处于领导地位的"，派生后仍为机构名或处所名，共55个词。"总X"下辖的是"分X"。词基为机构名的例子如"总公司"指"下设若干分公司的大型企业，具有独立法人资格"（《现汉》），"总司令部"可以指"一些国家中整个军队（或整个武装力量）的领导、指挥机关"，也可以是"有的国家中各军种的领导、指挥机关"②。此外还有"总行、总后勤部、总机关、总交易所、总领事馆、总商会、总税务司、总委员会、总政治部、总指挥部"等。词基为处所名的例子有"总仓库"指的是最大的、处于中心地位的仓库，一般下设各小型的分仓库；

---

① 释义引自俞文青编著《会计辞典》（立信会计出版社，2005）。

② 释义引自熊武一、周家法总编，卓名信、厉新光、徐继昌等主编《军事大辞海・下》（长城出版社，2000）。

“总售票处”也是最大的、最核心的售票处，下设各分售票处。此外还有“总办公处、总店、总管理处、总调度室、总值班室”等。

在该类派生词中，能够充当词基的处所类名词必须在职能上有等级差异，那些在现实生活中不存在等级差异的处所名词不能充当词基，例如“*总教室”不成立，因为“教室”只有大小，没有总部和分部之别；“总校”成立，因为学校可能有总部，还有受总部管辖的分部。

3. $[总[X]_{Abs.\ N.}]_{N.}$，表示“概括性的”，此时词基为抽象名词，派生后仍为名词，共62个词。例如“总计划”即总览全局的总体计划，“总路线”即“中国共产党在一定历史时期指导各方面工作的最根本的方针和准则”(《现汉》)，“总目标”是在所有目标当中最根本的大目标。除此之外，还有“总报告、总标准、总布局、总定位、总方向、总规范、总基调、总规划、总框架、总前提、总倾向、总特色、总危机、总问题、总效果、总形势、总依据、总要求、总战略、总准则”等。

4. $[总[X]_{Con.\ N.}]_{N.}$，表示“处于终端位置的”，此时词基为无生的具体名词或有生的表人体器官的名词，派生后仍为名词，共20个词。例如“总开关”是能够控制全部开关的开关，它是整个电路的终端；“总排水沟”由各分排水沟汇合而成，或可分出各分排水沟；“总支气管”又可分出各个分支气管。此外还有“总胆管、总动脉、总阀门、总服务器、总根、总决赛、总钥匙、总闸门”等。

除了表示“处于支配地位的”，“总”用在名词前时还可以表示“全部的；全面的”，如“总投入”指全部投入，“总动员”指全体动员，“总攻击”指全面攻击。我们不将这一类“总”划为类词缀，因为它并不具备黏着性，是可以单用的，如“总的情况对我们非常有利”，而表示“支配”的“总”具备黏着性和定位性，不能单用。

这两类“总”由于都可以修饰名词，所以有时界限并不明显，陈光磊(1994：23—25)就将“总动员”中的“总”也界定为类词缀。区分它们的办法是用“全部”作检验式，凡是能够替换为“全部X”的“总X”都属于词根“总”和“X”的复合，不能替换为“全部X”的“总X”则属于类词缀“总”的派生，例如“总投入”可替换为“全部投入”，因此其中的“总”为词根，而“总路线”不能替换为“全部路线”，因此其中的“总”为类词缀。

这两类“总”存在密切联系，类词缀“总”由词根“总”发展而来。当词根“总”常用在名词前时，“全部、全面”的意义发展出了“概括”义，可用来指称处于全体之上的某人、某物或抽象概念，这种意义随着“总”的定位而逐渐类化，类词缀“总”由此形成。

3.2.3.2 “分”构词的语义范畴化

我们在国家语委和DCC语料库共检索到“分”的派生词46个，在这46个词中，“分”的原型义项是表示“处于被支配地位的”，具体来说包括以下三种语义变体：

1. [分[X]$_{N.}$]$_{N.}$，X为机构名或处所名，此时“分”意为“分支”，派生后仍为机构名或处所名，共31个词。该类词均有对应的“总X”类派生词，“分X”是“总X”下属的分支机构。例如“分公司”即“总公司下属的分支机构或附属机构，不具有独立法人资格”（《现汉》）；“分店”是“一个商店分设的店”（《现汉》），与“总店”对应。此外，还有“分部、分厂、分队、分工会、分柜、分校、分会场、分团委、分委员会、分指挥部、分中心”等。

2. [分[X]$_{Abs. N.}$]$_{N.}$表示下位的概念，此时词基为抽象名词，派生后仍为名词，共11个词。该类词有时有对应的“总X”类词，此时“总X”和“分X”是上下位关系，如“分指标”意为“总指标”下的具体指标，它的设立也符合总指标的要求；“分市场”是总市场下的一部分。有时没有对应的“总X”类词，如“分会议”是指在全体会议下的分场会议，“分镜头”是指“导演将整个影视片的内容按景别、摄法、对话、音乐、镜头长度等分切成许多准备拍摄的镜头”（《现汉》），“*总会议”和“*总镜头”都不成立。同样没有对应的“总X”类派生词的还有“分行业、分结构、分课题、分论坛、分赛、分项目”等。

3. [分[X]$_{Ina. Con. N.}$]$_{N.}$，表示“X的组成部分”，此时词基为无生的具体名词，派生后仍为名词，共4个词。这类词没有对应的“总X”类派生词。如“分册”是篇幅较大的书按内容分出的各单册，“分枝”是从主枝上衍生的细枝。此外还有“分句、分问卷”。

对比“总”和“分”构词的范畴化情况，可以发现：1. 在汉语中，类前缀“总”的组合能力比“分”强，在语料来源相同的情况下，前者共派生出220个词，后者仅派生出46个词；2. 二者构词时对词基的选择限制并不相同，“总”作类词缀时最常同表职业或职务的指人名词结合，而“分”则最常和机构名或处所名结合，我们在语料库中并未找到词基是表职业或职务的指人名词的例子①，我们推测这可能是因为“分”若要表示职业或职务“处于被支配地位的”就意味着职位低，例如“总编辑”下辖的各“分编辑”自然是比“总编辑”职位低的，所以从礼貌的角度考虑，就不必专门强调这些职业或职务的被支配地位，仅以“编辑”称呼即可；3. 当类词缀“分”用在无生的具体名词X前表示“X的组成部分”时，有些并没有对立的“总X”类词，如“分句、分枝、分册”成立，但“*总句、*总枝、*总册”都不成立，我们认为，这是词汇阻断效应（blocking effect）所致，所谓“阻断效应”指的是“一个形式的不出现是由于有另一个形

① 诸如“分局长、分队长、分校长”之类的例子，我们认为它们在语义上应该是[[分局/队/校]$_{N.}$长]$_{N.}$，而非[分[局/队/长]$_{N.}$]$_{N.}$，因为“分”和“局/队/校”的语义距离更近。

式的先期存在”(Aronoff,1976,转引自董秀芳,2004：13),对于这些“分 X”来说,它们在概念上是从某事物分出或衍生出的,所以被分割或被衍生的实体形成在前,词汇化的时间也更早,例如是先有“复句”,后有“分句”,而非相反,因此,当与“分句”对应的“总句”这一概念要词汇化时,就被已经存在的“复句”一词阻断了,“总句”这个词就无法产生了。

3.3　类前缀构词的语义范畴化总结及对比

本章分别讨论了部分近义类前缀以及反义类前缀构词时的语义范畴化,确定了它们的原型义项和边缘义项,并详细分析了在这些原型义项和边缘义项内部当类词缀同不同类型的词基结合时所衍生出的各语义变体以及各语义变体下的派生词。

在近义类词缀中,我们选取了表否定的“不一、无一、零一、非一”,表示差距的“半一、类一、准一”,表示降级的“次一、亚一”,它们语义范畴化的分析结果如表 3-1 所示(只列原型义项及其变体)：

表 3-1　近义类前缀构词的语义范畴化汇总

认知域	类前缀	原型义项	语义变体
否定	不	对立	[不[X]$_{Abs.\ N.}$]$_{A.}$,“与 X 相反”
	非	矛盾:否定 X 的性质	1. [非[X]$_{Ina.\ N.}$]$_{N.}$,“不属于 X 所示的类别”; 2. [非[X]$_{Ani.\ N.}$]$_{N.}$,“不具有 X 的身份”; 3. [非[X]$_{NPA./A.}$]$_{NPA.}$,“不具有 X 所示性质”; 4. [非[X 化]$_{V.}$]$_{V./NPA.}$,“不转变为具有 X 的特征”或“不具有 X 所示特征的”;[非[X]$_{VP.}$]$_{NPA.}$,“不具有 VP. 所示功能或性质”。
	零	矛盾:否定 X 的数量	1. [零[X]$_{C.\ N.}$]$_{N.}$,“X 的数目为零”; 2. [零[X]$_{UC.\ N.}$]$_{N.}$,“X 的‘量’为零”; 3. [零[X]$_{V.}$]$_{V.}$,“X 不存在”; 4. [零[X]$_{N./V.}$]$_{N./V.}$,“X 的数目或‘量’为零,X 不存在”; 5. [零[X]$_{A.}$]$_{A.}$,“X 的程度低或牵涉实体数目为零”。
	无	矛盾:否定 X 的存在	1. [无[X]$_{N.}$]$_{NPA.}$,“X 不存在”; 2. [无[X]$_{V.}$]$_{NPA.}$,“X 没有发生”。

续表

认知域	类前缀	原型义项	语义变体
差距	半	部分相似	1. [半[X]$_{G.\ A./V.}$]$_{A./V.}$，"接近但不完全X"； 2. [半[X]$_{N.}$]$_{N.}$，"具备X的部分特点"。
	类	类似	[类[X]$_{N.}$]$_{N.}$，"类似但不完全是X"。
	准	高度相似	1. [准[X]$_{Ani.\ N.}$]$_{N.}$，"基本属于X这类人"； 2. [准[X]$_{Ina.\ N.}$]$_{N.}$，"基本属于X的范畴"； 3. [准[X]$_{V.}$]$_{V.}$，"接近X所示动作行为"。
降级	次	消极降级	1. [次[X]$_{N.}$]$_{N.}$，"接近并低于X"； 2. [次[X]$_{A.}$]$_{A.}$，"程度稍低于X的"； 3. [次[X]$_{N.}$]$_{N.}$，"X的一部分"； 4. [次[X]$_{N.}$]$_{N.}$，"从属的、次要的"。
	亚	中性降级	1. [亚[X]$_{N.}$]$_{N.}$，"接近并低于X"； 2. [亚[X]$_{A.}$]$_{A.}$，"程度低于X的"； 3. [亚[X]$_{V.}$]$_{V.}$，"接近但并未真正达成X所示动作行为"； 4. [亚[X]$_{N.}$]$_{N.}$，"X的组成部分"。

从表3-1可以看出，表否定的近义类前缀中，"零"的原型义项的语义变体最多，这说明它同不同类别的词基的结合能力最强；"不"只有一种语义变体，此时"不"的组合能力很弱，这说明，"不"对词基的选择限制最大，要派生新词已经十分困难；"无"无论是附加在动词性词基还是名词性词基之上时，派生出来的词都是区别词，说明"无"具有改变词基性质的作用。

在表差距的近义类前缀中，"半"和"准"的区别在于相似的程度不同，前者表示同词基的部分相似，后者则是高度相似。"半"同不同类别词基的结合能力最强，它既可以和名词结合，也可以和动词、形容词结合；"准"只能同名词和动词性词基结合；"类"对词基的选择限制最大，只能同名词结合。

在表示降级的近义类前缀中，"次"和"亚"共同具有"[次/亚[X]$_{N.}$]$_{N.}$，接近并低于X""[次/亚[X]$_{A.}$]$_{A.}$程度低于X"和"[次/亚[X]$_{N.}$]$_{N.}$，X的一部分"这三个语义变体，但是二者可搭配的具体词基不同，如同样表示"接近并低于X"，"次"最常用于化学物名，如"次氯酸钠"，"亚"的能产性更高，除了用于化学物名外，也常常和普通名词搭配，如"亚婚姻、亚健康"。

在反义类前缀中，我们则选择了表示时序的"前一、后一"，表示性质的

“软—、硬—”，表示支配关系的“总—、分—”，它们构词语义范畴化的分析结果如表 3-2 所示(只列原型义项及其语义变体)：

表 3-2 反义类前缀构词的语义范畴化汇总

认知域	类前缀	原型义项	语义变体
性质	软	非硬性的	1. [软[X]$_{\text{Abs. N.}}$]$_{\text{N.}}$，[软[X]$_{\text{V.}}$]$_{\text{Vi.}}$，X=原则、标准，“X是非强制性的、有伸缩余地的”； 2. [软[X]$_{\text{Ina. N.}}$]$_{\text{N.}}$，[软[X]$_{\text{Act. V.}}$]$_{\text{Vi.}}$，“X 是柔和的、刺激性弱的”。
	硬	硬性的	1. [硬[X]$_{\text{Abs. N.}}$]$_{\text{N.}}$，[硬[X]$_{\text{V.}}$]$_{\text{Vi.}}$，X=原则、标准，“X是硬性的、不可改变、不能通融的”； 2. [硬[X]$_{\text{Ina. N.}}$]$_{\text{N.}}$，[硬[X]$_{\text{Act. V.}}$]$_{\text{Vi.}}$，“X 是强硬的”。
时序	前	之前的	1. [前[X]$_{\text{Ani. N.}}$]$_{\text{N.}}$，X=身份或职务，“从前的 X”； 2. [前[X]$_{\text{N.}}$]$_{\text{N.}}$，X 为国家、地区或机构名，“原来存在、现已不存在的 X”； 3. [前[X]$_{\text{N.}}$]$_{\text{N.}}$，X 为科学术语，“X 产生之前的”。
	后	之后的	1. [后[X 时代/时期]$_{\text{N.}}$]$_{\text{N.}}$，“X 时代/时期之后的时间”； 2. [后[X(主义)]$_{\text{Abs. N.}}$]$_{\text{N.}}$，“X 所表理念或流派的新发展”； 3. [后[X]$_{\text{Act. V.}}$]$_{\text{V.}}$，“在 X 表示的动作行为之后”。
支配	总	处于支配地位的	1. [总[X]$_{\text{Ani. N.}}$]$_{\text{N.}}$，X=职业或职务，“为首的、处于最高地位的 X”； 2. [总[X]$_{\text{N.}}$]$_{\text{N.}}$，X=机构或处所，“职能上统筹、处于领导地位的 X”； 2. [总[X]$_{\text{Abs. N.}}$]$_{\text{N.}}$，“概括全部的 X”； 3. [总[X]$_{\text{Con. N}}$]$_{\text{N.}}$，“处于终端位置的 X”。
	分	处于被支配地位的	1. [分[X]$_{\text{N.}}$]$_{\text{N.}}$，X=机构或处所，“X 的分支”； 2. [分[X]$_{\text{Abs. N.}}$]$_{\text{N.}}$，“X 的下位概念”； 3. [分[X]$_{\text{Ina. Con. N.}}$]$_{\text{N.}}$，“X 的组成部分”。

反义类前缀在语义上相反或相对，如表 3-2 所示，它们有的构词时是对称的，如“软”和“硬”；有的是不对称的，如“前”和“后”、“总”和“分”。在表示性质的类前缀中，“软”和“硬”都是由对事物内部组织疏松/紧密的描述(如

"软面包")变为了对事物或动作抽象性质的描述,它们在对可搭配词基的选择限制以及派生时的语义模式上都表现出了很强的对称性。

支配认知域中的"总"和"分"在构词时具有部分对称性,它们都可以同机构或处所名结合,表示总部或分支;也都可以和无生抽象名词搭配,分别表示X的上位和下位概念。但同时"总"和"分"也表现出了部分不对称性,"总"可以同职业或职务名结合,"分"则不能(原因见3.2.3节);而且虽然它们都可以和无生具体名词结合,但实际上可结合的词基个体是不同的,如有"总开关"没有"*分开关",有"分句"没有"*总句"。

时序认知域中的"前"和"后"构词时则表现出了很强的不对称性,"前"可以和身份、职务名以及国家、机构名结合,"后"不行;"后"可以和"X时代/时期""X主义"结合,"前"则不能,这说明,"前"和"后"在构词时对词基的选择倾向并不相同,这一点我们将在下一章展开具体分析。

3.4 相关问题讨论

3.4.1 类前缀"不"和"无"派生词的确定

研究类词缀构词的语义范畴化,实质上考察的是类词缀在和不同类别的词基结合形成新的词汇单位时所反映出来的语义差异。一般来说,新的词汇单位的形成有两种途径:一种是语言使用者根据构词法"有意识地创造新词",另一种是"原先非词的结构在使用中会发生词汇化"[①](董秀芳,2004:2),如"冠军"就是由动宾短语词汇化了的名词,而"打假"则是按动宾构词方式新造的词[②]。以"不"为例,由它开头的词,可能是词汇化的结果,如"不免";也可能是使用者根据构词法派生出的词,如"不科学"。类词缀的派生词是词法造词的结果,它们往往是批量形成的;而词汇化形成的词则具有离散性,它们的形成是一种历时的变化,需要一定的时间。

由于汉语是缺乏形态变化的语言,所以单从形式上是无法区别类词缀、词根和词缀的。我们要研究类词缀构词的语义范畴化,首先要解决的第一个问题就是将类前缀的派生词同它作词根时构成的复合词区别开。

在实际筛选派生词的过程中,大部分的类词缀都有明显的语义和句法特征,我们可以很容易地将它们的派生词提取出来。例如"零"作词根时可以表示

① 这里所谓的"词汇化"指的是"由非词单位变为词汇单位的过程"(董秀芳,2004:2)。

② 这两个例子来源于董秀芳(2003)。

“零碎；小数目的（与‘整’相对）”（如“零钱”），以及“表示没有数量”（如“零度”）等意义，在这两个义项下，“零”的语义都很“实在”，构词时并不具有定位性，甚至也可以单用；但在“零广告、零污染、零不良”中的“零”则不能单用，并且只能位于词首，所以这些词都是“零”的派生词，应该被纳入研究范围。但是有时候我们若想将类词缀的派生词同其他通过词汇化产生的词区别开，仍需要仔细地对比分析，我们在研究过程中遇到的最难确定的类前缀就是“不”和“无”。下面我们将具体说明我们是如何将类词缀“不”和“无”的派生词确定下来的。

在以“不”开头的词语中，首先要排除的就是那些词和语素之间的语义关系已经变得模糊、并且整词和中心词的性质不一致的词，因为词法造词的内部规则性很强，如果词和语素之间的语义关系已经变得模糊，就说明它是词汇化过程造出的词（由“不”构成的虚词都属于这一类），例如“不免”在现代汉语中是副词，意为“免不了”，如“旧地重游，不免想起往事”，此时它在语义上并不等于“不＋免”，但在古代汉语中“不免”可作动词性短语，意为“不能免除，不免除”，如“阳子行廉直于晋国，不免其身，其知不足称也”（《国语·晋语八》），“不”和“免”明显是矛盾类否定关系，这就说明“不免”是从古代汉语中的短语词汇化而来的词。同属于这类“粘合”（董秀芳，2003）构词的“不X”类词还包括副词“不失、不任、不定、不料、不期、不禁”，助动词“不堪、不许、不得”，连词“不拘、不问、不管、不论、不怕”，名词“不测、不才、不平、不讳”，形容词“不学、不满”等[1]，这些词中的“不”都是词根而非类词缀。

剩下的以“不”开头、内部语义关系仍然比较清晰的词，一共又可分为两类：一类是“不安、不端、不关、不合、不及、不堪”等，另一类是“不道德、不科学、不逻辑、不民主、不名誉”等。

前一类都是“不＋A./V.”的形式，它们在古代汉语中都以短语的身份出现，例如“丘也闻有国有家者，不患寡而患不均，不患贫而患不安”（《论语·季氏》），“康虽有才，性质不端，必有负败”（《三国志》），“小知不及大知，小年不及大年。奚以知其然也？”（《庄子》），在这些句子中，“不安”“不端”“不及”分别相当于“不安定”“不端正”和“比不上”，“不”的作用是表示否定，到了现代汉语中，“不”仍然表示的是对后一个语素的否定，我们之所以把它们看作是词，是因为“‘不’后的中心词在现代汉语中不能单独使用了，已由自由成分变成了粘着成分”，这类词“多是书面语，带有习语的性质”（董秀芳，2003），所以这类词同样也是词汇化的产物。

---

① 构词举例引自董秀芳（2003），她在文中对“不”每一类的粘合构词都做了详细分析，此处不再展开。

对于后一类词，可以有两种解释方式，一种是认为这些词的中心（head）都是形容词，例如我们也可以说“很道德、很科学、很规则”等，所以它们实质上也是[不[X]$_{A.}$]$_{A.}$，与“不安”属于同类，那么“不”就应被看作词根；另一种是将中心直接看作名词（“道德、科学、规则”等最常见的用法就是作名词），因为进入了“不X”而形容词化了，那么此时就是[不[X]$_{N.}$]$_{A.}$，“不”属于类词缀（赵元任，1979：112—117，陈光磊，1994：23—25）。这两种解释究竟哪种更为合理呢？我们还是需要结合历时语料来看。

我们在CCL语料库中检索了“不X”类词的用例，发现它们的产生时间大致是清朝末期或民国时期（1949年之前），如[①]：

不道德：且邱三爷虽见此子做下那不道德之事，顾景生情，自幼恩养传授精艺，焉有不加爱护之理。（清·张杰鑫《三侠剑》（上））

不科学：不过，说句不科学的话，勇气到底还是最要紧的。（民国·老舍《杀狗》）

不逻辑：即使他极不逻辑的把一些抽象名词和事实联在一处，也好，因为这只是思想还未成熟，可是在另一方面足以见出他的勇敢的精神。（民国·老舍《新爱弥耳》）

不名誉：至是闻金川将帅多不名誉事，众口沸腾，乃密遣人告岳，令急举发，则可为之也。（清·佚名《金川妖姬志》）

不规则：择友不慎，时不免有不规则事。（清·佚名《梵林绮语录三种》）

不礼貌：“嗷！孙楚哇，这可就不怨人家打你了，因为你对人家不礼貌，人家没招你没惹你。”（民国·常杰淼《雍正剑侠图》）

不人道：然而裕钦差此时只图快意，哪里管什么人道不人道？（民国·陆士谔《清朝秘史》）

我们还同时在CCL中检索了“不X”相对应的“很X”的用例，二者的数量对比如表3-3所示：

表3-3　“不/很N”用例对比

范围	不/很道德	不/很规则	不/很人道	不/很科学	不/很逻辑	不/很民主	不/很名誉	不/很礼貌
古代汉语	9/0	7/0	1/0	0/0	0/0	0/0	5/0	5/0

① 我们在CCL语料库中未找到“不民主”在1949年之前的用例。

续表

范围	不/很道德	不/很规则	不/很人道	不/很科学	不/很逻辑	不/很民主	不/很名誉	不/很礼貌
现代汉语(现代部分)	12/1	5/1	6/0	4/3	1/1	0/0	7/0	2/0
现代汉语(当代部分)	769/2	759/20	274/3	646/42	3/2	177/24	91/0	281/0①

从表3-3中可以看出:1. 如果N.是古代汉语中本来就有的词,“不N.”类词(如“不道德、不规则、不人道”)在古代汉语中就产生了(确切地说是近代汉语),而其对应的“很X”都是到了现代才出现的;2. 如果N.是现代汉语中的外来词,“不N.”类词(如“很科学、很逻辑”)是到了现代产生的,“很X”也同时产生,但使用频率更小;3. 即使到了当代汉语中,“不N.”的用例也多于甚至远远多于对应的“很X”的用例。由此说明,“不N.”等词的产生时间是早于其对应形式“很X”的,也就是说,在“不道德”等词中,“不”最初是直接同名词性的“道德”等结合,“道德”等形容词用法的产生是受了“不道德”的影响,而不是相反。

“不N.”类词中的N.因为进入了“不N.”而形容词化了,这可以被看作是一种“构式强迫”。所谓构式强迫,是用来调节构式和词之间语义冲突(semantic conflict)、类型错配(type mismatch)的机制,其结果是发生类型移变(宋作艳,2014)。构式强迫既可能发生在词以上的层面,也可能发生在词汇层面。“不”在古代汉语中是否定副词,构词时也总是和动词或形容词性的语素结合,因此名词性的语素如果想要进入“不X”时就会发生类型错配,而“不X”作为一个词汇构式,就会强迫名词性的X形容词化,X此后也有了形容词的用法,发生了逆派生(赵元任,1979:113;侯瑞芬,2017)。不过,构式强迫机制并不能解释为何有些名词无法进入“不N.”类词(如“*不资本”),我们将在下一章讨论“不”构词时对词基的选择限制。

既然“不道德”中的“不”是直接同名词结合,这就说明,“不”此时的性质已经并非词汇意义实在的词根了,因为词根“不”只能同形容词或动词性语素结合。可结合范围的扩大,是类词缀形成的表现之一,所以,“不”由同形容词

① 我们在CCL现代汉语语料库没有查到“很名誉、很礼貌”在当代汉语中的用例,又在BCC语料库中进行了检索,结果发现“不/很名誉”和“不/很礼貌”的用例之比分别为269/1和1349/279。

或动词性语素结合，发展至直接同名词结合，证明它已经具备了成为类词缀的潜力（虽然能产性还很低），“不道德、不规则、不科学”等应当被看作“不”的派生词。

以上我们讨论了“不”参与构词的各种情况以及我们是如何将“不道德”中的“不”确定为类词缀的。除了“不”以外，“无”是另一个不太容易筛选出派生词的类前缀。

同“不”一样，“无X”有时属于词汇化过程的产物，例如“无＋N.$_{素}$”类形容词，如“无偿、无耻、无辜、无赖、无礼、无能、无私”等，它们在历史上曾经都是“无＋N.”类短语，后来在词汇化的过程中词性发生了变化。以“无耻”为例，它本来是“没有耻辱（之心）”的意思，如“子曰：‘道之以政，齐之以刑，民免而无耻’”（《论语》），后来演变为形容词，表示“不顾羞耻的”，如“我若不去，真是个下流无耻之徒”（《西游记》第二十七回）。另外，还有些“无＋Prep.$_{素}$/V.$_{素}$”结构的词属于“无＋所＋Prep./V.”类短语词汇化的产物（雷冬平，2013），如“无从、无由、无以、无措、无谓、无愧”分别是短语“无所从、无所由、无所以、无所措、无所谓、无所愧”词汇化形成的词。这两类词被我们首先排除在外。

难以区分的是以下两类词：一类是“无边、无补、无度、无害、无备、无猜、无眠、无关”等，下文称为“无边”类；另一类是“无轨（电车）、无被（花）、无烟（煤）、无照（驾驶）、无脊椎（动物）”等，下文称为“无轨”类。

它们的共同点是“无”都表示否定，内部语义关系也都很整齐。但是，它们又在语义和句法上表现出很大的差异：1.“无轨”类的“无X”只能依附于后面的名词或动词性成分Y（下节将讨论“无XY”的性质），一般不能单独作谓语，例如“无轨（电车）、无照（驾驶）、无脊椎（动物）”等；“无边”类词则可以单独使用，如“大海无边”“他挥霍无度”；2.“无轨”类在语义上是否定中心Y的存在，所以一般会存在一个“（有）X”的形式与它们对应；而“无边”在否定中心存在的同时，也会衍生出一个新的概念，如“无边”不仅仅是表达“没有边际”，实际上是用来形容面积大，有“浩瀚宽广”之意；3.从历时的角度看，“无边”类大多是古代汉语中的短语词汇化的结果，中心词为动词性语素时，整词带有很强的书面语的特征，如“无备”；“无轨”类基本都是到了现代汉语中才产生的，或者虽然在古代汉语中也有对应的短语形式，但其现在的意义通常被认为是受英语影响产生的。

综合以上三点可以得出，“无边”类都属于词汇化的产物，其中的“无”是词根；而“无轨”类则属于词法派生的结果，其中的“无”是类词缀。

3.4.2 类前缀构词的层次性

本小节我们主要讨论类前缀构词的层次性问题。

大多数类前缀是可以直接和双音节词基构成新词的，如“零等待、类词缀、亚健康、软科学、前校长”，但我们在确认类前缀派生词的过程中，遇到了两类特殊的词：一类是某些三音节词，如“无烟煤、无被花、无纺布、无线电；分局长、分校长、分会长、分队长；超深井、超长波、超短裙、超远程”，它们与“零等待”等其他三音节词都是“类前缀＋双音节”，但不同的是，这些词中的类前缀(p)在语义上指向的是它后面的第一个语素(X)，例如“无烟煤”是“没有烟的煤”，“分局长”是“分局的领导(长)”，“超深井”是“非常深的井”；另一类是一些多音节的组合，如“无脊椎动物”“非全日制研究生”“非器官移植医院”“非统一招标采购药物”等，它们在形式上更为复杂，我们在研究中需要解决两个非常关键的问题：这些多音节组合是词，还是短语？如果它们是短语，那么“无脊椎”“非全日制”“非器官移植”是词；如果它们是词，那么类词缀“无”和“非”的否定辖域是到哪个位置？以“非器官移植医院”为例，“非”究竟应该附加在“器官移植”上，还是“器官移植医院”上？如果是前者，就说明它就是先派生后复合，如果是后者，那么它就是先复合后派生。

先来看三音节词，上文已经谈到，这些双层三音节词，从语义上讲，类词缀指向的都是后面的第一个语素(X)，所以如果单纯从语义角度切分，它们的构词规则应为：$[[[p]_{P.}[X]_{N./A.}]_{N./A.}[Y]_{N.}]_{N.}$，即类词缀是先同第一个语素结合，然后再一起同后一个语素结合。

但是具体来讲，这三类词又有所差异：在“无烟煤”组中，“无纺布”“无被花”里的 p＋X 都是不自由的，它们只有同自由语素 Y 结合后才能成词，而在“无烟煤”“无线电”中 p＋X 都是自由的[①]，Y 也是自由的；在“分局长”中，此时“p＋X”可以是自由的，但是“长”(Y)是黏着的；而在“超深井”组，“超深”(p＋X)是不自由的，“超短裙、超远程”中的 Y 是黏着语素，而“超深井、超长波”中的 Y 则是自由语素。为了更鲜明地展示它们的区别，我们借鉴 Packard

---

① 我们之所以说“无烟煤”“无线电”中的“无烟”“无线”都是自由的，是因为它们不仅可以作词内成分，也可以独立成词，如“无烟”在《现汉》中的释义为“[形]属性词。①禁止吸烟的：无烟区、无烟餐厅。②不产生烟尘的；没有烟尘污染的：无烟煤、无烟工业、创造无烟环境”。

(2000：175—193)对汉语构词规则的树形图分析方法[①]，可对以上类词缀构成的三音节词做如下归并：

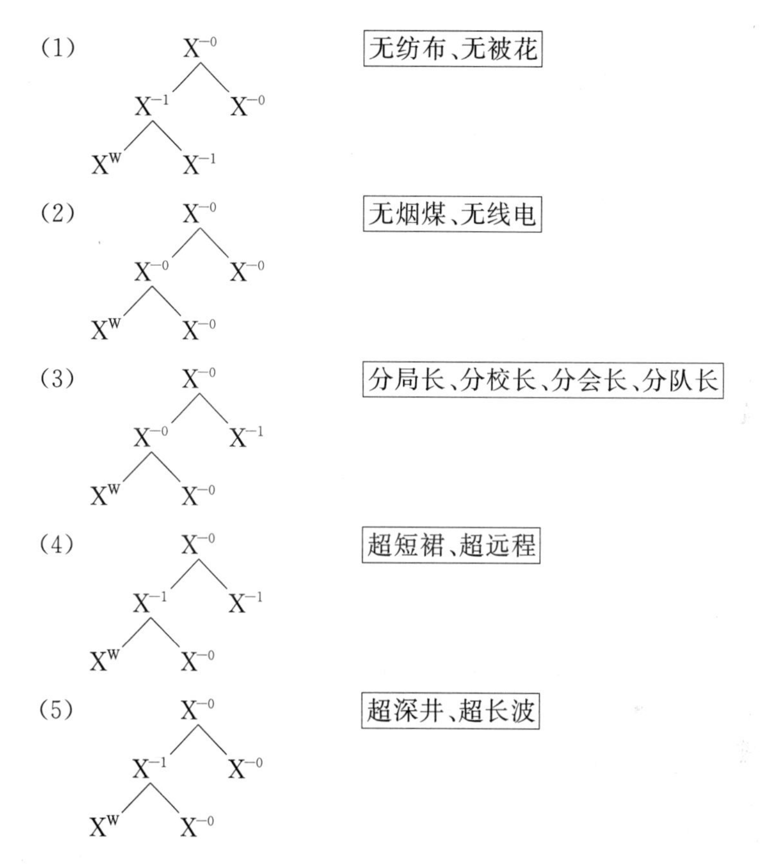

再来看多音节的组合，主要涉及类词缀“无”和“非”，如“无轨电车”“无政府主义”“无记名投票”“非钢铁产业”“非公路用轮胎”“非器官移植医院”等。从形式上看，这些多音节组合可以分为两类：一类是中间带动词的，如“非器官移植医院、非传染病防控论坛、非公路用轮胎、非行政许可审批、非农业建设用地、非统一招标采购药物、非现金结算方式、无记名投票”；一类是不带动词的，如“非船产业、非电子产品、非城市会员、非公有制经济、非金融机构、非物质文化遗产、无轨电车、无政府主义”。为了方便论述，将它们形式化为 p(类

---

① 在 Packard 的方案中，X^{W}表示构词词缀；G 表示语法词缀；X^{-0}为“词根词”(root word)，既可以单独成词，也可以充当词干或词的核心(head)；X^{-1}为黏着词根，只能充当子节点，不能充当母节点。我们这里将不自由的“X＋Y”算作 X^{-1}(在 Packard 的方案中，因为 X^{-1}不能再分支，所以“X＋Y”即使是不自由的也被标为 X^{-0}(2000：174)，我们这里为了展示“无纺布”与“无烟煤”类的区别，将不自由的“X＋Y”处理为 X^{-1})。

前缀)+X(p 和 Y 之间的成分)+Y(最后的中心,包含直接修饰中心的成分)。

首先我们要解决的第一个问题是:究竟 p+X 是词(那么 p+X+Y 就是短语),还是 p+X+Y 是词(那么 p+X 就是词内成分)。我们的思路是,如果能证明,X+Y 是词,那么 p+X+Y 是词;如果 X+Y 是短语,那 p+X 就是词[①]。关于 X+Y 这样的多音节组合(可以看作是宽泛意义上的定中组合)如何确定词或短语的性质,学界多有讨论(如陆志韦等,1957:4—9;吕叔湘,1979;冯胜利,2001;顾阳、沈阳,2001;石定栩,2002,2003;刘中富,2014;庄会彬,2015;裴雨来,2016:86—117),目前来看主要包括以下几种判定方式:(1)分解法,将定中结构中的两个部分拆开,如果只要有一个部分不能独立成词,那整个结构就是词,如"挖土机",如果两个部分都是能够独立成词的自由语素,那整个结构就是词,这一判定方式的问题在于复合词如"高大上"中三个语素都可独立成词,但因为结合后意义已经并非原来三个语素意义的简单相加,所以仍然被认为是词;(2)扩展法,这一结构主义的判定方式在学界和诸多汉语教材中颇受欢迎,但它其实也有问题,已经带"的"的组合是短语,并不能由此证明不带"的"的组合也是短语,例如"象牙"扩展为"象的牙"后意义仍然保持不变,但不能就说"象牙"是短语了;(3)语序法,如果修饰语中有动词和宾语,作复合词中修饰语只能用倒装动宾形式,如"汽车修理工";作词组中修饰语只能用正装动宾形式,如"修理汽车的工人"(顾阳、沈阳,2001),这种判定方式关注到了词和短语的异构关系,但顾、沈二人在文中所举的短语的例子均是带"的"的组合,他们并未明确说明有些不带"的"的正装动宾形式如"走私毒品罪"是词还是短语;(4)"词感"法,这一判断方式关注的是语感在词、语分界中的作用,冯胜利(2001)、裴雨来(2016:86—117)认为韵律是词感的主要来源,频率效应、结构类型、音节长度等在词感的判断上常常是综合发挥作用的,"词感"法的问题在于如果说大家对于双音节词的感知还能达到比较一致的程度的话,对于多音节组合来说不同人的"词感"常常因人而异,可能语言学背景的学生和研究者认为"纸张粉碎机"是词,而普通人认为它未必是词。从以上分析可见,目前还没有十分完美的多音节组合性质的判定方式,当然它们也有各自的优势,我们在进行判定时可以把这几条标准综合起来运用。

先来看带动词的一类,我们以"非器官移植医院"为例,对于其肯定形式"器官移植医院",从形式上来讲属于"O. V. N."类的组合,其中"器官"是"移植"的受事,"医院"是"移植"的处所。汉语中类似的组合还有很多,N. 除了

---

① X 为单音节的情况需要另外专门讨论。

表示处所，最常见的是作施事（“节目主持人”），还可以表示工具（“房屋装修图”）、方式（“项目审批程序”）或时间（“邮票首发日”）等。以“节目主持人”为例，它不光不能插入“的”（试比较“她是节目主持人”VS.“＊她是节目的主持人”），而且因为“人”与“主持”之间是施事与动作的关系，“节目”与“主持”之间有受事与动作的关系，其实可以看作是一种词汇化了的句子，如顾阳、沈阳（2001）将“汽车修理工”解释为是由“工修理汽车”这样的原始论元结构“通过动词和域内论元的相继提升和并入域外论元，并通过域外论元作为中心语的渗透作用而都成为名词的一部分”形成的。也就是说，诸如“器官移植医院”这样的组合是词（合成复合词）而非短语。既然“器官移植医院”是词，那么其对应的否定形式“非器官移植医院”也就应该是词了。

再来看不带动词的一类，我们分三种情况讨论：

（1）如果X为单音节，如“非船产业、非电行业、无轨电车、无核小枣”，我们认为它们都是词，一是因为“非船、非电、无轨、无核”本身是不自由的，除个别（“无领”）外一般不能单用；二是因为“非船”等后面不能加“的”，如“＊非船的产业、＊非电的行业”等都是不成立的。

（2）如果X、Y都是双音节及以上的名词，即“非/无＋N.（P.）＋N.（P.）”组合，如“非 居民 价格、非 奥运 赞助商、非 公有制企业 党员、非 京籍 考生、非 军事 政治联盟、非全日制 高等教育、非 国家工作人员 受贿案件、无 脊椎 动物”等，我们将“N.（P.）＋N.（P.）”归入词①（事实上，名名复合是定中复合词的原型模式），因为它们在句法中是不可分的，只能整体被修饰，因此对应的“非/无XY”自然也是词，那么“非X”就只能是词内成分了。同样的道理我们也把“非/无＋N.（P.）＋V.（P.）”看作词，如“非 绿色 发展、非 军事 冲突、无 障碍 交流”，其中的“非/无＋N.（P.）”就是词内成分。

（3）如果X为形容词的，Y为名词性的，即“非＋A.＋N.（P.）”（类前缀“无”后面不能加形容词）组合，如“非 常规 货币政策、非 经常性 收益、非 正式 会议、非 智能 手机”，因为“A.＋N.（P.）”（如“大房间”）一般被认为是短语，它有句法的组合性和透明性，语义关系也有一致性，可参见董秀芳（2016），因此“非＋A.＋N.（P.）”也是短语，其中的“非＋A.”是词。“非＋A.＋V.（P.）”组合同样如此，如“非 例行 会晤、非 权力性 监督、非 商业性 代

---

① 学界目前对于“N.（P.）＋N.（P.）”定中组合的性质仍然有分歧，如陆志韦等（1957：28）认为凡是中间能插入“的”的都是词组，如“红木桌子”→“红木的桌子”，王洪君（2000）把不带“的”的多音步定中如“中华人民共和国”看作类词短语（属于韵律短语类），Duanmu（1997）则将汉语中不带“的”的定中结构都处理为复合词，董秀芳（2016）也从句法的标准出发将所有不带“的”的名名定中组合都看作词。

孕”等，其中的“非＋A.”是词，整体的“非＋A.＋V.(P.)”则是短语。

我们第二个要解决的问题是在这些“非”和“无”构成的多音节词(p＋X＋Y)中，“非”和“不”究竟附加在X上，还是附加在X＋Y上，具体的情况比较复杂，这其中牵涉到X＋Y的内部层次划分问题，我们还是需要分类来看。

仍旧先来看带动词的一类。对于不带“非”和“无”的肯定式合成复合词尤其是动宾倒置合成复合词(O.V.N.型，如“器官移植医院”)的内部结构，不少学者从韵律和语义的角度做了讨论，但目前看来仍未达成一致，包括以下几种不同观点[我们这里选取各类观点中的代表性成果做简要介绍，具体可参见应学凤(2019)]：王洪君(2001)关注韵律角度，认为“纸张粉碎机”应该是“粉碎”先与“一机”结合成韵律词，再由“纸张”放在前面作定语来进一步限制工具动作所涉及的对象，即[纸张[粉碎机]]，这样就“既不会违反重音制约及对定语的静态性要求，而且语义表达也同样完全”；周韧(2007)从复合词的整体情况、能否插入“的”字以及多重嵌套复合词的内部构造情况等多个角度进行了分析，认为“纸张粉碎机”这样的复合词应该是[[纸张粉碎]机]，主张这种切分的学者也最多；裴雨来等(2010)也强调韵律的影响，认为[[O.V.]N.]和[O.[V.N.]]都是合成复合词层次结构的可能形式，当V.和N.构成一个韵律词时，就是[O.[V.N.]]，当O.和V.构成一个韵律词时，就是[[O.V.]N.]；应学凤(2019)则指出动宾倒置合成复合词的层次结构是语义和韵律互动的结果，其底层结构是[[O.V.]N.]，在韵律的影响下，可分析为[O.[V.N.]]或者两可。从学者们的讨论中，我们不难看出对于动宾倒置合成复合词的层次切分恐怕不是单纯一个因素在起作用，韵律、语义、频率等多种因素都可能会影响它们最后的层次切分结果。

我们这里不专门讨论这类动宾倒置合成复合词的切分理据，从方便分析的角度，结合前贤的研究成果，拟对这类词以及加上类前缀“非”和“无”后的多音节词(p＋X＋Y)做如下层次分析：1.如果Y为双音节的，那就是“[[非/无[X]$_{VP./N.}$]$_{NPA.}$[Y]$_{N./V.}$]$_{N./V.}$”，如“非器官移植医院”应该是“非器官移植|医院”，“非器官移植”具有区别词性，作用是为“医院”分类；“非公路用轮胎”也是“非公路用|轮胎”，“非公路用”的主要作用也是为“轮胎”分类；“无记名投票”同样是“无记名|投票”，它是“投票”的一种具体形式。我们之所以会采用这一分层方式，主要还是从语义角度出发考虑到“非器官移植医院”上位词是“医院”(中心)，而非“移植医院”。另外需要说明的是，其中的“器官移植”实际上是倒装的动宾结构“移植器官”，此时其已经去动词化而具有名词性质了。2.如果最后的Y是单音节的(从语料来看主要是“非……用Y”的形式)，可以切分成“非……|用Y”(这主要是从韵律的角度考虑，如果从语义上来讲

还应该是“非……用|Y”)，如“非公路|用车、非考试|用书、非居民|用水”。

对于X中不含动词的多音节组合，我们也可以分出几类：

1. 如果“非”和“无”后面紧跟的X为单音节的，“非/无XY”是词，其内部语义关系为[[非/无[X]$_{N.}$]$_{N.}$[Y]$_{N./V.}$]$_{N./V.}$，比如名词性的“非钢|产业、非电|高端科技项目、无轨|电车、无菌|环境”，动词性的“非婚|生育”。

2. 如果X为非单音节的，具体情况比较灵活：

(1)如果X为双音节或三音节名词、Y为双音节名词或动词的，“非/无XY”是词，其内部层次应为[[非/无[X]$_{N.}$]$_{N.}$[Y]$_{N./V.}$]$_{N./V.}$，如[[非[公有制]$_{N.}$]$_{N.}$[企业]$_{N.}$]$_{N.}$，[[非[官方]$_{N.}$]$_{N.}$[渠道]$_{N.}$]$_{N.}$，[[非[军事]$_{N.}$]$_{N.}$[手段]$_{N.}$]$_{N.}$，[[无[脊椎]$_{N.}$]$_{N.}$[动物]$_{N.}$]$_{N.}$，[[无[公害]$_{N.}$]$_{N.}$[蔬菜]$_{N.}$]$_{N.}$，[[非[军事]$_{N.}$]$_{N.}$[冲突]$_{V.}$]$_{V.}$，[[非[实名]$_{N.}$]$_{N.}$[举报]$_{V.}$]$_{V.}$，[[无[障碍]$_{N.}$]$_{N.}$[交流]$_{V.}$]$_{V.}$，[[无[条件]$_{N.}$]$_{N.}$[支持]$_{V.}$]$_{V.}$。

(2) 如果X为多音节名词短语，Y也是多音节名词短语的(Y一般不能是动词短语)，“非XY”是词，“非”仍然附加在X上，我们需要首先找到X和Y的中心，然后采用层层扩展的方式厘清其内部语义关系，例如“非公有制企业文化建设工作”中X和Y的中心分别为“企业”和“工作”，因此这个多音节的复合词就应该切分为：[[非[[公有制]$_{N.}$[企业]$_{N.}$]$_{N.}$]$_{N.}$[[[文化]$_{N.}$[建设]$_{V.}$]$_{N.}$[工作]$_{N.}$]$_{N.}$]$_{N.}$(“文化建设工作”为合成复合词)。

(3) 如果X为形容词或区别词，则“非XY”就是短语(“无”不能附加在形容词或区别词前)，我们只需要分析“非X”的内部语义关系即可，如“[非[常规]$_{NPA.}$]$_{NPA.}$”“[非[正式]$_{A.}$]$_{A.}$”。

3.4.3　类前缀的指称化作用及认知解释①

从本章对类前缀构词时语义范畴化的分析中，我们可以发现，大多数类前缀派生词的词性与词基的性质都是一致的，也就是说，类前缀派生词属于向心类派生词，右侧的词基为派生词的中心(head)，这就是派生词的右向中心原则(Right-hand Head Rule)，例如“非会员”“零爆炸”“超一流”的词性都与它们的中心“会员”“爆炸”“一流”一致。

---

① 本节我们专门讨论类前缀的指称化作用是因为类前缀“零、软、硬”表现出了与其他类前缀符合右向中心原则不同的特征，这一独特性具体体现为“零、软、硬”可以改变词基的次范畴，例如当它们附加在动词词基前时，及物动词派生后都变为不及物动词；词基派生前可加时量补语，派生后不可加时量补语(其他表现可见3.4.3.2节)。因为“零、软、硬”所具有的指称化作用与大部分类前缀不同，所以我们认为有必要对此进行专门讨论，并从认知的角度对它们的指称化作用进行解释。至于类后缀所具有的改变词性的作用，则是类后缀的普遍特征，如“[[X]$_{Act.\ V.}$员]$_{N.}$”，我们这里就不再专门讨论了。

但是，在词性一致的情况下，类前缀的派生词有时与词基的句法功能并不完全相同，其中最典型的就是动词性词基派生后句法功能的改变，例如"容忍"本是及物动词，附加在类前缀"零"后构成"零容忍"之后就变为了不及物动词，这种改变是由类前缀带来的，因此我们可以说这样的类前缀具备改变词基次范畴的作用。这一作用在句法上体现为派生词动词性语法功能的脱落和名词性语法功能的增加，从语义的角度出发，我们认为这些派生词发生了指称化①，也就是说类前缀此时具有了指称化的作用。

3.4.3.1 指称和陈述

指称(designation)和陈述(assertion)是语言中最基本的两种表述功能，简单来说，"指称就是所指，陈述就是所谓"(陆俭明，1993：94)，前者经常表现为体词性的词和短语，后者则经常表现为谓词性的词和短语。例如在句子"我买了一本书"中，主语"我"和"一本书"都是表示指称义，动词"买"则具有陈述义。

但是指称和体词性成分、陈述和谓词性成分之间只是存在大致的对应关系，实际上，正如马庆株(1995b)所言，陈述和指称构成了一个连续统，典型的谓词和典型的体词分别与陈述义和指称义相联系，连续统的中间部分或曰过渡带较大，包括非典型的谓词和非典型的体词，比如具有陈述义的名词和具有指称义的动词。例如当名词作谓语时，就可以表达陈述的语用义，如"晴天了"(无主句)；当动词以"N. 的 V."形式出现在主语位置时就可以表达指称的语用义，如"学习成绩的提高往往与科学的学习方法密不可分"。

那么体词性成分可以通过何种方式表达陈述义，动词又通过何种方式获得指称义呢？陆俭明(1993：95)指出"N. P. ＋化""N. P. ＋了"是指称转化为陈述的两种方法，而后加成分、加助词"的"则可以让陈述转化为指称；朱景松(1997)在此基础上又补充了复指②、语境③提示两种陈述转化为指称的方法。此外，以领格引导的动词性成分("N. 的 V. P. ")作主宾语时，也表示的是指称义。

接下来的问题就是我们如何确定名词是否具备了陈述义，以及某个动词

① 学界常用的表示动词向名词转化的概念还有"名词化、名物化"等，我们之所以没有采用"名词化"或"名物化"的说法，一是因为学界至今对二者的界定和区分尚存争议，二是因为"零、软、硬"派生词虽然具备了名词的部分特征，但本质上仍是动词(下文我们将具体分析)，所以我们决定采用"指称化"这一术语以强调其功能的改变。

② 朱景松认为在句子"虚心使人进步这个道理是每一个人都知道的"中，"虚心使人进步"加以复指后与"这个道理"一起表示指称。

③ 例如"有吃有穿"中"吃"已经指称化了，指的是"吃的东西"，"穿"亦同理。这种情况常见于成语。

具备了指称义，鉴于我们的研究对象主要是以动词为词基的类词缀派生词，以下我们将重点讨论动词具备指称义的情况。

我们认为，既然划分词类的依据包括词的语法功能、形态和意义，其中对于汉语来说语法功能是最主要的依据。所以，如果我们要判断某个动词性成分是否具备了指称义，主要应该依赖句法功能标准，在句法功能中，除了考虑句法位置外，也要重点考虑它的组合能力。

汉语中动词典型的语法功能有：可以作谓语或谓语核心；可以受副词状语修饰；及物动词可带宾语；能够带“了、着、过”等动态助词；可以带动量补语和时量补语；有重叠形式“V. V. 、V. 一 V. 、V. 了 V. 、ABAB”等（黄伯荣、廖序东，2002：14；张斌，2002：301－302）。动词如果发生了指称化，一方面表现为动词语法功能的丧失，另一方面应该表现为它获得了名词的部分或全部语法功能。如果是获得了部分特征，说明它本身仍然具有动词的性质或者是介于动词和名词之间的性质；如果是获得了名词的全部语法功能，则该动词就成为了动名兼类词。

3.4.3.2 类前缀指称化作用的表现

汉语中具备指称化作用、能够改变动词性词基句法功能的类前缀主要是“零、软、硬”三个。与动词性词基相比，派生词一方面丧失了词基所具有的部分语法功能；另一方面又具有了部分名词的句法功能，具体表现为：

(1) 派生前为及物动词的，派生后为不及物动词，如：

零＋容忍→零容忍

√ 人们可以容忍贫穷，但无法容忍失去脱贫的希望。→ ＊零容忍贫穷

√ 食品安全不可能做到“零风险”，但对食品安全问题一定“零容忍”。

软＋抵制→软抵制

√ 海尔召回产品不涉及中国市场，引起不少网民的不满，有网民甚至呼吁抵制 海尔。→ ＊软抵制海尔

√ 两次约谈均遭软抵制，一心求亏也难逃查处。

凡是派生前为及物动词、可带宾语的词基，派生后均变为不及物动词，虽然可以在句子中作谓语，但受事论元只能用介词引介放在该派生动词前。例如我们只能说“对食品安全问题零容忍”，不能说“零容忍食品安全问题”；而对于“软抵制”，它的受事则更常出现在主语的位置上，构成“X 遭/受到软抵制”形式的被动句。

(2) 派生前可带时量补语的，派生后不可带时量补语，如：

零＋等待→零等待

√在候车厅等待＜半个小时＞后，记者所要乘坐的列车开始检票。→ ＊零等待半个小时

√另外，由于具备96个工位，这家新的奥迪店可以实现维修服务零等待。

软＋营业→软营业

√ 邛海停车难，烧烤店每天营业＜17小时＞。→ ＊软营业17小时

√ 本店从明天开始软营业。

如果“零、软、硬”的动词性词基派生之前后边可带时量宾语，表示该行为持续的时间，派生后均不可再加时量补语，也就是说，即使该动词性词基在语义上具备[＋持续]特征，在派生的过程中这一特征也会脱落掉，例如“等待”属于[＋持续]，我们可以说“等待半个小时/三天”，但不能说“＊零等待半个小时/三天”。

(3) 派生前可带“了、着、过”的，派生后不可带“了、着、过”，如：

零＋感染→零感染

√ 胃被切除了一多半，又因输血感染了黄疸性肝炎。→ ＊零感染了

√ 在抗击非典过程中，我们医院的医护人员实现了零感染。

硬＋思考→硬思考

√ 这个问题很重要，但是，却很少有人深入思考过。→ ＊硬思考过

√ 也正因为是她的“硬思考”，她的作品才具有颠覆性意义。

汉语中的体标记“了、着、过”可以附加在动词后表示时间概念，凡是派生前能够带“了、着、过”的动词性词基，派生后均不可带“了、着、过”，例如我们可以说“感染了、等待着、思考过”，但不能说“＊零感染了、＊零等待着、＊硬思考过”。

(4) 派生前可受副词修饰，派生后不可受副词修饰，如：

软＋裁员→软裁员

√巴黎银行、兴业银行和农业信贷银行都在“瘦身”，[大幅]裁员。

×巴黎银行、兴业银行和农业信贷银行都在“瘦身”，[大幅]软裁员。

硬＋提升→硬提升

√ [全面]提升对内对外开放水平，不断增强发展动力和活力。

× [全面]硬提升对内对外开放水平，不断增强发展动力和活力。

汉语中绝大多数动词或动词性短语都可受程度副词修饰，但是凡派生前可以受程度副词修饰的词基，派生后都不能受程度副词修饰了，如我们不能说“＊大幅软裁员”“＊全面硬提升”“＊有效软约束”“＊直接硬挂钩”等。

(5) 派生后可以充当主语或宾语，并且可以用“什么”提问，如：

硬＋着陆→硬着陆

√未来中国经济的硬着陆可以避免，但长期增长会从反通胀政策转型至稳健政策。

零＋排放→零排放

√燕京漓泉集团已经建成三条处理线，将产生的废弃物全部回收利用，完全实现了污水、污泥和其他废弃物的零排放。

这里首先需要明确的是，单从派生词可以充当主宾语来看，我们是无法证明它们具备了体词性的，因为动词本身就可以充当主宾语。朱德熙(1982：101－102，124)指出动词充当主宾语包括两种类型：一种已经事物化了，变成了指称的对象，如“干净最重要”中的“干净”；另一种则没有事物化，不是指称的对象，而是对于动作、行为、性质、状态的陈述，如“天天练才学得会”。我们如果想把它们区别开来，就可以采用“什么”和“怎么样”鉴别式，没有事物化的主宾语用“怎么样”提问，事物化了的主宾语则用“什么”提问。以上面的“硬着陆”为例，我们可以问“什么可以避免？”，回答是“中国经济的硬着陆可以避免”；而用“怎么样可以避免”的话，就显然无法回答“中国经济的硬着陆可以避免”了。这说明，“中国经济的硬着陆”是指称性的，根据短语性质与中心语一致原则，“硬着陆”也应为指称性的。

以上 5 点表现，总结下来就是词基为动词的类前缀派生词不能带宾语、不能带时量补语、不可加体标记“了、着、过”、不可受程度副词修饰、可作主语或宾语，作主语或宾语时接受用“什么”提问。前 4 点表现说明类前缀“零、软、硬”的派生词已经脱落了典型动词的语法功能，第 5 点表现说明它们已经具备了名词的部分特征。这些都证明类前缀“零、软、硬”附加在动词性词基前时具备指称化的作用。

那么它们的派生词究竟是更接近动词，还是更接近名词呢？

我们认为，虽然它们已经缺失了动词的部分语法功能，但仍保留了作谓语这一动词的核心语法功能，其他功能诸如可与能愿动词搭配也还具备。根据我们检索到的情况，它们大多数情况下都是充当句子中的谓语的，例如：

对于在公务员考试录用中的违法违纪行为要零容忍。

好的翻拍剧应该有独特的艺术理解，将作品内涵与时代精神软结合，而不是偏离原著。

而我国此前的航天器则是通过硬框壳保护装置，没有缓冲设计，只能硬着陆。

这三个例子中的“零容忍、软结合、硬着陆”都是在句子中作谓语，“零容忍”和“硬着陆”分别同能愿动词“要、能”搭配，证明它们仍然都是谓词性的。

综合以上分析，可以推知，类前缀“零、软、硬”附加在动词性词基前时有指称化的作用，但是它们构成的派生词在本质上仍应被归入动词范畴，我们可将它们看作带有指称性的动词。

3.4.3.3 类前缀指称化作用的认知解释

以上我们分析了类词缀“零、软、硬”具备指称化作用的表现，可以发现这些指称性的派生动词和原本的动词性词基在语法功能上有诸多不同，那么随之而来的问题是：为什么它们发生了指称化后就会脱落这些动词性功能呢？我们将尝试从认知角度为类前缀的指称化功能进行解释。

Langacker(1991：24—25)在讨论过程动词名词化问题时分析了动词形式和名词形式如“explode/explosion”被识解的不同方式，前者是次第扫描(sequential scan)，识解主体(即说话人)的注意力依次扫描过该动作的各个组成部分，此时凸显的是动作的各阶段和扫描的过程，如图 3-1(a)所示；后者则是总括扫描(summary scan)，识解主体将动作看作一个整体进行扫描，被凸显的则是这个整体，如图 3-1(b)所示：

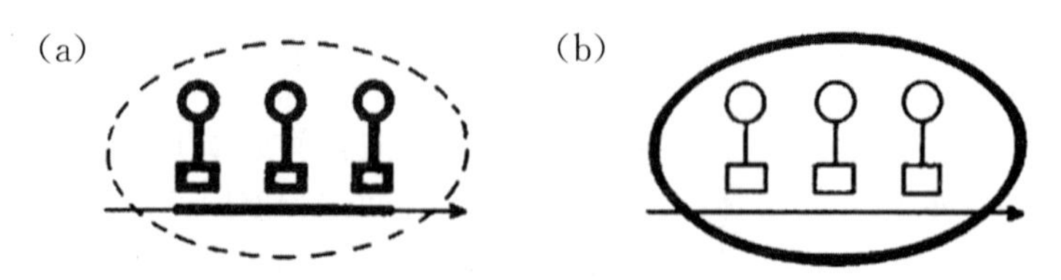

图 3-1　次第扫描和总括扫描

这一解释同样也适用于分析类前缀“零、软、硬”的指称化作用。万德勒(2002：163—203)根据动词是否可持续和是否存在终结点，将动词分为活动动词(如“跑步”)、目标动词(如“跑一公里”)、成就动词(如“看见”)和状态动词(如"爱")四类，其中活动动词和目标动词有进行时，表示一个过程，它们的区别在于前者没有终结性，后者有终结性，终结性由动词所带宾语或补语表示而不由动词本身表示，所以我们可以把它们都统一称为过程动词。"零、软、硬"的动词性词基都可归入过程动词和成就动词类，状态动词不能充当它们的词基。

先来看词基为过程动词的情况。以"软抵制"为例，"抵制"本身是过程动词，我们可以说"大家正在抵制日货"或者"他抵制了一个月日货"，正如Langacker所言，当我们识解"抵制"这一动作时，它是包括开始、发生、结束这些不同阶段的，凸显的也是"抵制"过程中的各个阶段，这反映在句法上就有了诸如"正在抵制""抵制了一个月"等用法。而当"抵制"附加在类词缀"软"后、整个派生词发生了指称化之后，"软抵制"意为手段温和的抵制，此时"抵制"在我们的认知机制中已经不再凸显其各个阶段，而是被当作一个整体识解，正如上面的图3-1(b)所示，因此在句法上就不能说"＊正在软抵制"或者"＊软抵制了一个月"等了。

词基为成就动词时与上面的情况略有区别。成就动词是发生在某一时刻的动作，我们说"看见"是指在某一时刻"看见"了，而不是在一个时段"看见"(这里指的是"看见"这一动作，而不是指"看见"后持续的状态)，其实"看见"也可以被理解为有过程的，只不过这一过程极短，可以忽略不计。如果说过程动词被识解时凸显的是动作的各个阶段，那么成就动词则凸显的是该动作的终结点(起点和终点重合或者相距极短时间)，具体如图3-2所示：

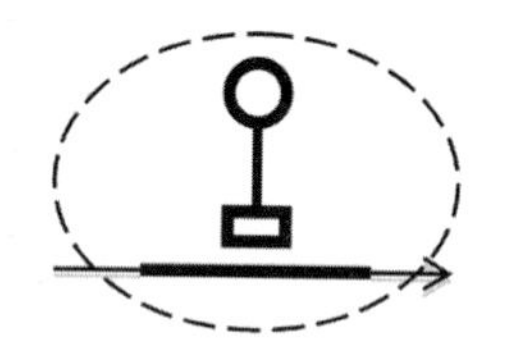

图3-2　成就动词的识解

以"零感染"为例，"感染"本身是成就动词，只能发生在某一时刻，没有进行时，所以我们不能说"＊他正在感染病毒"或者"＊他感染了一个小时"，它被识解时凸显的是"感染"这一结果。当它附加在"零"之后并发生了指称化后，"感染"这一动作就不再凸显了，取而代之被凸显的部分变成了"感染"这一客观性的存在，因此我们才能用表示事物数量的"零"来指称"感染"这一客观存在的不存在。

以上从认知的角度分析了类词缀"零、软、硬"的指称化作用，概括起来就是，类词缀"零、软、硬"的动词性词基在未同"零、软、硬"结合时凸显的都是动作本身(包括组成动作的各个阶段或动作的终结点)或曰该动作的时间性，而在派生后，当它们发生了指称化时，动作本身就不再凸显了，被凸显的则是该动作的存在性或曰空间性。

3.4.3.4 类前缀指称化作用的产生原因

最后讨论下类前缀“零、软、硬”具有指称化作用的原因。

“零”在现代汉语中作词根时常用作数词，表示数目，例如“一减一等于零”，由于它表示的是大小或数量都没有，就可以指称“虚”“无”，如“目前总统的信用等于零”，这两种用法都与事物的存在直接相关，也就是说，“零”作数词时激活的是事物，而非事件。事物具备空间性，事件则带时间性。因此，当“零”虚化为类词缀后，它的这一特征也被继承了下来，不仅要求词基具备数量特征，还促使与它结合的动词性词基也在一定程度上表现出了空间性。

“软”和“硬”的指称化作用则主要是因为它们作词根时都是形容词，形容词表示事物的性质，最常修饰名词，如我们可以说“软/硬糖、软/硬床、软/硬笔”等。当它们成为类词缀后，也是最常和名词性词基结合，如“软/硬标准、软/硬科学、软/硬实力”等，同时，受它们作词根时的形容词性质的影响，类前缀“软”和“硬”附加在动词性词基之前时就会削弱该词基的动作性，派生词便发生了一定程度的指称化。

第四章　汉语类前缀构词的认知域分布

在第三章中，我们已经讨论了同一认知域内的不同类前缀在构词时各自的语义范畴化情况，不难发现，属于同一认知域的近义类前缀在构词时对可搭配的词基会有不同的选择限制，而反义类前缀在构词时也存在不对称的现象。所以本章我们将从语义的角度考察同一认知域的类前缀在派生时对词基各有什么样的选择限制，即可以和这些类前缀结合的词基在语义上会表现出何种区别特征。

需要强调的是，本章所分析的类前缀词基的特征仅仅是其派生的必要特征，而非充分特征，也就是说，附加在某类前缀后的词基必须满足这样的要求，但并非满足这样要求的词或语素都可附加在该类前缀后，因为最终确定某个词或语素能否成为该类前缀的词基除了语义方面的要求外，在其他方面诸如语用、韵律也会受到限制，例如类词缀“零”的词基除了满足“量”上的要求外，还需要在语用上有预设（尹海良，2011：133）。

4.1　否定认知域

占据否定认知域的汉语类前缀是“非、零、无、不”。不过，虽然它们同属否定认知域，但是占据了认知域中的不同侧面。其中，“非”“零”“无”表示的是矛盾关系，“不”表示的是对立关系。

4.1.1　“非”+范畴

“非”在否定认知域中主要是表达与某一范畴（category）相矛盾的意义，下面我们将分别分析“非”附加在名词性词基和形容词性词基前的情况。

（1）$[非[X]_{N.}]_{N.}$

名词在语言中的主要功能是指称。所谓“指称”，在语言学中指的是“名词性语言单位与外部事件的关系”（张斌，2010：791）。目前学界从不同角度对指称做了不同的分类，大致包括有指和无指、实指和虚指、定指和不定指，以及类指与非类指四组（陈平，1987；徐烈炯，1995：7－8，254－257；张伯江，1997；杨成凯，2003；张谊生，2003a；王红旗，2004）。

“非”所附加的名词性词基多属于类指①成分，即可以表示一类人或事物，例如：

1. 各级党组织及党员、领导班子及成员，甚至民营企业管理人员、非党员干部、普通群众也积极参与进来。(DCC)
2. 带动周边乡镇非成员农户种植半夏 1816 户，创造价值 1000 余万元。(DCC)
3. “但伊朗应该减少非必需品的进口”，巴赫马尼承认。(DCC)
4. 行业配置上，该基金集中配置于金属、非金属，采掘业等强周期型行业。(DCC)
5. “崔老师，您的研究成果对于非低温条件下的电子特性的研究是不是也有作用？”(DCC)

例 1、2 中“非 X”的作用是为其后的双音节词根(Y)分类，例如“非党员干部”的意思是不属于党员的那一类干部，“非成员农户”表示不属于(某组织)成员的那些农户。例 3、4 的词基表示的是一类具体事物，“非必需品”指的是不是必需品的那一类物品，“非金属”指的是不属于金属的物质。例 5 的词基表示的则是某一类抽象概念，“非低温条件”指的是不属于低温的条件。综合这些派生词的语义，我们可以得出以下两条结论：①“非”的语义为“不属于某一类范畴”；②词基都属于类指成分，即表一类人或事物。类似的例子还有“非成员国、非碘盐、非公务员、非海归、非会员、非货币、非金属、非公有制(企业)、非酒精(饮料)、非民间(组织)”等。

在这些 X 为名词的例子中，“$[\text{非}[X]_{N.}]_{N.}$”和“$[X]_{N.}$”之间的关系建立在 X 的某种属性上，也就是说它们都有一个共同的上位义 (hyperonym)，如“非成员国”和“成员国”具有共同的上位词“国家”，“非金属”和“金属”有共同的上位词“材料”，如果“非 X”不成词，那么这个共同的上位义就需由其后的 Y 呈现，如“非低温条件”和“低温条件”的共同上位词是“(温度)条件”，“非党员干部”和“党员干部”的共同上位词是“干部”。也就是说，“非 X”的生成首先是建立在和 X 上位义存在的基础上的，否则“非 X”无法生成，如“＊非书/非书籍”，“＊非容器”等都不能成立。

当词基为非类指成分时，“$[\text{非}[X]_{\text{非类指}N.}]_{N.}$”不成立。例如，汉语中人称代词和专有名词都只能充当非类指成分，因此“非”不能附加在人称代词或专有名词前构成新的派生词，如“＊非我、＊非你、＊非长江、＊非马来西亚、

① “类指”指的是“某个名词性成分的所指对象是真实世界中的整个一类非事实性的实体”(张谊生，2003a)，陈平(1987)将其称为“通指”。

＊非李白”等都不成立。

（2）[非[X]$_{A.}$]$_{A.}$

形容词在语言中通常有描述和分类的作用。通常情况下，形容词可分为性质形容词、状态形容词和非谓形容词（区别词）三大类（韩玉国，2001）。

“非”所附加的形容词性词基大多属于非谓形容词，派生后只能作定语修饰名词，表示该名词的其中一个类别，有时形容词性词基可由表类属的性质形容词或语素充当，一般也作定语，偶尔可作状语，例如：

6.“在今年中国车市增速明显放缓、竞争品牌采用大幅降价等非常规手段的环境中，奥迪取得如此优异成绩尤为可贵。”（DCC）

7. 运动员或进行体育锻炼的人在运动中或运动后 24 小时内发生的非创伤性意外死亡，称之为运动性猝死。（DCC）

8. 发展非资源型产业，高科技、信息化不可或缺。（DCC）

9. 除了 80 后、90 后这批智能手机的中坚力量外，我国还有 7 亿多非智能手机用户。（DCC）

10. 那枚盖了邮戳、“文革”期间非正式发行的 8 分邮票，在经过了十几次加价之后，被特地从辽宁锦州赶来、自称有 10 年邮龄的赵复兴以 13100 元拍得。（语委）

在以上 5 例中，例 6—8 的词基都为非谓形容词，“非常规手段”指的是不属于常规性质的手段，区别于“常规手段”，语料库中“非常规”的搭配有“战争、敌人、油气资源、操作、模式、措施”等；“非创伤性意外死亡”指的是非由机械因素引起的意外死亡，区别于“创伤性意外死亡”，语料库中“非创伤性”的搭配还有“检查、截肢、神经系统疾病、长期保养项目”等医学相关术语；“非资源型产业”指的不依赖于资源的产业，区别于“资源型产业”，“非资源型”的常见搭配还有“国家、地区”。

例 9、10 中“非”派生词的词基则是性质形容词，“非智能手机”区别于“智能手机”，语料库中“非智能”的搭配还有“机器、电视”等；“非正式发行”区别于“正式发行”，语料库中“非正式”的搭配还有“会议、记者、停火、谈判、通话、课程、就业”等。另外，我们在网上检索了“非＋性质形容词/语素”的其他例子，又发现了“非独立（核算）、非空闲（状态）、非标准（劳动关系）、非理想（条件）、非原始（凭证）”等说法。

同“[非[X]$_{N.}$]$_{N.}$和“[X]$_{N.}$”一样，“[非[X]$_{A.}$]$_{A.}$”和“[X$_{A.}$]”也兼有一个上位义（hyperonym），该上位义由它们所共同修饰的“[Y]$_{N.}$”表示，如“非常规战争”和“常规战争”共有一个上位词“战争”，不过这一条件在构造“[[非[X]$_{A.}$]$_{A.}$[Y]$_{N.}$]$_{N.}$”的过程中并不起约束作用，起约束作用的还是“[X]$_{A.}$”的类属特征。

由以上分析可见:“非X”意为“不具有某一类性质”,能加“非”的性质形容词性词基大多属于类属形容词(classifying adjectives),它们能够起到分类的作用,并且其相反的概念未词汇化,属于词汇空缺(lexical gap)。其他表示品质(quality)的形容词,如果其相反的概念已经词汇化了,也就是说存在一个专门的反义词,就不能加“非”。例如我们可以说“非正式”,但不能说“*非漂亮”,就是因为“正式”的反义概念属于词汇空缺项,而“漂亮”的反义词是“丑陋”,因此我们在表达“*非漂亮”这一概念的时候会直接使用“丑陋”这个词。

既然类前缀“非”的词基多为表类指的名词或名词性语素以及表类属的形容词或形容词性语素(包括区别词),不论是表类指,还是表类属,实质上都与某种范畴密切相关,这说明,“非”在否定认知域中占据的是“范畴”这一侧面。

4.1.2 “零”+数量

类前缀“零”在否定认知域中主要是表达对数量(quantity)的否定,下面我们将分别分析“零”附加在名词性词基和动词性词基前的情况。

(1) [零[X]$_{N.}$]$_{N.}$

对名词进行分类,采取不同标准,往往会得到不同的分类结果,如根据名词的量特征,朱德熙(1982:41—42)将名词分为可数名词、不可数名词、集合名词、抽象名词和专有名词5类。后来的学者们在根据名词的量特征给名词分类时,多采取二分法,先将名词分为有量名词(或称可数名词、量化名词、非定量名词等)和无量名词(或称不可数名词、非量化名词、定量名词)两类(石毓智,2001:30;王惠、朱学峰,2000;王珏,2001:212;刘顺,2003:35)。根据王惠、朱学峰(2000),有量名词是指可受数量结构直接修饰的名词,抽象名词因为可受种类量词和动量词修饰也属于这一类,无量名词则不能受任何数量结构修饰,又分为含有数量概念的(如“长度、体重、产值、价钱”)、由反义语素对举而成的(如“大小、轻重、深浅”)、指称全体的(如“全局、全程、自然”)和指称某个唯一事物但又不是专有名词的(如“本文、故居、长孙”)四类。

“零”所附加的名词性词基大多属于有量名词或者无量名词中含有数量概念的,例如:

11. 让人眼睛一亮的还不止于此,今年春晚首次实行“零广告”,再技巧的广告植入也决不允许。(DCC)
12. 当年19岁的他以7秒52的成绩获得男子60米栏铜牌,改写了中国男选手在该赛事中“零奖牌”的历史。(DCC)

13. 核电安全是核能发展的关键,“零风险”是当下人们最关心的问题。(DCC)
14. “我的服务零遗憾,患者利益高于天”。(DCC)
15. 严格落实禁种铲毒工作责任制,力争“零种植”,确保“零产量”。(DCC)
16. 诊所里各类中药饮片达300多种,县里还实行了药品零差价,让农民在买药时有了更多选择,更加实惠。(DCC)

例11、12中“零广告”和“零奖牌”的词基都是有量的具体名词,“零广告”指的是广告数量为零,“零奖牌”指的是奖牌数为零;例13、14中的“零风险”和“零遗憾”的词基为有量的抽象名词,“零风险”指的是风险程度为零或非常低,“零遗憾”指的是遗憾的程度为零或非常低;例15、16中的“零”类派生词的词基则是无量名词中含有数量概念的,“零产量”指的是产量为零,“零差价”指的是差价为零。以上各例表明:①“零”的语义为“量”为零;②词基都与数量密不可分,或是可数的,或是含有数量概念的。类似的例子还有“零安全事故、零非法移民、零废弃物、零积案、零漏洞、零缺陷、零隐患、零基础、零高度、零地价、零利润、零能耗”等。

也就是说,当名词不带有数量特征时,不能附加在“零”后。无量名词中的后三类:反义复合词、指称全体的名词以及某个唯一事物的名词,都不能充当类词缀“零”的词基,如“*零大小、*零高矮、*零成败、*零全局、*零公众、*零民众、*零红颜、*零本意、*零故居、*零老天”都不成立。可数的专有名词由于具有唯一性,也无所谓数量的多少,同样也不能充当类词缀“零”的词基,如“*零长江、*零李白、*零美国”。

(2) [零[X]v.]v.

石毓智(2001: 29)认为汉语中动词根据重复次数的多少、持续时间的长短,可分为定量和非定量两类,“凡是其后的宾语可以自由地加上和删去数量成分的动词,是非定量的”,“凡是对其后的宾语有特殊的量上要求的动词,是定量的”。

根据这一分类,类前缀“零”所附加的动词性词基大都属于非定量性的,例如:

17. (新闻标题)开发网络办案系统确保案件“零超期”(DCC)
18. 4.2万户零就业家庭实现一人以上就业,城镇登记失业率降至3.18%。(DCC)
19. 而且公测显示,这湖里70多种水产品全部“零减产”。(DCC)
20. (新闻标题)区港联动“零等待”(DCC)

“零超期、零就业、零减产”中的“零”指向的是动作关涉的对象,它们分别意为“案件超期的数量为零”“就业人数为零”“减产的数量为零”,“零等待”则指向动作持续的时间,意为“等待的时间为零”。以上这些词的词基都是非定量动词,如我们可以说“超期了三天”“就业了一万人”“减产了 1000 斤”等。由此表明:①“零”的语义为该动作行为重复的次数为零,或者持续的时间为零,或者关涉的对象数量为零;②词基都为非定量性的,即在量上有上下浮动的可能。类似的例子还有“零容忍、零产出、零传播、零发生、零出资、零爆炸、零积累、零加价、零赔偿、零收费、零停留”等。

总结可见,类前缀“零”的词基多为带有数量特征的名词或名词性语素以及非定量的动词或动词性语素,而这两类词基实际上凸显的都是其数量特征,这就说明,类前缀“零”在否定认知域中占据的是“数量”这一侧面。

4.1.3 “无”+品质

类前缀“无”在否定认知域中主要是表达对品质(quality)的否定,即否定事物的存在。“无”在古代汉语中可作动词使用,意为“没有”,与“有”相对。“有”即存在,“没有”否定的是存在的概念。受此影响,类前缀“无”所附加的名词性词基凸显的并非数量特征,而是品质。这主要体现在两个方面,首先是有量名词和无量名词(含语素)均可充当词基,例如:

21. 在古生代和中生代的海洋里,还生活着两类很重要的无脊椎动物。(语委)
22. 她穿一件墨绿色无领连袖金丝绒的低腰裙。(语委)
23. 无性生殖则是用低等生物生殖方式来繁殖高等动物。(语委)
24. 河南省社旗县数万亩无公害萝卜喜获丰收,却面临着严重滞销。(DCC)

例 21 中的“无脊椎”即“没有脊椎”,例 22 中的“无领”意为“没有领子”,它们的词基“脊椎”和“领(领子)”都是有量的表具体事物的名词或语素。例 23、24 中“无性”“无公害”的词基则是无量名词,“性”和“公害”表示的都是一种性质,所以是不能和数量词结合的。由此可见:①“无”否定的是词基所表概念的存在;②“无”的词基既可以是有量名词,也可以是无量名词,说明“无”的派生对于词基的数量是没有要求的。

“无”凸显品质的另一个方面的表现是,即使当词基为具体的有量名词时,“无”也并不强调数量,而仅强调该事物不存在。在例 21 中,虽然“脊椎”属于具体的有量名词,但在“无脊椎动物”中“脊椎”是作为一类事物存在的,“无脊椎”的作用是为“动物”分类,不强调其有量的特征。

另外，如同“非 X”一样，“无 X”要求与它对应的“(有)X”能够共有一个上位义(由其后的 Y 表示)，从另外一个角度来说，充当类词缀“无”词基的具体有量名词在语义上必须具备[+依附性]，例如“无脊椎动物”成立，因为脊椎是动物身体的组成部分；“无轨电车”成立，是因为轨道是电车行驶的必备条件。因此，“*无桌、*无梨、*无校、*无书”等都是不成立的，因为“桌子、梨、学校、书”在语义上都不具有依附性，是可以独立存在的，因此都不能充当类词缀“无”的词基。这是因为只有在语义上带有附属性的词基可以起到分类的作用，例如除了“无轨电车”外，还有“有轨电车”，除了“无脊椎动物”外，还有“脊椎动物”。

“无”同动词性成分结合构词时表示的该动作行为没有发生，此时是将该动作行为看作一个整体，并不凸显它的量特征，如“无记名(投票)”，强调的是“记名”这个行为动作没有发生，至于其中的量特征，如该动作重复了几次、持续了多长时间，并不是被凸显的对象。

类前缀“无”的词基多为凸显品质的名词或名词性语素以及定量的动词(也不凸显“量”的特征)，都说明“无”在否定认知域中占据的是“品质”这一侧面。

4.1.4 “不”+对立

与“非、零、无”表示矛盾关系不同，类前缀“不”在否定认知域中表示对立关系。以上我们已经谈到，表示对立关系的两个概念“允许有一个或一个以上的中介的概念”(叶斯柏森，1988:464)，这反映在表对立关系的类词缀上就体现为其派生词所表示的概念本身“可以有比较等级，可以被程度副词修饰”(陈平，1985)，例如：

25. 突然，它的尾部一摆，在夜空中拐了一道弯，呈现一种不规则的弧度。(语委)
26. 因此，我们决不能给那些以所谓“感情不合”，“没有共同语言”为借口，抛弃恋人的不道德行为开“绿灯”。(语委)
27. 记得有一幅画的含意说拍苍蝇是如何的残忍，如何不人道。(语委)
28. 然而由于村务管理不透明，重大决策不民主，先后几任村干部因经济问题“落马”，整个村子充斥着矛盾。(DCC)

例 25 中的“不规则”表达与“规则”相反的概念，可以被程度副词修饰，我们可以说“太不规则”；例 26 中的“不道德”与“道德”相反，也可以说“太不道德”。例 27、28 同样也是如此，“太不人道”“太不民主”都是成立的。由此可知：①“不”表示对立；②此时词基都是无量名词或者有量的抽象名词。类似的例子还有“不逻辑、不名誉、不礼貌”等。

有量的具体名词不能充当类词缀“不”的词基，例如我们不能说“*不桌子、*不书、*不学校”。沈家煊(1995)曾用“有界”和“无界”理论解释这一现象，他认为凡是可数的具体名词都是有界的，例如一张桌子要占据一定的空间，并且有一定的边界，是一个“个体”，因此是有界的，而“不”一般用来否定“无界”，有界名词不能用“不”否定，所以“*不桌子、*不书、*不学校”通常情况下都是不能成立的。

类词缀“不”的词基除了要求必须是无量名词或者有量的抽象名词之外，在语义上还要求具有描述性。反之，语义上不具备描述性的无量名词或者有量的抽象名词，就不能充当“不”的词基，例如“*不高度、*不产量、*不品德、*不思想”都不成立。

以上分析充分证明“不”在否定认知域中占据的是表“对立”的侧面。

总结本节分析，否定认知域中，类前缀“零、无、非”占据都是表示矛盾的侧面，“不”占据表示对立的侧面；同样是表示矛盾，“零”要求词基具备数量特征，“无”的词基多凸显品质特征，“非”的词基则凸显范畴特征。正是它们对词基语义类别的不同选择限制，才使得它们在派生时各有所长，共同存在于否定认知域中。

4.2 差距认知域

属于差距认知域的汉语类前缀是“半、准、类”，其中“类”只能附加在名词性词基前，“准”除了可以同名词性词基结合外，还可同动词性词基结合，“半”的结合范围最广泛，名词、动词、形容词都可以充当“半”的词基。除此之外，它们构词时对词基的语义类别也有不同的要求。

4.2.1 “类”+专业性

我们在第3.1.2.2节中已经分析过，类词缀“类”同名词性词基结合时表示近似但又不完全是词基所表概念。同“类”结合的词基具有专业性，属于专业术语，尤以医学、生物、地理、天文等领域最为集中，例如：

29. 专治关节炎、颈椎炎、腱鞘炎、类风湿、腰酸腿疼、筋伤骨折、周身麻木、半身不遂。(语委)
30. 它含有叶绿素和类胡萝卜素，还含有蛋白质、脂类、少量的RNA和DNA。(语委)
31. 六十年代由射电探测获得的四大天文发现——类星体、射电脉冲

星、微波背景辐射和星际有机分子，对天体物理学的发展具有重要的阶段性意义。（语委）

例 29 中的“类风湿”和词基“风湿”都是医学术语，从构词方式来看，“类风湿”是一种类似风湿的疾病①，词基同属于医学术语的派生词还有“类中风、类中暑、类伤寒、类天花、类癌瘤、类幻觉、类白喉、类痢疾、类囊肿、类血浆”等；例 30 中的“类胡萝卜素”和词基“胡萝卜素”都是属于生物学领域的专有名词，类胡萝卜素是一种类似胡萝卜素的天然色素（其中也包括了胡萝卜素），类似的例子还有“类菌、类囊体、类脂质、类激素、类毒素、类蛋白、类酶、类杆菌、类多糖、类骨质、类人猿”等；例 31 中的“类星体”及其词基“星体”都是天文学术语，“类星体”即类似恒星的天体，同类名词还有“类木行星、类新星、类地行星”等。

由此说明：①类词缀“类”同名词性词基结合时，表示的是类似但又不完全是词基所示的概念；②此时词基是属于医学、生物、地理、天文领域的专业术语，具备专业性。

“类”派生时依据的是派生词所表概念和词基所表概念的相似性，这种相似性可能是真相似性，也可能是伪相似性。具有真相似性的派生词和词基属于同类概念，此时派生词和词基是包含与被包含的关系，例如“类地行星”是类似地球的行星的统称，地球本身是被包括在类地行星中的；具有伪相似性的派生词和词基则是异类概念，此时派生词和词基在实质上是两种不同的概念，例如“类伤寒”是一种“与伤寒相似而实不同也”（《医学心悟·伤寒类伤寒辨》）的疾病。我们可将这两类不同的派生机制图示如下：

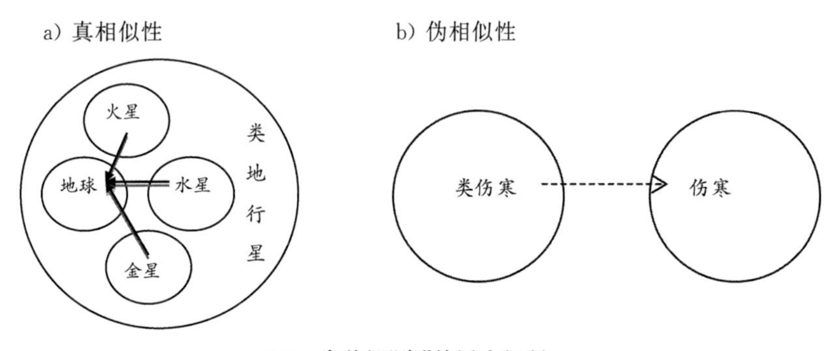

4-1　类前缀“类”的派生机制

① 实际上“风湿”和“类风湿”属于两种类型的关节炎，“类风湿”的命名存在偏误，但这不属于本书讨论范围，这里不再赘述。

4.2.2 “半”+可分解性

类词缀“半”表示部分相似，当它与名词、动词以及形容词性词基结合时，要求词基具备可分解性，下面我们分别分析它附加在形容词、动词和名词性词基前的情况。

(1) [半[X]A.]A.

类词缀“半”同形容词词基结合时，表示接近X所示性质，此时X应有对应的相对反义词，其可分解的特征体现在X需有程度差异，例如：

32. 正凑巧，我那儿有一辆半新的，搁着没人骑，先借给您骑吧。(语委)
33. 到一座半大的庙宇跟前，车夫停住脚步。(语委)
34. 隔着半透明的蓝绸伞，千万粒雨珠闪着光，像一天的星。(语委)

例32—34中的“半新、半大、半透明”都是“半+性质形容词”构成的派生词，它们的共同特征是都属于相对反义词的其中一端。以“半新”为例，它的词基“新”与“旧”构成了一个连续统，它们各位于这个连续统的两端，之间存在一个渐变的地带，“半新/旧”位于这个渐变带内。“半新”和“半旧”单用时它们和“新、旧”呈如下排列顺序：旧—半旧—不新不旧—半新—新；但如果“半新半旧”并举时，表示的就是中间状态，相当于“不新不旧”。另外两例也是如此，“大”与“小”相对，“透明”与“不透明”相对。类似的例子还有“半饱、半公开、半旧、半自动”等。

(2) [半[X]V.]V.

“半”同动词性词基结合时，表示“快要X”，X一般为非自主动词，此时X的可分解性不体现在动作本身上，而体现在达成该动作之前的过程中，例如：

35. 别再想了，先去躺一躺，你非得像半死的人似的绝对镇静不可。(语委)
36. 小林半醒地发现身边两条粗壮的腿，误以为落入虎口，他霍地坐起。(语委)
37. 同座的五六名客人，都已喝得半醉。(语委)

以上三例中的“半死、半醒、半醉”都表示“快要死/醒/醉”，它们的词基“死、醒、醉”都是非过程动词，没有进行时，我们不能说“正在死/醒/醉”。其中“死”和“醒”为成就动词，只能发生在某一时刻，具有[+终结性]，因此当我们说“半死、半醒”的时候，“半”指向的并非是“死”和“醒”，而是“死”和“醒”达成之前的过程；“醉”则属于状态动词，具有[-终结性]，所以，当我们说“半醉”的时候，表示的就是快要进入这一状态。

如果说"半"与形容词性词基结合时，我们还可以明显地感觉到它位于词基所示性质的中间状态，当它和动词性词基结合时，这种表示中间状态的特征已经十分淡化了，究其原因是因为动作行为本身是不存在程度差异的（句法上体现为不能受程度副词修饰，心理动词除外），它的有量特征只能体现在动作持续的时间以及动作实现之前和之后的时间上。

"半"单用时的动词性词基都是非过程动词，但如果是在"半 A 半 B"格式中，A 和 B 也可以是过程动词，如"半蒸半煮、半坐半卧、半说半唱"等，此时 A 和 B 为相近且相容的动词，"半 A 半 B"并举则表示两种动作同时存在。

(3) $[半[X]_{N.}]_{N.}$

类词缀"半"与名词性词基结合时，表示的是具备词基的部分特征，所以我们实际上是将 X 分解成了一项项区别特征，"半"指向的并非是 X，而是由 X 分解出的各区别特征。例如：

38. 整个建筑物的墙面、屋顶甚至大玻璃窗的外表面都涂着一层特殊的半导体材料。（语委）

39. 在一个人口众多、幅员广大的半殖民地、半封建的落后国家里，怎样进行革命呢？（语委）

40. 全国文盲和半文盲绝大部分在农村。（语委）

以上三例中的"半导体""半殖民地、半封建""半文盲"都属于"半＋N."类派生词，其中"半导体"是"半＋具体事物"，导体是善于传导电流的材料，而"半导体"只具备部分传导电流方面的性质，另一方面也同时具备了绝缘体不导电的特征；"半殖民地"常和"半封建"共现，它具备殖民地和封建社会的部分特征；"半封建"则是指一方面国家形式上仍是封建统治和自然经济占主导地位，同时资本主义的经济、政治、思想、文化等因素也在不断发展；"半文盲"的词基"文盲"为表人名词，不识字是文盲的特征，"半文盲"部分具备"文盲"不识字的特征，即识字很少。类似的例子还有"半彪子、半疯儿、半劳力、半熟脸儿、半元音"等。

我们识解"半 X"的具体意义时，同时也会激活 X 相对的概念 Y，"半 X"在表达具备 X 部分特征的同时，也暗含着具备 Y 的部分特征，例如"半封建"一头连接的是"封建"，另一头连接的是"资本主义"，所以"半封建"才能表示既具备封建社会的某些特征，也具备资本主义的某些特征；"半元音"一方面与元音相联系，另一方面与辅音相联系，所以它是介于元音和辅音之间的音素。

综上，"半"无论同形容词性词基、动词性词基，还是名词性词基结合时，都要求词基具备可分解性。

4.2.3 “准”+不可分性

(1) [准[X]N.]N.

类词缀“准”与名词性词基结合时，表示基本可归入词基所表概念的范畴，此时与“半”要求词基具备可分解性不同，类词缀“准”的词基表现出不可分性，当X为名词时，X语义上是独立的，“准X”只需要激活X的意义即可，不要求有对应的概念Y存在，例如：

41. 这一事实直接地证明了，从超导相中激发出一个准粒子至少要能量，即存在能隙。(语委)
42. 1月份，准货币中的单位定期存款增加1.2万亿元。(DCC)
43. 在可逆途径中，体系处于所谓“准静态”，各部分的性质是均匀的。(语委)
44. 文化的发展同人的发展进程相一致，也经历了它发展的漫长的前文化期，从史前猿人的准文化积累到文化的进程。(语委)

例41、42中“准粒子”和“准货币”的词基“粒子”和“货币”都是具体事物。“准粒子”意为接近粒子的物质组分，“粒子”指以自由状态存在的最小的物质组分，并不存在一个类似于“导体—绝缘体”那样与“粒子”相对的概念(无法形成序列)，所以我们只能说“准粒子”，不能说“半粒子”；“准货币”是一种基本接近货币的资产，我们说“准货币”是将“货币”看作一个独立的可比较的实体，然后将另一种类似货币的资产与它类比，并不牵涉到第三方。类似的例子还有“准词缀、准贷记卡、准白话、准政府、准装置”等。

例43、44中“准静态”和“准文化”的词基“静态”和“文化”则属于抽象事物类的名词。“准静态”指的是一种接近静态的状态，虽然“静态”也有相对概念“动态”，但如果我们说“准静态”的时候，是不考虑它与动态的关系的，“静态”可以独立充当“准静态”的背景；“准文化”也是如此，它强调的是与“文化”的相似性，“文化”此时是作为独立的抽象概念存在的，至于它是不是可以分解，或者是不是与其他概念相对立，则并不强调。类似的例子还有“准动量守恒、准惯性、准家族关系、准血缘关系、准艺术、准音乐”等。

以上各例表明：①当词基为名词性时，“准X”意为接近X的某种具体事物或抽象概念；②此时X在地位上是不可分解的独立存在的实体或抽象概念，具有不可分性。

我们在语料库中检索到的动词性词基的例子仅有2例“准军事化、准静止”，它们在语义上也是具有独立性和不可分性的，这里不再做具体分析。

总结本小节内容，在差距认知域中，类前缀“类、半、准”之所以能够共存，主要是因为它们构词时对词基的语义类别有不同的选择限制，分别占据了差距认知域的不同侧面，其中“类”占据“专业性”侧面，“半”占据“可分解性”侧面，“准”占据“不可分性”侧面。

4.3　时序认知域

我们在第3.2.2中已经指出，时序认知域中的类前缀“前”和“后”构词时体现出很强的不对称性，例如：

前NBA球星、前部长、前高官、前国家领导人，
*后NBA球星、*后部长、*后高官、*后国家领导人；
前政府、前殖民地、前政权，
*后政府、*后殖民地、*后政权；
前思维(阶段)、*前霸权时代、*前奥运时代、*前结构主义，
*后思维(阶段)、后霸权时代、后奥运时代、后结构主义。

之所以会出现这种构词的不对称，一个重要原因就是它们在认知上占据时序认知域的不同侧面，在构词时对词基的语义类别就有不同的选择限制。具体来说，在时序认知域中，“前”的词基带有实体性，而“后”的词基则更多地带有时间性。

4.3.1　“前”+实体性

同类词缀“前”结合的词基具有实体性的第一个表现是，“前”可以附加在表示职务(包括职业)或身份的名词前构成表示已卸任某职务或已改变某身份的表人名词，例如：

45. 十余年来，他的作品曾多次被选为国礼，赠送给美国前总统布什、法国前总统希拉克等外国元首和政要。(DCC)
46. 美国联邦检察官24日以两项阻碍司法罪起诉并逮捕了现年50岁的英国石油公司前工程师库尔特·米克斯。(DCC)
47. 在另外一场比赛中，前世界冠军、苏格兰球手多特以1∶10惨败给英格兰球员乔·佩里，无缘16强。(DCC)

例45中的“前总统”属于“前+职务名词”，意为“已经卸任的总统”；例46中的“前工程师”是“前+职业名词”，意为“从前的(现在可能已经退休或者转行)工程师”；例47中的“前世界冠军”则属于“前+身份名词”，意为“曾经的(现在已经不是)世界冠军”。

不论是“前＋职务/职业名词”或者“前＋身份名词”，都带有该职务/职业/身份已经发生了改变的言外之意，在例 47 中，“前世界冠军”败给了另一位英格兰球员，也就是说他现在已经不是世界冠军了，所以是“前”世界冠军。

“前”的词基带有实体性的第二个表现是，“前”可以附加在国家、地区或者机构名前表示原来存在现在已经不存在的国家、地区或者机构，例如：

48. 在非洲，英国是最大的投资者，前英属殖民地矿产资源的开采，大部分仍有英国公司参与。（语委）

49. 目前在下院所有的 440 个议席中，大多数是由前政府的力量占据。（DCC）

例 48、49 中的“前”的派生词词基表示地区和机构名，其中“前英属殖民地”是现已独立的、原来属于英国殖民地的地区，“前政府”也是原来的、现在已经被取代了的政府。同“前＋表职业/身份名词”一样，“前＋国家/地区/机构名”派生出来的词也同时带有该国家/地区/机构现在已经不存在的言外之意。

由此可以得出以下结论：①类前缀“前”在表示“以前的”之外，还同时暗含现在情况已发生转变之意，这一转变可能是职业或者身份的变化，也可能是国家或者机构的解体；②不论是职务、职业或者身份名，还是国家、地区、机构名，它们指称的都是客观存在的实体。这说明，“前”在时序认知域占据的是“实体”侧面。

4.3.2　“后”＋时间性

同“后”结合的词基带有时间性的直接反映就是它们有相当大的比例都是以“时代/时期”结尾的名词，占到了我们收集到的 62 例“后”的派生词的 77.4%，例如：

50. 进入后工业时代以后，发达国家的中产阶层比例普遍超过 45%。（语委）

51. 但在后奥运时期，游泳馆内的临时设施将被拆除，坐椅只剩 2500 个。（DCC）

例 50 中的“后工业时代”指的是工业时代之后以理论知识为中轴，科技精英成为社会统治人物的阶段；例 51 中的“后奥运时期”指的是在奥运会结束后奥运效应仍然存在同时、形势已发生变化（如奥运场馆的后续维护）的时期。类似的例子还有“后霸权时代、后动荡时期、后冷战时期、后石油时代、后乔丹时代、后摇滚时代、后市场时代”等。

从以上这些派生词中，可以发现：①类词缀“后”意为“……之后的”，同类前缀“前”预示现在情况已发生改变不同的是，与“X 时代/时期”相比，“后 X 时代/时期”在一方面保留了“X 时代/时期”的特点，属于它的延续，另一方面又是对“X 时代/时期”的一定程度上的革命或者反叛；②“后”不能附加在表人名词和表机构名词前，例如“＊后冠军、＊后总统、＊后政府、＊后单位”等都不成立，说明与“前”不同，“后”并不具备实体性，而只能表示时间上“之后的”，时间性更强。

这说明“后”在时序认知域中占据的是“时间”侧面。

即使同样都是附加在表示时段的名词前时，“前”和“后”构词时也不完全对称。在我们收集到的“前”和“后”的派生词中，词基为表示时段的名词、“前 X”和“后 X”都成立的有“前/后工业化时代、前/后寒武纪、前/后奥运时代、前/后网络时代、前/后微博时代”等，有“前”无“后”的有“前运算期”，“后”不能被替换为“前”的有“后霸权时代、后动荡时期、后非典时代、后冷战时期、后世博时代、后旅游时代”等。这说明，当“前”和“后”都表示时间上“……之前/后的”时，仍有各自的选择限制。

为了形象地展现此时“前 X 时代”和“后 X 时代”的差异，我们以坐标轴代表时间，箭头的方向表示时间从过去向未来的推移，如果是“前 X 时代”和“后 X 时代”都成立，它们的语义关系将如图 4-2 所示：

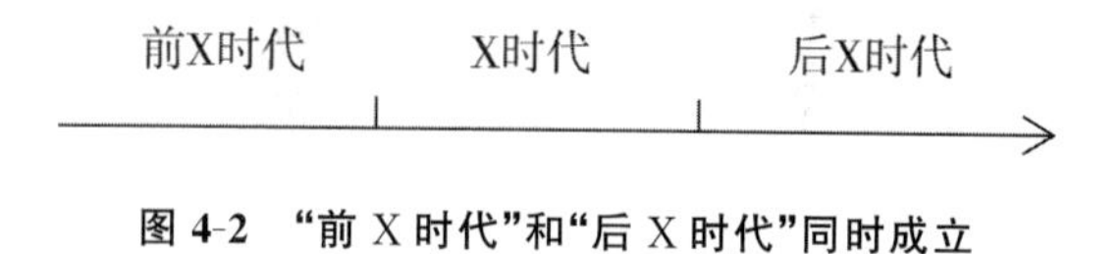

图 4-2　“前 X 时代”和“后 X 时代”同时成立

此时以“X 时代”为着眼点，“前 X 时代”代表它之前的时间，“后 X 时代”代表它之后的时间，从“前 X 时代”到“X 时代”再到“后 X 时代”情况都发生了改变。

如果是只有“前 X 时代”或“后 X 时代”，它们和“X 时代”的语义关系则是：

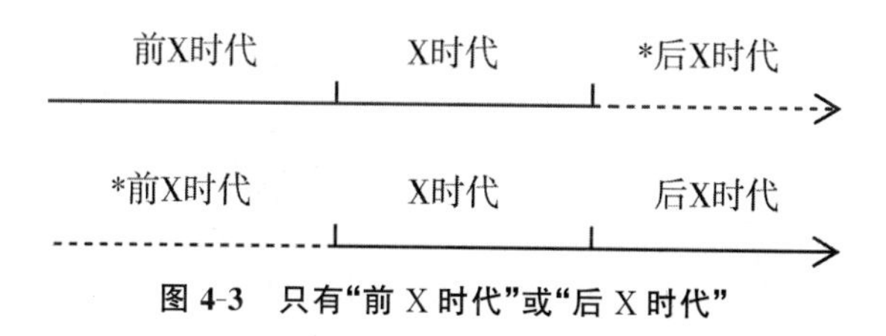

图 4-3　只有“前 X 时代”或“后 X 时代”

有“前 X 时代”而无“后 X 时代”时，强调从“前 X 时代”到“X 时代”的变化，至于从“X 时代”到“后 X 时代”是否存在变化还未为可知。

若是只有“后X时代”而无“前X时代”，则不仅强调“后X时代”相较于“X时代”情况发生了变化，而且还同时强调“后X时代”对“X时代”的继承，从“前X时代”到“X时代”不可能具备继承关系，所以此时“前X时代”不成立。

下面通过具体实例来分析“前/后X时代”都成立和有些只有“前X时代”或“后X时代”的原因。

“前/后工业时代”都成立，这是因为在“工业时代”到来之前，人类主要是同自然界斗争，土地是生产资料，地主和军人拥有统治权，这与工业时代的人类同经过加工的自然界竞争、机器是资源、企业主是社会统治阶层的特点有明显不同，因此“前工业时代”用以强调这种变化；而工业时代发展到高级阶段，人与人之间知识的竞争成为社会发展的动力，知识精英成为统治人物，这些也与工业时代的特点不同，于是“后工业时代”就产生了。

而对于“前运算期”来讲，在认知发展的过程中，个体存在一个运算思维还未形成的阶段（从开始学习语言到五六岁），这一时期儿童的知识很大程度上取决于自身的自觉，因此被称为“前运算期”，而自从进入“运算期”以后，即使随着年龄的增长，个体也仍旧维持在运算思维中，并不会存在所谓的“*后运算期”。

至于为什么诸如“后霸权时代、后冷战时期、后世博时代、后旅游时代”等词都没有“前X时代”与之对应，则是因为这些“后X时代”不仅仅强调的是它们与“X时代”的差异，也同时强调了二者的继承关系。历史总是从前向后发展的，一个时代结束后仍然会对它后面的历史产生影响，所以“后霸权时代”较之“霸权时代”已经发生了变化，但同时它仍然在某种程度上保留了霸权时代的特征。正如历史不可能从后向前发展一样，后面的历史时期也不可能对前面的时间产生影响，所以“*前霸权时代、*前冷战时期、*前世博时代”等都是不成立的。

4.4 小结

本章主要讨论了否定认知域、差距认知域以及时序认知域中的各类前缀构词时，对词基的语义类别上所表现出的不同的选择限制，主要结论如下：

1. 否定认知域中的类前缀“非、零、无、不”在构词时分别占据“矛盾”（“非、零、无”）和“对立”（“不”）侧面，具体来说，与“非”结合的词基在语义上体现为范畴性，即“非”更倾向于同表类指的名词性词基以及表类属的形容词性词基结合；与“零”结合的词基在语义上凸显数量特性，即“零”更倾向于同带有数量特征的名词性词基以及非定量的动词性词基结合；与“无”结合的词基则凸显其品质或性质特征。

2. 差距认知域中的类前缀“类、半、准”在构词时分别占据“专业性”“可分解性”以及“不可分性”侧面。与“类”结合的词基多是医学、生物、地理、天文领域的专业术语，在语义上具备专业性；与“半”结合的词基凸显其可分解性特征，其中形容词性词基均有程度差异，动词性词基均为非过程动词，此时可分解性体现在达成该动作之前的过程中，名词性词基则分解为一项项区别特征；与“准”结合的词基凸显的则是不可分性，是不可分解的独立存在的实体或抽象概念。

3. 时序认知域中的类前缀“前、后”分别占据“实体性”和“时间性”侧面。其中，“前”更倾向于同职务、职业或者身份名以及国家、地区、机构名结合，它们指称的都是客观存在的实体；“后”则更倾向于同表示时段的“X时代/时期”结合，而不能同表人名词和表机构名词结合。

正是由于这些类前缀在认知域中各自占据的是不同侧面，它们构词时对词基的语义类别也有不同的选择限制，才造成它们构词时的互补和不对称性，这也是它们得以在词汇系统中共存的原因之一。

第五章　汉语类前缀对项的构词识解

我们在第四章中分析了属于同一认知域的类前缀构词时的选择限制，可以发现和它们结合的词基在语义类别上各有不同，所以这些类词缀是能够在所属认知域中共存的。

但是，这些类前缀在构词时也会发生“重合”，即附加在同一个词基上，例如类前缀“前”和“原”派生出的“前/原校长”“前/原总经理”“前/原首相”等。我们把“前”和“原”这样的可附加在同一个词基上、隶属同一认知域的两个类前缀称为“类前缀对项”(rival prefixoids)，把“前校长”和“原校长”这样的词基相同、由同一个认知域中的不同类词缀派生出的一组派生词称为“派生词对项”(word pairs)。

既然“语言中并不存在绝对的同义词”(Hamawand，2011：102)，这些派生词对项能够在词汇系统中共存就证明它们的意义(或称概念化)还是存在差异。那么，在语义内容相同(隶属于同一认知域)的前提下，是什么原因造成了它们的语义差异呢？

是我们的识解[①]，也就是说话人的认知能力，因为意义的形成是说话人识解客观语义内容的结果。本章我们将重点分析这些可附加在同一词基上、隶属于同一认知域的类前缀的识解差异。

识解是人的主观认知能力，但是它会反映在语言形式中。因此，在论证类前缀对项的识解差异时，我们将从派生词对项的搭配入手，考察它们在搭配和共现上的区别，以探求它们的语义差异，然后再从识解的角度对这些搭配和语义差异进行解释，最后将分析这些类前缀识解差异的产生原因。

5.1　描述 VS. 评价：“非” VS.“不”

我们在第 4.1 节已经论证了同属于区别认知域的类前缀“非”和“不”构词时的选择限制，“不”主要表达对立关系，同它结合的词基都是无量名词或者有量的抽象名词，“非”表达的则是非此即彼的矛盾关系，与它结合的词基

---

① 关于“识解”的定义请参看第 2.2.3 节。

多表示范畴。

但是，这种语义上的搭配倾向也并非完全对立，“不”和“非”常常可以和同一个词基结合，例如“不/非人道”“不/非科学”“不/非民主”等。

这些派生词对项虽然常被看作近义词，在词法上也有紧密联系，在句子中却是不能自由替换的，我们以“不人道”和“非人道”为例，以下是几例它们不能自由替换的句子：

1Aa. 当时企业里所制定的许多管理条文和管理措施，今天看来都是十分不人道和不可思议的。(DCC)

1Ab. 你不能拿你成人的观点去约束一个婴儿，这太不人道了！(语委)

1Ac. 如果我们认为一个政府对作家以取消国籍并驱逐出境相威胁是极不人道的，我们的出发点正在于此。(CCL)

1Ba. 美英抛出“聪明制裁”提案是为了“修补行将倒塌的制裁之墙”，打着人道主义旗号，欲对伊实施更为严厉的非人道制裁。(DCC)

1Bb. 他说，在纪念解放的时刻，黎巴嫩人想到了那些在巴勒斯坦和叙利亚戈兰高地上仍处于以色列占领之下并遭受着非人道欺辱的阿拉伯兄弟们。(DCC)

1Bc. 没有一个伟大的作家，不是一个充满着爱的伟大的人道主义者。谁能举出一个非人道的伟大作家的名字来呢？懂得尊重人、热爱人的作家，才能被人民所尊重，所热爱。(语委)

例 1A 中的三个例子都只能用“不人道”，它们共同特点是“不人道”都受主观程度副词修饰，此时均不能替换为“非人道”。主观程度副词并不描述客观的量，而是“以说话人心中的标准(主观)为参照作比较，由此来把握量的规定性”，包括“极、极为、极其、很、非常、挺、太、十分、有点儿”等；与主观程度副词相对的是客观程度副词，它们是描述客观量的，“适宜于以某客观事物为参照的比较”(张国宪，2006：140－141)，如“最、更加、更为、顶、更、比较、较、较为、稍微、稍、略微”等。根据我们的统计，CCL 语料库中出现的和“不人道”搭配的程度副词有“十分、太、最、更、有点、极、很、非常”等，除了“最、更”为客观程度副词之外，其余均为主观程度副词；“最、更”以外的客观程度副词均不能与“不人道”搭配，如“＊比较不人道、＊较不人道、＊稍不人道”等都不成立，而所有的主观程度副词均可与“不人道”搭配。这说明，“不人道”受程度副词修饰时更倾向于同主观程度副词搭配。

例 1B 中的 a、b 二例，“非人道”都是作为词内成分和“制裁”“欺辱”结合后构成新的复合词，除此之外，语料库中出现的与“非人道”结合、可构成“非人道 Y”类复合词的动词性词根还有“剥削、审讯、占领、对待、折磨”等，而“不人道”作词内成分，与动词性词根结合的例子仅有 1 例。这说明，“非人道”作词内成分与动词性词根结合时一般不能替换为“不人道”。在 1Bc 中“非人道”是词，由上下文可知，这里的“非人道的伟大作家”并非指与暴虐、不道德相关的“不人道”，而指的是不秉持人道主义的作家，也就是说这里的“非人道的作家”在语义上是与“人道主义作家”相对的。

这些“不人道”和“非人道”不能互换的例子，可以反映它们语义上的区别：“不人道”更倾向于同主观程度副词搭配，说明它本身即带有主观性，因为“现代汉语中不存在‘主观＋客观’程度表述的叠用组配”（张国宪，2006：160），因此，“不人道”除了表示“不合乎人道”的词汇意义之外，还暗含“这是不可取的”主观意味；“非人道”没有程度差异，它除了可以描述人和事物的性质之外，还可以表示动作的性质，除了表示消极义外，也可以表示中性义。

以上我们分析了“不人道”和“非人道”在句法搭配和语义上的差异，我们认为，这些差异的产生是因为人们在识解它们的时候采用的是不同的视角，“不人道”反映的是说话人的主观感受，是评价性的；而“非人道”则是客观事实的写照，是描述性的。

评价性视角是说话人以参与者或主体的身份来识解客观情状，而描述性视角则是说话人作为旁观者来观察客观情状。例如当我们描述一个人的外貌时，如果说“她大眼、高鼻梁、小嘴”，就只是在客观地描述这个人的外貌，用的就是描述性视角；而如果说“她大大的眼睛，高高的鼻梁，小小的嘴巴”，就是在客观的描述外表达了说话人喜爱的感情，所以此时用的是评价性视角。

“不人道”和“非人道”也是如此，当我们说“X 不人道”时，是评价性的，暗含批评和抵触的意味，所以它才可以和程度副词尤其是“太、极、非常、十分、有点儿”等主观程度副词搭配，这些主观程度副词带有很强的主观性，与“不人道”的评价性匹配，而那些客观评价副词如“比较、较、较为、稍微、略微”等则一般不和“不人道”搭配。当我们说“非人道（的/地）X”时，则是描述性的，只是在客观描述人、事物或行为的性质，所以它才能表示中性义，也才有“非人道的伟大作家”这种看似矛盾的搭配。

“不”和“非”的识解差异在它们作词根时体现得更为明显。以复合词“不凡”和“非凡”为例，“不凡”是评价性的，所以它更倾向于表示主观评价的名词搭配，如述人的“抱负、身手、气度”等；而“非凡”则是描述性的，所以它除了可以和“天才、胆量、勇敢、天赋”表示主观评价的名词搭配以外，还可以和客观存在的事物或者抽象概念搭配，如“景色、工作、意义、分量、热情”，甚至和一些带有贬义色彩的名词搭配，如“俗气、痛楚、胀痛”等。

那么为什么类前缀“不”和“非”会反映评价与描述的识解差异呢？

“不”作副词表示对动作行为的否定时，侧重于否定主观意愿，例如“我不去”指的是“我”在心理上不想去，当“不”语法化为类词缀后，也仍然保留了副词“不”的情态特征，强调说话人的主观评价。

而“非”在古代汉语中多用来表示否定判断（这一点我们在 3.1.1.2 节中已经有过论述），所以它实际上也是用于表达说话人的主观感受。但是这一特征在“非”语法化为类词缀后发生了变化，当“非”作类词缀时，最强势的构词模式是“$[非[X]_{\text{Ina. N.}}]_{\text{N.}}$”，表示“不属于 X 所示的类别”，此时“非”直接否定的是 X 本身，已经不再表示判断了，如“非必需品”意为“不属于必需品的物品”，因此，“非”的主观性就脱落了，变为了客观的描述。

5.2　相似的共同点 VS. 相似的差异性：“准” VS.“类”

我们在第 4.2 节讨论了差距认知域中的类词缀“类、半、准”构词时对词基的选择限制，“类”倾向于同表示专业性的名词结合，如医学、生物、地理、天文等领域的专业术语；“半”倾向于同具备可分解性的形容词、名词或动词性词基结合；“准”倾向于同表示不可分性的名词性词基和动词性词基结合。

由于专业性与可分解性或不可分解性会发生交叉，所以“类、半、准”有时会产生附加在同一个词基上的情况，如“类/准词缀、类/准货币、类/准自杀、类/半/准文盲、类/准实验”，在以上这些派生词对项中，它们虽然具备相同的语义内容（词基相同，由认知域提供），但是因为说话人对它们的识解并不相同，因此无论在意义还是用法上都存在区别。

鉴于这些词大多属于专业术语，在语料库中出现的频率较小，所以我们将从专业的研究文献出发，从意义入手发现它们的识解差异。下面我们以语言学领域的专业术语“类词缀”和“准词缀”为例进行讨论。

通常情况下，类词缀和准词缀是两个完全相同的概念，例如吕叔湘（1979：48）、陈光磊（1994：23－25）、曾立英（2008）等采用的都是“类词缀”这一说法，马庆株（1995a）则采用了“准词缀”这一说法，他们定名的依据都是类/准词缀介于词缀和词根二者之间，“类词缀”得名于“类似词缀”，“准词缀”则得名于与“准宾语”的类比。

但是，也有学者主张区别类词缀和准词缀（汤志祥，2001：154－160），汤志祥（2001：154）认为，准词缀的特点是：(1)词汇意义具有部分“虚灵性”，(2)构成功能具有较强“能产性”，(3)构词能力具有“粘着性”，(4)分布位置具有“定位性”，(5)构成词语具有“类化性”，(6)构成的词语以双音节、三音节为主;而类词缀的特点则是:(1)词汇意义完全没有"虚化",(2)词语的语法意义增强,具有较高的"能产性",(3)某些语素开始具有"粘着性",且分布位置具有"定位性",(4)构成词语同样具有"类化性",(5)构成的词语以双音节、三音节为主。根据以上这些特点,不难发现汤志祥所谓的"准词缀"具备了其他学者所谓的类词缀的全部特征,而他定义的"类词缀"则仅具有部分特征,也就是说,在汤氏看来,"准词缀"同"类词缀"的区别在于前者已经发生了部分虚化,而后者的意义仍很实在,即"准词缀"比"类词缀"的虚化程度更高,更接近词缀。例如"一者、一员、一家、一师"都属于准词缀,它们都不能单用,属于"黏着"的"半实意半虚意语素","超一、高一、软一、半一"则属于类词缀,它们是本身都能"独用"的"自由""实意词根",充当词缀时有很强的构词能力。

所以根据汤志祥的观点,如果我们把词根、类/准词缀、词缀看作一个虚化程度由低到高的等级序列,它们的分布应如图 5-1 所示:

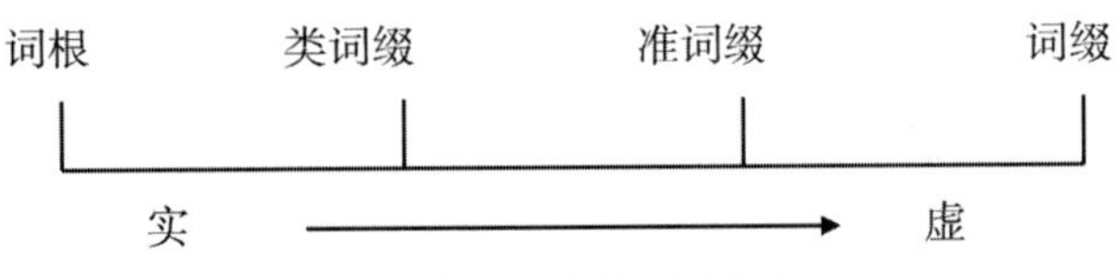

图 5-1　类词缀与准词缀的分布

虽然我们并不赞同汤志祥对类词缀和准词缀的划分,但可以推断,他之所以采用的是"词根－类词缀－准词缀－词缀"的序列,而不是"词根－准词缀－类词缀－词缀",是因为在他的理解中,"准 X"是比"类 X"更接近 X 的,也就是说"准 X"与 X 的相似性更高,这一点也与我们的语感一致。

与"类词缀"相比,"准词缀"之所以同"词缀"的相似性更高,是因为人们在识解"准词缀"和"类词缀"的时候采用的是不同的视角,具体来说就是,"准词缀"和"类词缀"虽然都是与"词缀"进行类比,但"准词缀"凸显的是比较双方的共同点,而"类词缀"则凸显的是比较双方的差异之处。

对于相似,我们应该一分为二地看,一方面相似自然意味着"同",但另一方面相似也代表不完全相同,意味着"异"。例如在数学中如果两个图形形状相同,但大小不一定相等,则这两个图形相似。也就是说,相似是同与异的结合体。所以如果我们用不同的视角描述两个相似的实体或抽象概念就会对应不同的语言形式,例如对于图 5-2 中的两个相似三角形:

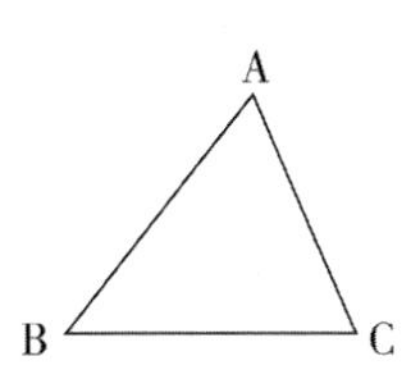

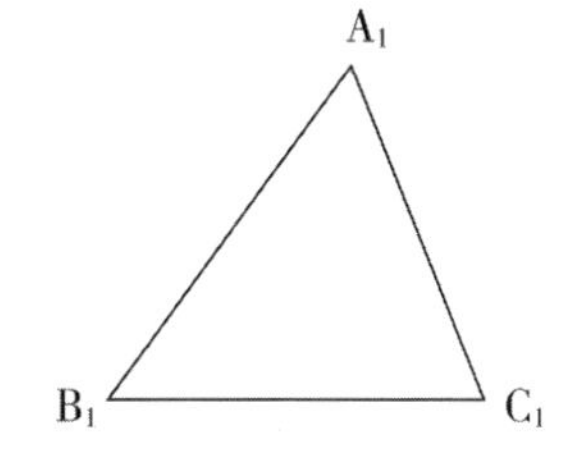

图 5-2　从相似三角形看同与异

如果我们将注意力放在它们的共同点上，就会说："$\triangle ABC$ 和$\triangle A_1B_1C_1$ 形状相同"，或者"$\triangle ABC$ 是小号的$\triangle A_1B_1C_1$"，但如果我们把注意力放在它们的差异上，就会说："$\triangle ABC$ 与$\triangle A_1B_1C_1$ 大小不同"，或"$\triangle ABC$ 比$\triangle A_1B_1C_1$ 小"。

对于"准词缀"和"类词缀"来说也是如此，"准词缀"凸显它和"词缀"间的相似性，如词义虚化、能产、黏着、定位等，而"类词缀"在表示类似的同时，凸显的是它和"词缀"的差异性，如词义尚未虚化等。基于这一识解的差异，我们在主观上才会认为"准词缀"比"类词缀"更接近词缀。

"类 X"在识解上凸显差异性的特征，也能从"类"构词时可以表伪相似性中得到侧面验证。我们在第 4.2.1 节中分析"类"对词基的选择限制时已经指出，"类"的派生词和词基可以是表面相似的异类概念，如"类伤寒、类星体、类人猿"等，这些派生词都没有对应的"准 X"形式，这说明，"准 X"是排斥描述伪相似性关系的。

那么，为什么"准"凸显相似的共同点，而"类"凸显差异呢？

这是因为"准"作名词性词根时有"标准、法则"之意，如"以此为准"，作动词词根时则有"仿效、效法"之意，如"准前例办理"，无论是"标准、法则"还是"仿效、效法"其中都暗含着"A→B"这样的类比关系，类比的依据是事物间的相似性，既然是"仿效"自然应该更关注 A、B 间的共同特征，而不是差异之处，所以当"准"虚化为类词缀时，就继承了词根"准"凸显相似性的特征。而对于类词缀"类"来说，它由词根"类"虚化而来，词根"类"的本义是"种类相似"，我们划分种类的过程实质上就是范畴化的过程，既然范畴化是将不同事物处理为相同的，所以同一种类的成员之间多存在程度不一的各种差异，因此，当"类"成为类词缀之后，同"准"相比，它在表示相似的同时，也会凸显差异性。

5.3　连续 VS. 对立："前" VS. "原"

我们在 4.3 节中分析了时序认知域中"前"和"后"构词时对词基的选择

限制，它们本身语义相反，所以使用时不会发生混用的现象，本节要讨论的是“前”和汉语中另外一个同样经常用在表示身份、职务的人称名词以及国家、地区、机构名前指称过去的语素“原”的区别。

在类词缀“前”的原型义项表示时间的三个语义变体中，除了当“[前[X]$_{\text{Ina. Abs. N.}}$]$_{\text{N.}}$，X为科学术语，表示‘……产生之前的’”如“前工业时代”时，没有对应的“原X”，其他两个语义变体中的绝大多数派生词都有对应的“原X”形式，例如“前奥运冠军－原奥运冠军，前总统－原总统、前国会主席－原国会主席、前单位－原单位”。

对于这一与“前”对应的“原”的性质，学界目前存在两种看法：一是认为它仍是单音节的形容词（陈青松，2010），如《现汉》中将“原”标注为“属性词。原来；本来”；另一种是认为它是由“原来；本来”的语义虚化而来的类词缀（方清明，2012）。

我们认为，“原”与“前”虽然意义相似、分布相同，但它仍然属于形容词性的语素，而非类词缀。“原”与“前”的区别在于：“前”已经发生了再语义化，由空间认知域通过隐喻投射到了时间认知域中；而“原”的本义就是“最初的；开始的”，它现在的义项“原来的”与本义相比，并没有发生去语义化，没有进入语法化的进程中，只是发生了语义的引申。所以我们主张仍把“原”看作组合能力较强的词根。

这里从称呼方便的角度，既然“原”和“前”语义相近并且可以和同一个中心词结合，暂且将它们看作类词缀对项（实际上应该是“类词缀－词根对项”），将它们构成的词也称作派生词对项。上文已经列举了部分“前”和“原”的派生词对项，除此之外，还有“前首相－原首相，前政府官员－原政府官员，前英属殖民地－原英属殖民地”等，这些派生词对项看似同义，实际上在句法共现和语义上都有差别，有时是不能自由替换的。

下面我们以“前总经理－原总经理”为例展开具体分析。胡双宝（2000）、方清明（2012）都指出，当“原/前”所附加的人称名词是因受纪律处分而不在任、牺牲或因意外过世时，常用“原”不用“前”。我们在语料库中检索到的语料也证明了这一点，例如：

2Aa. 被法院判处死缓的中石油原总经理陈同海，每月公款吃喝玩乐金额高达120万元，日均4万元。（DCC）

2Ab. 5月底，东海证券资产管理部原总经理龚小祥也因病去世，年仅39岁。（DCC）

我们在DCC语料库中共检索到带“原总经理”的语料168条，其中有137条中的“原总经理”都是受了处分（135例）或者过世了（2例）的，占总数的

81.5%，而这一比例在带“前总经理”的语料中仅为43.2%。从反面来讲，因为正常原因离职的常用“前总经理”，如：

3Aa. 太合麦田前总经理宋柯至今佩服自己的英明：他在一片红不过三个月的嘲讽声中签下李宇春，然后自己也成了玉米。(DCC)

3Ab. 最后非要见一下当年选中他的火箭队前总经理道森。姚明看上去气色很好，养的不错。(DCC)

以上分析说明，“原总经理”和“前总经理”在句法上的区别在于前者更倾向于同因犯罪或疾病等非正常原因离职的同位语搭配，而“前总经理”的同位语则更倾向于是正常原因离职的。由此表明，“原总经理”在语义上强调离职的非正常性，而“前总经理”则仅强调现在已不担任总经理职务。

“原总经理”和“前总经理”在搭配和语义上的差异是因为说话人识解“卸任的总经理”这一客观事实时采用了不同的视角。“原”和“前”都隶属于时间认知域，我们可以采用不同的方式描述时间：“过去－现在－将来”和“以前－现在－以后”都是将时间看作连续的序列，前者是观察者立足当下，采取“时间右视认知视角”(张建理，2003)，时间迎面向观察者移动过来，此时还没到来的时间是“将来”，已经过去的时间是“过去”；后者也是观察者立足当下，采取“时间左视认知视角”，此时观察者面向过去、背对将来，视线前方为过去，身后为将来；第三种描述方式“原来－现在”则是将时间看作二元对立的概念，与“原来”对立的是“现在”，至于“将来”如何则并不被凸显。

对于“前、原”来说，“前”代表的是“以前－现在－以后”的描述方式，反映说话人的时间左视认知视角，所以对于说话人而言，“前X－X(－后X)”具有时间上的相继性。如果我们说“前总经理”在语义上强调的是他/她曾经是、现在不是“总经理”，仅强调当事人自身职务的变动，不涉及他/她与其他的关系，也不涉及他/她是因为何种原因产生了职务的变动。而“原”则不同，它代表“原来－现在”这一二元对立的描述方式，其中是不涉及“将来”的(或者说“将来”是被隐含在“现在”中)，既然是非此即彼的绝对对立，我们如果说“原总经理”就等于否认了他是“现总经理”，这其中是暗含着“原总经理”和“现总经理”的对立关系的，而既然“原总经理”是被“现总经理”取代的，也自然就涉及被取代的原因(往往是非正常原因)，所以“原总经理”在语义上就强调离职的非正常性，搭配的同位语也多是因非正常原因(受处分、牺牲等)离职的人了。

5.4 小结

本章我们讨论了类词缀对项构词时的识解差异，主要结论如下：

1. 类前缀“不”和“非”反映的是说话人识解同一客观情景时的不同主观态度，前者是评价性的，后者是描述性的，因此在它们构成的派生词对项“不人道”和“非人道”中，“不人道”在语义上存在程度的差异，我们可以说“有点/很/十分/极不人道”；“非人道”则没有程度差异，它除了可以描述人和事物的性质之外，还可以表示动作的性质，除了表示消极义外，也可以表示中性义。

2. 同属区别认知域的类前缀“准”和“类”在被识解时，前者凸显的是相似的共同点，后者凸显的则是相似的差异之处，所以我们才会认为“准X”比“类X”更接近X，如“准词缀—类词缀”。

3. “前”和“原”被识解时则反映了说话人对时间的不同描述方式，说话人识解“前”时采用的是时间左视视角，“以前—现在—以后”是相继关系，所以“前总经理”强调的是当事人过去是、现在不是总经理；而我们识解“原”时，“原来”和“现在”是非此即彼的二元对立关系，所以“原总经理”强调的是当事人与“现总经理”的对立，他的离职往往是由非正常原因如纪律处分、牺牲等导致。

第六章　汉语类后缀构词的语义范畴化

从本章开始我们进入对汉语类后缀构词的研究，本章主要研究汉语类后缀构词的语义范畴化，确定各类后缀的原型义项和边缘义项，并考察这些类后缀在同不同性质的词基结合时产生了哪些语义变体、派生出了哪些词。

由于汉语中的类后缀很多都是表人类后缀，所以我们将按照是否表人的标准将类后缀分为表人类后缀和非表人类后缀两类。在表人类后缀中，根据各类后缀的原型义项，我们又把它们分为表示职业的施事关系类后缀“员、手、师”，表示在某方面有专长的施事关系类后缀“家、帝”，表示对某人某物痴迷的施事关系类后缀“迷、控、狂”等；在非表人类后缀中，则又包括表示抽象领域的“坛、界、圈”，表示类型的“式、型”等。

以上这些类后缀的派生词在词性上都是一致的，例如表人类后缀派生出的词都是名词，表类型的“式、型”派生出的词都是区别词。除此之外，汉语中还有一些类后缀可以构成不同词类的派生词，我们将这些类后缀称为兼类类后缀。汉语中最典型、组合能力最强的两个兼类类后缀是“性”和“化”。本章还将专门分析兼类类后缀构词时的语义范畴化机制，并探索它们产生兼类的原理、动因和制约因素。

6.1　表人类后缀构词的语义范畴化

汉语类后缀绝大多数都是表人的类后缀，它们表示的实际上是一种施事关系，所以从大的认知域来说，它们都可以被归并到施事关系认知域中。所谓施事关系认知域(the domain of agenthood)指的是“标记某人或某物产生某种影响的角色的知识框架”(Hamawand，2011：160)。在施事关系认知域中，根据语义的差异，汉语的类后缀又可以被划分到不同的下位认知域中，以下将具体分析这些不同的施事关系认知域中各类后缀构词的语义范畴化。

6.1.1　职业认知域中类后缀构词的语义范畴化：“－员、－手、－师”

在表施事关系的类后缀中，有很大一部分都是表示职业的，例如“员、手、师”等可以构成表职业的名词“快递员、排球手、设计师”，我们将它们所在的认知域称为表职业的施事关系认知域，简称职业认知域。

6.1.1.1 “员”构词的语义范畴化

我们在国家语委和DCC语料库中共检索到“员”的派生词326个。在这326个派生词中，“员”的原型义项是表示“工作的人”，根据词基的不同，“员”在这一义项下又产生了以下四种语义变体：

1. $[[X]_{Act.\ V.}$ 员$]_{N.}$，表示“以X为职业的人”，“X员”是X的施事，共229个词。例如“保洁员”是从事保洁工作的人，“出纳员”即从事出纳工作的人，“放映员”即进行放映工作的人。此外还有“监督员、扳道员、保育员、播音员、查票员、车管员、发售员、飞行员、分拣员、护林员、稽查员、计时员、检票员、联络员、售票员”等。

在这些派生词中，X常常同时含有动词(V.)和受事(O.)，如“护林员、记账员、电力抢修员、纪律检查员”等，存在“V. O. 员”和“O. V. 员”两种不同的语序：

若V.和O.均为单音节词根，两种语序都存在，“V. O. 员”的例子如“查票员、打字员、发报员、护林员、计时员、记账员”；“O. V. 员”的例子如“车管员、房管员、库管员、质检员”等。总体来说，以“V. O. 员”居多，“O. V. 员”数量有限。

当V.和O.均为双音节词根时，受事成分则只能位于动词词根前，即“O. V. 员”成立，而“* V. O. 员”不成立。例如，我们只能说“电力抢修员”，而不是“*抢修电力员”；只能说“工商管理员”，而不是“*管理工商员”；只能说“纪律检查员”，而不是“*检查纪律员”。

有不少学者都将“员”的这种含动词词根的派生词纳入合成复合词的范围(这里暂且搁置“X员”是类词缀派生词还是复合词的争议)，讨论其生成机制(已经在第1.2.4.2节“基于形式主义的类词缀研究”部分作过介绍)，但是对于不同语序的产生原因至今仍未达成一致，目前来看，主要有以下几种解释(这里重点介绍双双式O. V. X的成因)：

(1) 韵律原因。如Duanmu(1997，转引自周韧，2006)认为合成复合词的深层语序都是V. O. X，但“左重”和“辅重”原则触发了宾语O.的前移；冯胜利(2004)也指出汉语中的构词形式是左起音步，动宾短语则是右起音步，“粉碎纸张机”这样的词语之所以不合法，是因为其中的构词音步是右向(X机)，而动宾短语音步是左向(V. O.)，二者互相抵制不合法，于是就需要将宾语移至动词左边的附加位置上。对于“*抢修电力员、*管理工商员、*检查纪律员”来说也是如此，它们作为派生名词，必须具有右向音步的构词形式，而其中的词基“抢修电力、工商管理、纪律检查”等都是动宾形式，必须左向，于是构词法和句法就互相抵触了，那么如果想要产生合法形式，就必须将受事宾语提至动词前来消除这种音步上的矛盾，“电力抢修员、工商管理员、纪律检查员”就由此形成了。

不过这一说法适用于“员”，但却无法解释其他类词缀如“者”可以派生出“V. O. 者”（“传播病毒者、开创事业者、符合规定者”）的原因。另外正如周韧（2006）所说，这一说法也无法解释其他语言类型中“O. V. X”的成因。

(2) 去动词化的结果。周韧（2006）考察了不同语言中的合成复合词语序，发现双双式 O. V. X 是共性，而它之所以存在是因为在转换生成语言学中复合词里不能含有短语，因此 O. V. X 中的 V. 必须提升至一个“－V.”的节点下，变成名词，汉语同样也是如此，动宾颠倒（“汽车修理”）之后动词性强名词性弱。石定栩（2002）、董秀芳（2006/2016）也都强调 O. V. 结构中的 V. 已经名词化了，董秀芳（2006/2016）指出合成复合词（董文称定中复合词）的定语部分必须是名词性成分，双双式动宾结构只能通过改变语序的方式名词化，因此只能是“O. V. X”。

这一说法也能很好地解释“O. V. 员”的形成，但与韵律解释存在的问题类似，它在另一种语序如“V. O. 者”的成因上欠缺一定说服力。周韧（2006）和董秀芳（2006/2016）都指出 V. O. X 构成的词多是法律上的罪名，如“走私毒品罪”“拐卖儿童罪”等，董秀芳认为它们之所以存在是因为表义需要，有些罪名很长采用 O. V. 格式会造成理解上的困难，但这一说法并不能很好地解释“普度众生者”“符合规定者”的形成。

(3) 核心靠近。周韧（2006）认为 O. V. X 语序的形成除了是去动词化的结果外，在功能上同时受核心靠近原则的制约，X 是整个复合词的核心，V. 是 V. O. 的核心，上位核心 X 和下位核心 V. 要紧邻，不能被 O. 分开。程工（2005）的看法与周韧（2006）有一定相通之处，他在分析“O. V. 者”语序的成因时，认为是形态的要求造成词缀“者”需要紧邻动词出现。

这种解释方式与认知语言学上的认知距离似有异曲同工之妙。在认知上来讲，动作的施事是以动词为中介与受事进行联系的，以“员”为例，与“员”之前的受事 O. 相比，“员”（施事）与 V. 的认知距离更近，因此在构词时和它结合得也更紧密，动作的受事只能被移到动词词根前出现，形成“O. V. 员”语序。

这一说法如同(1)(2)一样，只能解释 O. V. X 的形式出现，无法解释 V. O. X语序出现的原因。

(4) 表泛称的需要。何元建（2004）曾经指出，V. O. X 与 O. V. X 在指称方面存在明显区别：V. O. X 可以表示特指，O. V. X 一般都是泛指。这一区别可以解释为何存在双双形式的“V. O. 者”，却没有双双形式的“V. O. 员”，因为“－员”表示职业名，是一种泛称，因此跟表示泛指的 O. V. X 序列更适配，而“－者”只是一种临时的身份，自然既可以表示泛称，也可以表示特指，因此就可以兼容和“O. V. 者”和“V. O. 者”两种形式。

(5) 语体时空特征的制约作用。施春宏(2020[①])从语法时空(具时空、泛时空、超时空)的角度尝试对整个合成复合词系统(包括各种音节数量、语序的合成复合词)的合法性、合用性做出统一的解释,提出 O. V. 具有泛时空性,V. O. 仍具有一定的具时空性,同时在音节数量影响语体特征对立(“修－修理”)的情况下,单音节成分具有具时空性,双音节成分具有泛时空性,因此双双式 O. V. X 无论是 O. V. 整体,还是双音节的 O. 和 V. 构件都具有泛时空性,是开放的(其他类型的合成复合词是整体时空性和构件时空性博弈的结果)。

施文从语体语法的角度对生成复合词系统的生成机制做统一的解释,这是他与前几种解释方案的最大不同,十分新颖。但因为目前还未见到正式的论文发表,有些分析我们不好妄加评判,如解释单单式 O. V. X(“雨刮器”)时提到只有两个用例且来源不明(极特殊),但实际上我们发现它在类词缀“员”的派生词中还是有一定数量的用例的,并非特例,如“车管员、房管员、库管员、质检员”等。如果说单单式 V. O. X 是无标记的,为何在这种情况下会出现 O. V. X 仍值得进一步讨论,从报告来看,施文提出的分析框架似乎并未对此做出很好的说明。

大多数学者在解释单音节 V. 和 O. 构词更常以“V. O. X”语序出现的原因时都是从韵律因素着眼,如何元建(2004:230),程工、周光磊(2015)都认为此时 V. O. 是“通过模式联体记忆进入词库成为词根”,也就是说它们已经成为高度融合的韵律词了,更会进一步形成词汇阻断,从而限制“O. V. X”形式的产生。

2. $[[X]_{N.}员]_{N.}$,表示“负责 X 所表概念的工作的人”,X 是“X 员”工作的内容,共 58 个词。如“乘务员”是在公共交通工具上从事乘务工作的人,“警卫员”是从事警务工作的人,“情报员”是从事情报工作的人。此外还有“安全员、报务员、裁判员、炊事员、程序员、交通员、货运员、快递员、卫生员、物价员、线路员、信息员、营养员、邮电员”等。

在这一类派生词中,“员”的虚化程度也存在内部差异。根据我们的统计,共有 9 个派生词中的“员”即使删去也不影响词义,包括“裁判员、公安员、教练员、警卫员、司令员、文书员、助理员”等。这些词中的“员”的虚化程度较其他词更高,此时“员”的作用是标记语体和词性,例如与“司令”相比,“司令员”更为正式,常在书面语体中出现。

---

① 引自施春宏教授在“第二十一次现代汉语语法学术讨论会暨纪念朱德熙先生百年诞辰学术讨论会”(北京,2020)上所做大会报告“合成复合词系统的生成机制研究”。

3. $[[X]_{N.}$ 员$]_{N.}$，X 表示工作地点，派生后表示“在 X 工作的人”，共 7 个词。如“店员”指在商店工作的人，即营业员，“列车员”指在列车上工作的人，“船员”指在船上工作的人。此外还有“关员、海员、轮船员、场员”。

4. $[[X]_{NPA.}$ 员$]_{N.}$，表示“具备 X 所表性质的工作人员”，此时 X 为区别词，表示“X 员”工作的性质，共 2 个词。“后备员”是指后备的工作人员，“直属员”则是指直属的工作人员。

除了表示某一类人之外，“员”的边缘义项为表示某组织的成员，其派生规则为“$[[X]_{N.}$ 员$]_{N.}$”，其中 X 仅限于“党、队、委、团、盟、社、组”等概括性的组织名，或者以“党、队、团、委”结尾的具体的组织名，共 30 个词，如“党员、团员、会员、盟员、科员、社员、组员、赤卫队员、少先队员、游击队员”等。

类词缀“员”由词根“员”发展而来。词根“员”的本义为“物数也”(《说文》)，后意义扩大为“官员的定额”，如在“愿君即以遂备员而行矣”(《史记·平原君虞卿列传》)中“备员”为动宾结构，指“充数，凑数”之意，此处为自谦之词。以“官员的定额、人员的数量”这一意义为基础，借由转喻机制，“员”引申出“官员、官吏”之意，如“在京诸司官员，久不请俸，颇闻艰辛”(《减租税诏》，《全唐文》卷 46)。清朝时，“议员”一词从日本传入①，组配范围的扩大为类词缀“员”的产生奠定了基础。新中国成立后，伴随着新职业的出现和行业分工的进一步精细化，当指称人的词根“员”位于限定工作范围的名词、动词或区别词后，“员”的意义产生了明显类化，如“乘务员、售货员、宇航员”等，类词缀“员”也就由此形成了。

6.1.1.2 “手”构词的语义范畴化

我们在国家语委和 DCC 语料库中共检索到“手”的派生词 119 个。在这 119 个派生词中，“手”的原型义项是表示“精通某种技能或做某种事的人”，根据词基的不同，“手”在这一义项下又产生了五种语义变体：

1. $[[X]_{Ina.\ Con.\ N.}$ 手$]_{N.}$，X 表需要动手操作的表物名词，如机械、乐器等，派生后表示“以操作 X 为职业的人”，共 53 个词。如“大提琴手”指的是乐团中拉大提琴的人，“火炬手”是指奥林匹克运动会中负责传递圣火火炬的人，“机枪手”是部队中专门负责操作机枪的人。此外还有“鞭炮手、车手、刀斧手、舵手、缝纫机手、鼓手、弓弩手、号手、枪手、箭手、棋手、球手、唢呐手、推土机手、挖掘机手”等。

在这类派生词中，人的手是操作词基所表事物的工具，例如“棋手”需要

① 据史有为(2019：1326)考证，“议员”一词在汉语中最早见于 1878 年何如璋所写《使东述略》，如“三院者：……曰元老院，掌邦议者也，上下各议员隶之”。

用手下棋，“大提琴手”用手拉大提琴，“舵手”也是用手掌舵，也就是说，这类词中的“手”仍与“手”的本义“人体上肢前端能拿东西的部分”（《现汉》）有十分密切的联系。

2. $[[X]_{Ina.N.}\text{手}]_{N.}$，X为非表物名词，派生后表示“精通X所表概念或从事X相关工作的人”，共9个词。这类派生词的词基与“手”的本义无关，“手”的语法化程度比上一类更高。例如“歌手”是“擅长歌唱的人”（《现汉》），“管乐手”是演奏管乐的人。此外还有“船歌手、民歌手、山歌手、工程手、鼓乐手”等。

3. $[[X]_{Act.V.}\text{手}]_{N.}$，表示“以X为职业的人”，强调擅长和职业性，共54个词。如“爆破手”是指执行爆破工作的人，“快攻手”指在球队中擅长快攻的人，“猎手”指从事打猎职业的人或指打猎有专长的人。此外，还有“扒手、操盘手、冲浪手、吹鼓手、打手、发射手、拦网手、买手、强攻手、赛车手、射手、削球手、驭手、主攻手、助手、掷弹手”等。

4. $[[X]_{Ani.N.}\text{手}]_{N.}$，X为表人名词，派生后仍然表示该类人，共3个词。这类派生中的“手”进一步虚化，接近词缀，删去后不影响词义的理解，起标记词性的作用。如“刽子手”即刽子①，指“旧时执行死刑的人”（《现汉》）；“骗子手”即骗子，指“骗取财物、名誉的人”。

除了以上这四类，“手”还常常可以附加在形容词性的单音节词根后，不表示职业，而表示具有特殊性质的一类人，如“高手、好手、妙手、圣手、名手、辣手”等，我们不将这类词中的“手”看作类词缀，因为它们的产生时间往往较早并且都是单个产生的，如“高手”在六朝时就已产生（“风流调达，实旷代之高手”《全梁文》），此时“手”的意义还很实在，“X手”仍为表态度品性的定中式复合词。②

类词缀“手”的形成是词根“手”语法化的结果。词根“手”的本义为“人体上肢前端能拿东西的部分”，“手”作为人体不可缺少的组成部分，属于人体的显著性特征，经过主体的认知凸显，就可以转喻整体“人”。因此，六朝时“手”就有了表人之意，如“弓弩手、高手”，但此时“手”的意义还比较实在，后来随着使用范围的扩展，“X手”由“弓弩手”扩展到更多的“武器名＋手”，到了明朝时，就可以稳固地表示各种职业名（与军队相关），意义出现了类化，类词缀“手”由此产生。

---

① “刽子”在古代汉语里即表示负责杀人的人，如“因召刽子，令每日执剑待命于庭下”（司马光《涑水记闻》卷十一）。

② “高手”“绝手”“佳手”等都产生于六朝时期但用例极少，当为“X手”整体发生转喻指人的结果，经过发展，直到明朝时“手”可以广泛地用于武器名（“炮手”“佛狼机手”）和军队用具名后（“旗手”“缭手”），类词缀“手”才真正形成（张未然，2022）。“新手”“老手”则是翻译自英语“new hand”和“old hand”，也不是类词缀“手”通过类推派生出来的。

6.1.1.3 “师”构词的语义范畴化

我们在国家语委和 DCC 语料库中共检索到“师”的派生词 85 个，补充前人文献(汤志祥，2001：149－164)中收录但语料库中未出现的词 2 个，共计 87 个词。

在这 87 个派生词中，“师”的原型义项是表示“掌握专门学术或技艺的人”，根据词基的不同，“师”在原型义项下又产生了以下两种语义变体：

1. $[[X]_{Ina.N.}$ 师$]_{N.}$，派生后表示从事 X 相关工作的人，X 代表“X 师”的工作内容，共 50 个词。如“工程师”是指“能独立完成某项工程或技术设计的专门技术人员”①，“工程”是“工程师”的工作内容；“面包师”是指专门做面包的人，“医师”是指从事医务工作的人。此外还有，“律师、禅师、地质师、风琴师、服装师、工艺师、鼓师、机械师、技师、乐师、美术师、魔术师、琴师、舞师、阴阳师、营养师”②等。

2. $[[X]_{Act.V.}$ 师$]_{N.}$，X 为动作动词，派生后表示“以 X 为职业的人”，“X 师”为 X 的施事，共 37 个词。如“按摩师”指的是以按摩为职业的人，“理发师”指以理发为职业的人，“设计师”是从事设计的人。此外还有，“裁缝师、畜牧师、催乳师、化妆师、建筑师、康复师、麻醉师、统计师、育婴师、驯兽师、照相师、置景师、捉妖师、咨询师”等。

在现代汉语中，“师”在表示一类人时，除了可以表示掌握某种专门技艺或学术的一类人，还有“老师”之意，如“大师、导师、讲师、名师、恩师”等，有学者将这一类“师”也定性为类词缀(陈光磊，1994：23－25；汤志祥，2001：149－164)。我们认为，表示“老师”义的“师”并非类词缀，而是词根。虽然在现在汉语中表“老师”义的“师”也有黏着性，不能独立成词，但它并不具备类词缀所要求的定位性。“师”位于词首的例子有“师德、师门、师长、师徒关系”等，这些词中的“师”与“导师”中的“师”一样，都为“老师”之意。

类词缀“师”是由表示“老师”的词根“师”发展而来的，老师是传授某种知识技术的人，因此往往具有学术上的专长，当这一特点扩展至其他领域时，“师”由此引申为表示在某些技艺或领域具有专长的人，类词缀“师”就形成了。

6.1.2　专长认知域中类后缀构词的语义范畴化：“－家、－帝”

除了表示职业的类词缀，汉语中还有一类类词缀可以表示在某一方面有

---

① 释义引自郝迟、盛广智、李勉东主编《汉语倒排词典》(黑龙江人民出版社，1987)，“工程师”还有一个义项为“技术干部的职称之意”。

② “厨师、篙师”这样的词中“师”没有派生性，不能类推，我们不算在内。

专长的人，如“钢琴家、歌唱家”中的“家”，“数学帝、自拍帝”中的“帝”，“学霸、麦霸”中的“霸”。我们将它们所在的认知域称为表专长施事关系认知域，简称专长认知域。

6.1.2.1 “家”构词的语义范畴化

我们在国家语委语料库中共检索到“家”的派生词 310 个。在这 310 个派生词中，“家”的原型义项是表示“在某方面取得一定成就的人”。根据词基的不同类别，“家”在原型义项下又产生了以下三种语义变体：

1. $[[X]_{V.}$ 家$]_{N.}$，X 为非贬义自主性述人动词，派生后表示“在 X 所示动作行为上取得了一定成就的人”，共 86 个词。如“歌唱家”是指在歌唱方面取得了一定成就的人，“翻译家”是在翻译方面有所成就的人，“收藏家”指的是“从事某些物品（如书画、古玩、邮票等）收藏，具有相当数量藏品，并具有一定研究能力的人”[①]。此外还有“藏书家、出版家、创新家、创作家、作家、发明家、改革家、革新家、管理家、绘画家、鉴赏家、交际家、考据家、理财家、批评家、设计家、实践家、探索家、演奏家、舞蹈家、指挥家、作曲家”等。

非自主性的述人动词不能充当“家”的词基，如“＊爆发家、＊进化家、＊得手家、＊出产家”等都是不成立的，我们认为这是因为“家”表示在某一方面取得一定成就的人时，带有较强的主观能动性，如“藏书家、出版家、创作家”中的“藏书、出版、创作”都是要求充分发挥主体的主观能动性的活动，而非自主性动词表示的是“动作行为者不能自由支配的动作行为”（马庆株，1988），这与“家”的主观能动性的特征是不相符的，因此不能充当它的词基。

贬义的述人动词也不能充当“家”的词基，既然“家”表示在一定方面取得一定成就的人，其本身是带有褒义色彩的，贬义的述人动词与此矛盾，所以无法与“家”结合。

2. $[[X]_{N.}$ 家$]_{N.}$，X 为学科名，表示“从事 X 所示学科的专家”，共 118 个词。如“哲学家”即哲学领域的专家，“军事学家”即军事学领域的专家，“美学家”即研究美学的专家。此外还有“病理学家、大气学家、动物学家、法学家、海洋学家、汉学家、考古学家、历史学家、民俗学家、天文学家、物理学家、文字学家、修辞学家、药物学家”等。

这一类“家”在派生时是有生成周遍性的，凡是存在的学科名，都有对应的“—学家”。

3. $[[X]_{Ina,\ N.}$ 家$]_{N.}$，派生后表示“在 X 所示方面取得一定成就的人”，X 为“X 家”所擅长的对象，共 98 个词。如“钢琴家”指在（弹奏）钢琴方面很擅

① 释义引自阮智富、郭忠新编著《现代汉语大词典》（上海辞书出版社，2009）。

长的专家，“教育家”指从事教育活动的专家。此外，还有“版画家、工业家、思想家、活动家、理论家、谋略家、魔术家、权谋家、社会活动家、书法家、数理逻辑家、天文家、音乐家、银行家、政论家”等。

除了表示在某一方面取得一定成就的人之外，类词缀“家”还有一个边缘义项，表示专门从事某种不好的活动的人，包括以下两种语义变体：

1. $[[X]_{V.}$ 家$]_{N.}$，X为贬义类自主动词，派生后表示专门从事词基所示活动的的人，共6个词。如“投机家”指进行投机活动的人，“空谈家”指空谈的人。此外还有“鼓动家、幻想家、空想家、说梦家”。

2. $[[X]_{Abs.\ N.}$ 家$]_{N.}$，X为贬义抽象名词，派生后表示在X所示方面有不当追求的人，共2个词。“野心家”即野心很大、权欲极强的人，“阴谋家”指擅长玩弄阴谋的人。

从历时语料来看，“家”的语法化过程较为复杂，其在古代汉语和现代汉语中的用法也并不完全一致。“家”的本义为住所，《说文》中释为“家，居也”，如“之子于归，宜其室家”（《诗经·桃夭》）。“家”最早产生的引申义为“诸子之流派”，如“法家、名家、墨家”等，有学者（张煌续，1987）提出这一意义产生于公元前2世纪左右，首见于《论六家要旨》：“法家严而少恩，然其正君臣上下之分，不可改矣。名家使人俭而善失真，然其正名实，不可不察也”，虽然正如蒋伯潜（2010：9）所说此时“始有家名”，但据我们观察，“家”更早时就已经出现了诸子流派义，如“百家之说，不及后王，则不听也”（《荀子·儒效》），此时“家”的意义仍然非常实在，属于词根。至汉朝时，“家”的诸子流派义产生了词义的扩大，各职业或者行业派别也可以用“家”，如“除故盐铁家富者为吏”（《史记·平准书》）、“子钱家以为侯邑国在关东，关东成败未决，莫肯与”（《史记·货殖列传》）；在此基础上，“家”进一步发生了转指，一方面用来指称从事某行业的人，如“农家、渔家、陶家”，另一方面用来指称在某行业有专长的人（往往是学业技术领域），如“上尝使诸数家射覆”（《汉书·东方朔传》）中的“数家”指的是中国古代擅长术数的人，此时“家”已经接近现代“数学家”中的“家”了。大概到了唐宋之时，能够指称在某方面有专长的“家”就比较常见了，如“乐家”[“如乐家所用，则随律命之”（《梦溪笔谈》）]、“书家”[“颜刑部书家者流，精极笔法，水镜之辨，许在末行”（《怀素自叙帖》）]、“画家”[“每瓦一枝，正如画家所为折枝，有大花如牡丹、芍药者”（《梦溪笔谈》）]等。只不过，由于古代和现代学科划分不同，后来有些词被替换或进一步分化，如“术家”分化为“天文学家、历法学家”等。另外，古代汉语中“家”在成为类词缀后还进一步发生了语义的虚化，成为词缀，如一种用法是用在口语中表类指的表人名词后，宋元时期即已出现“姑娘家、老人家、后生家、妇人家”等，另一种用法是用在医学类术语中,如“胃家、肝家”,两类“家”均没有具体意义,后一类“家”在现代汉语中已经消失了。

6.1.2.2 “帝”构词的语义范畴化

鉴于“帝”是近十年来新兴的类词缀,且多用于口语体中,我们在 BCC 语料库收录的微博语料中进行了检索,最终在检索出的前 1000 条语料中筛选出 132 个“帝”的派生词。在这 132 个派生词中,“帝”的原型义项为“在某方面非常擅长的人”。根据词基的不同类别,类词缀“帝”在这一原型义项下共产生了以下三种语义变体:

1. $[[X]_{N.}$ 帝$]_{N.}$,表示“在 X 所示方面很擅长的人”,共 53 个词。例如“表情帝”意为擅长做夸张搞笑的面部表情的人,“数学帝”指数学非常好的人,“细节帝”指特别关注细节或者在细节上做得很好的人。此外还有“宝马帝、道具帝、电影帝、合照帝、广告帝、睫毛帝、口型帝、内涵帝、情绪帝、日语帝、英语帝、速度帝、社交帝、手工帝、纹身帝、毅力帝、演技帝、真相帝、资源帝、作业帝、数据帝”等。

2. $[[X]_{V.}$ 帝$]_{N.}$,表示“特别擅长做 X 所示行为的人”,X 常是日常行为,带有很强的口语性,共 55 个词。例如“爆料帝”意为擅长爆料的人,“假笑帝”意为擅长假笑的人,“纠结帝”意为做事情特别容易纠结的人。此外还有“八卦帝、变脸帝、打包帝、嘚瑟帝、懂球帝、改造帝、感化帝、假摔帝、进步帝、空翻帝、冷场帝、立志帝、练摊帝、励志帝、猫控帝、盘腿帝、咆哮帝、漂移帝”等。

3. $[[X]_{A.}$ 帝$]_{N.}$,表示“在 X 所示性质方面程度极高的人”,共 24 个词。如“傲娇帝”意为非常傲娇的人,“淡定帝”意为(遇见事情时)非常淡定的人,“谦虚帝”指非常谦虚的人。此外还有“霸气帝、暴躁帝、迟钝帝、纯洁帝、腹黑帝、孤独帝、寂寞帝、闷骚帝、肉麻帝、猥琐帝、凶残帝、潇洒帝、优越帝、专一帝、自信帝”等。

与“X 家”多表示正向的、积极性的成就不同的是,类词缀“帝”虽然也表示在某方面有专长,但常带有自嘲和戏谑的语气。这一点主要来自词基和“帝”语义的不适配性。词根“帝”的本义是古代一种祭祀上天或宗庙的仪式(“帝,谛也”《说文解字》),后假借为帝王的“帝”,这也是词根“帝”最常用的意义。帝王往往意味着至尊,也常与权威、杰出、超常相联系。因此,类词缀“帝”除了表示在某方面有专长外,还意味着这种专长是超出常人的,甚至是常人难以企及的,例如“数学帝”的数学水平一定是非常突出的,但是,通过上文的分析,不难发现与“帝”结合的词基 X 多是与日常生活密切相关的普通成分,因此当“帝”这种异于常人的“突出”之意附加在某些日常生活中的普通方面、普通行为甚至是反常方面和行为时,就会导致 X 和“帝”意义的不适配，自然会产生调侃、戏谑的言外之意。

在专长认知域中，除了构词能力很强的“家”和近年来产生了不少新词的“帝”，还有另外一个类词缀“霸”。它们虽然都表示在某些方面特别擅长，但在原型义项和可结合的成分上略有差异。类词缀“霸”由表示“强横无理、仗势欺人的人”的词根“霸”发展而来，后者如“恶霸、狱霸、路霸”等，与词根“霸”带贬义不同的是，类词缀“霸”已经没有贬义色彩了，只是表示在某些方面特别擅长，目前能产性并不高，只能和单音节词基结合，例如“学霸”为特别擅长学习的人，“麦霸”是指特别擅长唱卡拉 OK 的人。目前来看，“帝”和“霸”这样新兴的类词缀仍然还处于刚刚从词根发展而来的阶段，未来随着使用频率的增加，可能会成为稳固的类词缀，也可能会产生新的语义变体。

6.1.3　痴迷认知域中类后缀构词的语义范畴化：“－迷、－控、－狂”

汉语中有些指人类词缀可以专门用来指称对某方面有特别喜好的人，例如“迷、控、狂”等，我们把它们所在的认知域称为表痴迷的施事关系认知域，简称痴迷认知域。

6.1.3.1 “迷”构词的语义范畴化

我们在国家语委和 DCC 语料库中共检索到“迷”的派生词 70 个，补充前人文献（汤志祥，2001：149－164）中收录但语料库中未出现的词 4 个，共计 74 个词。

在这 74 个派生词中，“迷”的原型义项是表示“对……痴迷的人”，具体来说包括以下几种语义变体：

1. $[[X]_{Ani.N.}$迷$]_{N.}$，X 为有生的表人或动物名词，派生后表示“痴迷于某人或某种动物的人”，X 是“X 迷”痴迷的对象，共 8 个词。如“哈利波特迷”即痴迷于哈利波特的人，“狗迷”是指喜欢狗已经达到了痴迷程度的人，此外还有“杰克伦敦迷、老婆迷、熊猫迷、武侠迷、官迷”等。

2. $[[X]_{Ina.N.}$迷$]_{N.}$，X 为无生的事物或抽象概念，派生后表示“痴迷于某种事物或某种抽象概念的人”，共 63 个词。词基为具体事物的例子如“车迷”为痴迷于车的人，“海洋迷”为痴迷于海洋的人，此外还有“博物馆迷、古董迷、剑迷、书迷、扑克迷、面人迷、棋迷、铁路迷、自行车迷、足球迷、芭蕾舞迷、大戏迷、电影迷、歌迷、相声迷、舞迷”等。

词基为抽象概念的例子如“汉语迷”即痴迷于汉语的人，“艺术迷”即痴迷于艺术的人。类似的例子还有“体育迷、数学迷、技术迷、科学迷、音乐迷”等。从语义类别来看，充当“迷”词基的抽象名词以表示领域（如“体育、音乐、科学”）和知识（如“数学”）的名词为主，其他语义类别的抽象名词充当词基的仅有 2 个词，如“道德迷、股份制迷”。表度量类（如“功率、长度”）、疾病类（如“感冒、癌症”）、情感类（如“爱情、仇恨”）的抽象名词都不能与“迷”结合。

我们认为，“迷”的词基以领域类和知识类抽象名词为主的原因在于该类名词具有知识性，容易吸引人的注意并使人痴迷，而表示度量、疾病和情感的名词不具备这些特点，所以不能充当“迷”的词基。

3. $[[X]_{\text{Act. V.}}$迷$]_{\text{N.}}$，X 为动作动词，派生后表示“痴迷某种行为的人”，共 3 个词。如“集邮迷”意为痴迷于集邮的人，“开会迷”即痴迷于开会的人。

类词缀“迷”是由词根“迷”发展而来的。“迷”的本义为“分辨不清，失去判断能力”（《现汉》），如“迷了路、迷了方向”等，由此引申出痴迷义，后边可直接加宾语构成动宾结构，如“他迷上了武侠小说”，后来“迷”又进一步转指迷恋事物的主体，据翟甜、孟凯（2013）的统计，“迷”在宋代即可指称对某事物极度痴迷的人，如“赵纯节性喜芭蕉，凡轩窗馆宇咸种之，时称为蕉迷”（陶穀《清异录 · 蕉迷》）。最后经过类推作用，“迷”构成的派生词越来越多，可附加的词基范围也越来越广，类词缀“迷”就形成了。

6.1.3.2 “控”构词的语义范畴化

“控”属于现代汉语中新兴的表痴迷义指人类词缀，《现汉》（第 7 版）中尚未收录这一义项，我们在国家语委语料库中也未检索到类词缀“控”的用例。由于目前它主要在年轻人和网络中流行，所以我们在 BCC 语料库中的微博语料进行了检索，最终在前 5000 条以“控”结尾的词中共筛选出 215 个“控”的派生词。可见“控”的产生时间虽然不长，但能产性很高。经过统计，我们发现，在这 215 个派生词中，“控”的原型义项是表示“对……有特别喜好的人”，其下又包括以下几种语义变体：

1. $[[X]_{\text{Ani. N.}}$控$]_{\text{N.}}$，X 为有生的表人或动物名词，派生后表示“痴迷于某人或某种动物的人”，X 是“X 控”痴迷的对象，共 29 个词。例如“美女控”是特别喜欢美女的人，“熊猫控”是特别喜欢熊猫的人，类似的还有“正太控、本山大叔控、警察控、妹控、兔子控、轻松熊控”等。

2. $[[X]_{\text{Ina. N.}}$控$]_{\text{N.}}$，X 为无生的具体事物或抽象概念，派生后表示对某种事物或概念非常痴迷的人，X 同样表示“X 控”痴迷的对象，共 179 个词，其中又尤以词基是具体事物的词为多，共 165 个词。词基为具体事物的例子如“草莓控”指特别喜欢草莓的人，“波点控”是特别喜欢波点的人，此外还有“布丁控、背心控、蛋糕控、电子产品控、番茄控、粉色控、戒指控、酒窝控、咖啡控、军装控”等。

词基是抽象概念的派生词如“大男子主义控”指非常崇尚大男子主义的人，“时尚控”指痴迷于时尚的人，类似的例子还有“温情控、高音控”等。

3. [[X]$_{\text{Act. V.}}$ 控]$_{\text{N.}}$，X 为动作动词，派生后表示“痴迷某种行为的人”，共 5 个词。例如“嘟嘴控”指特别喜欢嘟嘴的人，“逛街控”指特别喜欢逛街的人，此外还有“吃饭控、翻译控、喝水控”。

4. [[X]$_{\text{A./NPA.}}$ 控]$_{\text{N.}}$，X 为形容词或区别词，X 并非表示“X 控”的性质，而是仍然表示“X 控”痴迷的对象，共 2 个词，例如“高清控”是指对高清的画质有特别爱好的人，“变态控”则是痴迷于变态行为的人。这一类构词模式极不能产，我们也可以将其中的 X 看作已经指称化了的。

据部分研究者的考察，“控”表“对……痴迷的一类人”的用法最初产生于 ACG（动、漫、游）领域，是音译自日语中的“コン（con）”，而日语中的“コン（con）”则是对英文“complex”（有“变态心理；夸大的情绪反应”之意）中前缀“com-”的音译（陈海峰，2009；代青霞，2010；曹春静，2011；曹铁根、莫伟勇，2012）。

受 complex 表示“变态心理”的影响，类词缀“控”最初带贬义，如“萝莉控”是指“对未成年少女有特殊兴趣的人”[①]，类似的还有“妹控、正太控、大叔控、女仆控”等。后来随着使用频率的增加，“控”的搭配范围逐渐由人扩大至物和抽象概念，贬义的感情色彩也逐渐变得中性化，例如“蛋糕控”指非常喜欢蛋糕的人，“背影控”指痴迷于别人的背影的人。

6.1.3.3 “狂”构词的语义范畴化

类词缀“狂”也属于产生时间较晚的类词缀，产生时间应晚于“迷”，早于“控”。我们在国家语委和 DCC 语料库中共检索到“狂”的派生词 107 个，经过统计分析，我们发现“狂”的原型义项为“对……极度痴迷的人”。与类词缀“迷”和“控”相比，“狂”所表示的痴迷程度更高，具体来说，它的原型义项又包括以下几种语义变体：

1. [[X]$_{\text{V.}}$ 狂]$_{\text{N.}}$，X 为动作动词或心理动词，派生后表示极其痴迷于某种行为的人，常含贬义，共 73 个词。词基为动作行为的例子如“操纵狂”指特别喜欢操纵别人的人，“窥视狂”指有窥视癖好的人，“破坏狂”指特别喜欢破坏的人，此外还有“被害妄想狂、购物狂、结婚狂、加班狂、虐杀狂、泡吧狂、迫害狂、杀人狂、偷拍狂、相亲狂”，以上这些例子均含贬义。也有少量不含明显贬义的，如“运动狂”指痴迷于运动的人，“模仿狂”指痴迷于模仿的人，不过由于“狂”表示极强的痴迷，所以这些词也往往有不太正常之意，如“运动狂”热爱运动可能已经到了废寝忘食的地步，类似的例子还有“冒险狂、考据狂、读书狂、得分狂”等。

---

① 释义引自宋子然主编《100 年汉语新词新语大辞典》（上海辞书出版社，2014）。

词基为心理动词的例子如“自恋狂、担心狂”，同样表示痴迷于某种心理。

2. $[[X]_{N.}$ 狂$]_{N.}$，X 常是具体名词，偶尔是抽象名词，派生后表示“极其痴迷于某物的人”，也常带贬义或带有不正常之意，共 29 个词。例如“色情狂”表示极其痴迷于色情的人，“名牌狂”表示非常痴迷于名牌的人，“事业狂”表示非常痴迷于事业的人。此外还有“家暴狂、科技狂、梦想狂、物质狂、娱乐狂、嘻哈狂”等。

3. $[[X]_{A.}$ 狂$]_{N.}$，X 为贬义性质形容词，“X 狂”表示具有 X 性质的人，而且 X 的程度很高，甚至到了一种病态的程度，共 5 个词。例如“执拗狂”指称极其执拗的人，“偏执狂”意为极其偏执的人，此外还有“变态狂、孤僻狂、躁郁狂”。

类词缀“狂”是由词根“狂”发展而来的。“狂”的本义是指发疯的狗，《说文》中说“狂，狾犬也”，“狾犬”即发疯的狗。后来“狂”由发疯的狗引申指人的精神失常、疯狂，如“漫卷诗书喜欲狂”（唐 · 杜甫《闻官军收河南河北》），“狂徒、丧心病狂”等。对于那些极度喜欢某种事物或者过度沉迷于某种行为的人来说，他们的喜好或者行为在普通人眼中也是疯狂的，因此也被称为“X狂”，如“结婚狂、工作狂、跟踪狂、操纵狂”等，类词缀“狂”就由此形成了。

6.2 其他类后缀构词的语义范畴化

6.2.1 领域认知域中类后缀构词的语义范畴化：“－界、－坛、－圈”

领域认知域指的是标记某种抽象领域或范围的知识框架，例如人们对自然科学领域和社会科学领域的划分、对政治领域和生活领域的划分等。《现汉》（第 7 版）对“领域”的解释是“学术思想或社会活动的范围”，不论是学术思想还是社会活动，其主体都是人，因此领域认知域反映的其实是该领域内的人的整体属性。

与指称物理范围的“地域”不同，“领域”的边界是模糊的，例如我们只能对政治领域和生活领域有个大致的划分，而不能确定一条明确的分界线，大家都知道外交政策是属于政治领域的问题，居民电价是属于生活领域的问题，但政治领域和生活领域的分界线具体在哪里却并不那么容易说清楚。

现代汉语中占据领域认知域的是类后缀“界、坛、圈”，它们同样都可以表示某种抽象的领域或范围，如“学术界”是做学术的人组成的圈子，“乐坛”是从事音乐的人组成的圈子，“娱乐圈”则是从事表演艺术方面事业（即“娱乐”）的人组成的圈子。

6.2.1.1“界”构词的语义范畴化

我们在国家语委和DCC语料库中共检索到“界”的派生词266个。在这266个派生词中，“界”的原型义项是表示“职业、工作或性别等相同的抽象领域”。根据词基的不同，“界”在这一原型义项下产生了以下三种语义变体：

1. [[X]$_{Ina.N.}$界]$_{N.}$，X为无生名词，可以是具体事物或者抽象概念，派生后表示“与X相关的职业、专业或兴趣爱好领域”，此时X为“X界”中成员的共同特征以及与非“X界”成员相比的区别特征，共209个词。既然“X界”表示与职业、专业或兴趣爱好相关的领域名，那就要求X在语义上须有[+可参与性]。词基为具体事物的例子如“服装界”即服装领域，“京剧界”即京剧领域，类似的例子还有“芭蕾界、版画界、博物馆界、电视剧界、动漫界、高尔夫球界、广告界、话剧界、纪录片界、科幻界、昆曲界、篮球界、乒乓球界、诗歌界、文物界”等。在这类派生词中，X代表“X界”中成员共同的工作内容或共同的兴趣爱好，在语义类别上以创作物为主。表示建筑物（如“别墅”）、食物（如“面包”）、药物（如“药片”）、钱财（如“财产”）、天体（如“太阳”）、气象（“晚霞”）和身体构件（如“鼻子”）等的具体事物名词都不能充当“X界”的词基。

X为抽象概念的例子如“报告文学界”指报告文学领域，“佛教界”即佛教领域，类似的例子还有“财经界、传媒界、创意界、慈善界、地产界、法律界、高等教育界、工商界、汉学界、金融界、军事界、科学界、理论界、声乐界、舞蹈界”等。

2. [[X]$_{Ani.N.}$界]$_{N.}$，X为表示职业或身份的指人名词，派生后表示“X的集合”，共8个词。如“妇女界”是对妇女的总称，“学生界”即学生的总体。此外还有“工人界、劳工界、律师界、侨界、少数民族界、无党派人士界”。

3. [[X]$_{Act.V.}$界]$_{N.}$，X为动作动词，派生后表示“从事X的领域”，共45个词。如“翻译界”即翻译领域，“收藏界”指收藏领域。类似的还有“出版界、登山界、旅游界、建筑界、钻井界、演出界、种植界、著作界、作曲界”等。

在此类派生词中，若X为短语类词基，动词性成分为双音节词，且该动词的受事也同时出现，也需要将受事提至动词前，构成“[[[Y]$_{N.}$[X]$_{V.}$]$_{V.}$界]$_{N.}$①”类派生词，如“器官移植界、电影创作界、书籍设计界、文物鉴藏界、文物鉴定界”等，具体原因我们已在分析类词缀“员”的范畴化时专门讨论过，这里不再赘述。

---

① 在6.1.1.1节“‘员’构词的语义范畴化”中，我们已经介绍过，有学者认为双双式的动宾结构倒置（如“器官移植”）已经名词化了，我们赞同，这里从方便分类和分析的角度仍将其归至“[[X]$_{Act.V.}$界]$_{N.}$”下。

类词缀“界”的边缘义项为表示“生物分类系统中的最高一级”，派生规则为$[[X]_{Ani.\ N.}$ 界$]_{N.}$，X为非表人名词，且只能为“生物、动物、植物”等笼统的类名，共4个词，如“生物界、动物界、植物界、真菌界”。

关于类词缀“界”的来源，有学者认为它最早是从日本传入的(王立达，1958；刘禾，2002：439)，如“艺术界、教育界、金融界、思想界、新闻界”等在日语中都是有对应的。据施春宏(2002)考察，20世纪前半叶，“界”的使用已经比较普遍了，现在使用的双音节“X界”基本上都是那个时候出现的。

虽然类词缀“界”可能是从日语中传入汉语的，但我们认为，汉语本身也为它的产生提供了滋生的土壤。词根“界”本指“田畔”，后来引申出“界限”之意，如“地界、边界、省界”，界限之内总有范围，所以“界”同时可以表示“一定的范围”(《现汉》)，如“眼界、管界”等，在佛教用语中“界”则专指与时间相对的空间，如“三界”。马西尼(1997：177)认为汉语中表示现代意义的“世界”一词是从日语来的回归借词，我们可以由此对类词缀的“界”的产生做这样的合理推测：表示“空间”义的“界”先由汉语传至日语，当它在日语中发展出了“商界、政界、文学界”的用法后，又在清末民初时由日语传回了汉语，基于“界”在汉语中本来就可以表示范围，所以很容易在“商界”等基础上类推出众多表示抽象的职业、专业活动领域的词，如“摄影界、娱乐界、文艺界”等。

6.2.1.2 “坛”构词的语义范畴化

“坛”在现代汉语中的能产性不高，我们在国家语委和DCC语料库中仅检索到“坛”的派生词45个，补充前人文献(马庆株，1995a；汤志祥，2001：149—164)中收录但语料库中未出现的词7个，共计52个词。

“坛”的原型义项是表示“与文体政相关的职业、专业活动领域”，具体来说包括以下几种语义变体：

1. $[[X]_{Ina.\ N.}$ 坛$]_{N.}$，X既可表具体事物也可表抽象概念，以单音节为多，派生后表示“与X相关的领域”，共50个词。例如“歌坛”即唱歌界，“排坛”即排球界，“政坛”即政治领域。此外还有“冰坛、词坛、股坛、画坛、跤坛、剧坛、篮坛、乒坛、棋坛、琴坛、球坛、网坛、文坛、舞坛、艺坛、影坛、筝坛、邮坛、足坛”等。

少数情况下，X可以是非单音节的，在50个词中共6个。如“芭蕾舞坛、高尔夫球坛、乒乓球坛、山水画坛、世界史坛、自行车坛”。此类“X坛”有相应的以“坛”结尾的双音节上位词，如“芭蕾舞坛”隶属于“舞坛”，“高尔夫球坛”属于“球坛”的一部分，“自行车坛”属于“车坛”等。

2. $[[X]_{Mns.\ V.}$ 坛$]_{N.}$，X为单音节表动作类语素，派生后表示“从事X所示动作的领域”，共2例。“摄坛”为从事摄影的人的圈子，“泳坛”即游泳界。

类词缀“坛”是从词根“坛”引申而来的。“坛”本指古代举行祭祀、誓师等大典用的土和石筑的高台，如“天坛、地坛、社稷坛”等，这时“坛”表示的是具体的场所，后来，“坛”由具体的场所引申出表示抽象的场所即“领域”的用法，如唐代即有“文坛”一词①，此时“坛”的意义已经开始虚化，当“坛”的这一用法由文学界发展至体育、政治等领域，类词缀“坛”就由此形成了。

6.2.1.3 “圈”构词的语义范畴化

同样表示某种抽象的领域或范围的还有近 30 年来兴起的类后缀“圈”，我们检索了 CCL 现代汉语语料库中现代部分(1949 年之前)的语料，仅发现 1 例“社交圈”，然后我们又利用 BCC 语料库的历时检索功能检索了部分出现时间可能较早的“X 圈”(如“文化圈、新闻圈、电影圈、生活圈、文学圈、艺术圈、娱乐圈”等)的历时用例，发现除了“新闻圈、文化圈、电影圈、生活圈”在 80 年代之前偶有用例之外，“X 圈”类派生词直到 90 年代左右才进入使用高峰期。

我们在语料库和前人文献中共收集到 65 个“圈”的派生词，其中“圈”的原型义项是表示“职业、工作等相同的抽象领域”，具体来说包括以下几种语义变体：

1. $[[X]_{Ina.\ N.}$ 圈$]_{N.}$，X 表具体事物或抽象概念，与“界、坛”类似，“X 圈”表示“与 X 相关的领域”，共 41 个词。“X 圈”多属于文化、体育、商业领域。X 为具体事物的例子如“电视圈”表示与电视相关的领域，电视剧演员、导演、编剧、摄影等都属于电视圈的人，“篮球圈”指打篮球的人组成的圈子，此外还有“电影圈、古玩文物圈、话剧圈、漫画圈、汽车圈、排球圈、诗歌圈、书法圈、足球圈”等。X 为抽象概念的例子如“文学圈”即文学领域，“音乐圈”即从事音乐的人组成的圈子，此外还有“财经圈、当代艺术圈、公益圈、教育圈、美术圈、文化圈、娱乐圈、学术圈”。

2. $[[X]_{Ani.\ N.}$ 圈$]_{N.}$，X 为表示职业或身份的指人名词，派生后表示“X 的集合”，共 10 个词。如“华侨圈”表示华侨组成的圈子，“模特圈”即模特组成的圈子，此外还有“裁判圈、教练圈、盟友圈、朋友圈、熟人圈、学者圈”等。专有名词不能充当该类派生词的词基，因为单个人是无法形成“领域”的，如“*雷锋圈、*诸葛亮圈”都是不成立的。

3. $[[X]_{V.}$ 圈$]_{N.}$，X 为表示从事 X 的人员总体，共 14 个词。如“出版圈”即从事出版工作的人组成的圈子，“摄影圈”是从事摄影工作的人组成的圈子。此外还有“法律援助圈、健身圈、旅游圈、平面设计圈、赛车圈、谈判

① 唐·陆龟蒙《奉酬袭美先辈吴中苦雨一百韵》：“文坛如命将，可以持玉钺。”

圈”等。

类词缀“圈”是从词根“圈”发展而来的。名词性词根“圈”可指环形物，如“项圈、铁圈、画了一个圈”等，此时“X圈”指称的是具体的实物，当“圈”指称环形物的特征引申指抽象事物时，“圈”就产生了“某一集体的范围或活动的范围”的意义，如“生活圈、社交圈、经济圈”等，此时“圈”仍然与实际的地理范围有关联。当“圈”进一步与不再涉及地理范围的名词如“电影、文学”等结合，“圈”指称地理范围的语义特征也脱落了，从而表示某种抽象的职业、专业活动领域，类词缀“圈”由此形成。

6.2.2 类型认知域中类后缀构词的语义范畴化：“－式、－型”

类型认知域指的是标记事物或概念所属种类的知识框架，例如我们可以把脊椎动物分为鱼类、两栖动物、爬行动物、鸟类、哺乳动物等不同类别。标记事物类型的手段有很多，可以采用词汇手段，如哺乳动物又包括鸡、鸭、羊、牛等不同种类；也可以采取词法手段，例如“鸡”又可分为“公鸡、母鸡；老鸡、小鸡”等不同类别，用词法手段标记类型时往往选择的是“区别特征＋类名”的构词方式；除此之外，汉语中的类词缀“式”和“型”也常常被用来标记事物的种类，如“老式/新式服装、大型/微型计算机”。

我们先来看一看类后缀“式”构词时的语义范畴。

首先需要明确一点，目前学界对于“式”的定位还是有分歧的，陈光磊(1994：23－25)，汤志祥(2001：149－164)，王洪君、富丽(2005)，曾立英(2008)，尹海良(2011：79)等都将“式”归入类词缀；张谊生(2002)则认为“式”已经超越了类词缀，虚化为摹状助词了，因为“除了句段，几乎所有的语言单位都可以充当‘式’前‘X’，而且大多数‘X式’都是由单词加上语缀组成的言语中的临时词”，根据张文的统计，“式”除了和语素、词、类词、凝固短语组合之外，有时还可以附加在多项并列式后，如“‘大都市、小人物、无奈的真诚’式的人物”。我们不赞同将“式”归入助词的做法，“式”和助词仍然是有差异的。以典型的助词“的”为例，首先，“的”可以附加在语素、词、类词、自由短语后，如“我的、购买的、集体购买的、一个好的国家的”等，而且“的”不仅在同自由短语组合时是自由的，可以产生众多临时性结构，甚至在和类词、词，甚至语素组合时也是自由的，例如“的”可以放在所有人称代词后构成“你的、我的、他的、你们的、我们的、它们的”，“式”并非如此，它同语素的结合并非完全自由，二字的以“式”结尾的词基本是可穷尽的，如“老式、新式、旧式、立式”；其次，“式”表面看起来可以和“自由短语”组合(“‘大都市、小人物、无奈的真诚’式的人物”)，但实际上这一点也和助词“的”有所不同，“大都市、小人物、无奈的真诚”属于套话式引证语，此时引号是不能省略的，因此它实际上也可以被看作是一种特殊的凝固短语①。综合以上考量，我们认为，“式”目前来看仍属于类词缀。

我们在国家语委和DCC语料库中共检索到“式”的派生词291个。在这291个词中，“式”的原型义项是表示“类型”。“式”派生出的词均为区别词，句法特征是只能作定语，偶尔可作状语，不能作主语或宾语，否定时前加“非”。具体来说，类词缀“式”构词时包括以下几种语义变体：

1. $[[X]_{N.}\ \text{式}]_{NPA.}$，根据X与“X式”所修饰的中心语（head，以下简写为H.）之间的关系，又可分为：

（1）X为H.的典型特征，“X式”表示“以X为典型特征的”，共95个词。这些特征包括样式、时间、来源、部件、主体、性质、风格等，这里的典型特征X也是H.与其他同类事物相比的区别特征。例如“窑式（焚烧炉）②”是指外形为窑的焚烧炉，“窑”说明的是焚烧炉的样式，“窑式”外形是它与其他类别的焚烧炉如“罐式/塔式焚烧炉”等相区别的典型特征；“港式（贺岁片）”即香港的贺岁片，“港”说明的是贺岁片的来源，此外可能还有“台式/大陆式（贺岁片）”等；“芯片式（防盗器）”指的是芯片类型的防盗器，“芯片”是防盗器的部件，它是“芯片式防盗器”与其他类防盗器如“机械式/电子式/网络式防盗器”不同的区别特征。类似的例子还有“样式：仓栅式（货车）、罐式（货车）、塔桅式（机械设备）、厢式（货车）；时间：07式（军服）、59式（坦克）、七七式（手枪）；来源：阿拉伯式（革命）、美国式（自私）、明式（家具）、欧式（建筑）、西方式（民主制）；部件：键盘式（笔记本）、卷盘式（喷灌机）、密檐式（木构建筑）、旋翼式（无人机）；主体：个体式（跟风）、农民式（民间书写）、王小波式（喜剧）、鹰爸式（教育）；性质：主旋律式（戏曲创作）、窗口式（办公）、全景式（展现）、散点式（取向方法）、实证式（研究）；风格：哥特式（建筑）、硬山式（结构）”等。

（2）X与H.是类比关系，此时“X式”意为“像X一样的”，共73个词。如“保姆式服务”指的是像保姆一样的服务，强调服务的个性化和针对性；“花园式工厂”即像花园一样的工厂，强调工厂的环境优美；“里程碑式意义”即像里程碑一样的意义，强调意义像里程碑一样有重要价值。类似的例子还有“宾馆式（公共文化设施）、大棒式（手段）、管家式（服务）、候鸟式（老人）、雨果式（作家）、快餐式（文化）、政委式（球员）、雷锋式（英雄模范人物）、马拉松

---

① 具体分析详见王洪君、富丽（2005）。

② 因为“X式”都是区别词，与后面的定中/状中短语中心语关联紧密，所以我们分析时也会把它最常搭配的中心语列举出来。

式①(的磨砺)、暴风骤雨式(的革命)、定时炸弹式(的历史遗留问题)、影像教科书式(的意义)、过山车式(的波动)”等。

2. $[[X]_{V.}\text{式}]_{NPA.}$,X为表示动作行为的动词,根据X与中心语之间的关系,也可分为两类:

(1)X表示H.的类别(H.为名词时)或方式(H.为动词时),“X式”表示“以X为典型特征的”,共29个词。例如“飞跃式(的城镇化)”表示城镇化速度很快,是飞跃发展的;“体验式(采访)”表示采访是通过体验的方式进行的;“伸出式(的码头形态)”即码头的形态是伸出的,不是开敞的或者嵌入的。类似的例子还有“包容式(发展)、定向式(校企合作模式)、共享式(制度安排)、渐进式(的更新)、跨越式(上升)、启发式(教育)、让步式(分账比例)、跳跃式(发展)、镶嵌式(的修复)、置换式(交接)、大刀阔斧式(处理中东问题)、单打独斗式(反腐)”等。

(2)X与H.是类比关系,“X式”表示“像X一样的”,共82个词。例如“扫街式(收集)”即像扫街一样的收集,强调收集的细致、范围广;“造血式(扶贫)”即像造血一样的扶贫,强调扶贫要让农民自己有能力扩大再生产;“运动式(思维)”即像运动的思维,强调思维的跳跃性。此外还有“拉网式(摸排)、采风式(一掠而过)、输血式(服务)、抽丝剥茧式(地逐一分析)、打太极式(的回应)、摊大饼式(发展)、躲猫猫式(的处理)、解剖麻雀式(的成本核算)、摸着石头过河式(的改革)、赛场选马式(的考评任用机制)”等。

3. $[[X]_{A.}\text{式}]_{NPA.}$,X为非述人的性质形容词,派生后表示“样式/类型为X的”,共12个词。如“老式(相机)”表示样式老的相机,“自动式(轮椅升降机)”即自动的、非手动的轮椅升降机,“独立式(院落)”即独立的、非群居的院落。此外还有“便携式(电脑)、粗放式(发展)、单向式(产品)、仿真式(教学)、简式(快捷贷款)、立体式(生命救援通道)、虚拟式(教学)”等。

以上我们分析了“式”构词时的语义变体和派生词的词义模式,不难看出,“X式”的构词方式实质上分为两类:一是依据X和“X式”的中心语H.的相关性,如在“欧式(建筑)、体验式(采访)、便携式(电脑)”中,X分别是H.的来源、方式和类型,此时X都是说明性的;二是依据X和“X式”的中心语H.的相似性,构词时将H.类比为X,例如在“花园式(工厂)、造血式(扶贫)”中,分别是将“工厂、扶贫”类比为“花园”和“造血”。

那么为什么会产生这两种不同的构词方式呢?还是与隐喻和转喻的认知方式有关。隐喻产生的基本条件是相似性,通过类比产生的“X式”由隐喻

---

①　多音节的“X式”的后面一般会加“的”,可以起到语音停顿的作用。

所致，例如在“花园式工厂”中因为工厂的环境优美与花园相似，它们之间便建立了相似的联系，从而通过映射将工厂隐喻为花园；转喻建立的基本条件则是相关性，例如事物与部分、范畴及范畴成员、范畴和属性、部分和部分之间等都可能产生转喻，对于通过相关性产生的“X 式”来说，实质上我们是将 X 看作了 H. 的组成部分，以“体验式采访”为例，如果将“采访”看作一个框架语义学中的“框架”①，框架中包括的因素有采访者、被采访者、采访内容、采访方式、采访时间、地点等，在框架语义学看来，理解一个词语的意义会激活与之相关的框架，也就是说，当我们理解“采访”这个词时，采访方式也会被随之激活，所以才会产生以采访方式分类的诸如“体验式/面对面式采访”等。

最后，我们讨论下类词缀“式”的形成过程。在古代汉语中，“式”的本义是指法度、规矩，《说文》中说“式，法也”，后来“式”由规矩义引申为“榜样、楷模”，如“孝敬之准式”（梁·萧统《文选序》），以及“规格、样式”之意，如“男式、女式”等。规格、样式指称的是事物物理上的尺寸和类别，当“样式”进一步抽象，“式”就产生了表示类型的义项，如“新式、立式、欧式、开放式、便携式”等，随着现代社会各种新事物、新概念的产生，对它们的分类也越来越精细，“式”派生出的词越来越多，类词缀“式”就由此形成了。

除了“式”，类词缀“型”的原型义项也是表示类型。我们在国家语委和 DCC 语料库中共检索到“型”的派生词 68 个。其中“$[[X]_{N.}$ 型$]_{NPA.}$”类 30 个，“$[[X]_{V.}$ 型$]_{NPA.}$”类 21 个，“$[[X]_{A.}$ 型$]_{NPA.}$”类 17 个。“型”的构词模式与“式”一致，也包括相关构词和类比构词两类，限于篇幅，我们这里不再展开具体分析，将在第 7.4 节中比较二者构词时对词基的选择限制差异。

6.3　类后缀构词的语义范畴化总结及对比

本章分别讨论了部分表人类后缀以及其他类后缀构词时的语义范畴化问题，考察了它们的原型义项和边缘义项，并详细分析了在原型义项和边缘义项下当它们与不同类别的词基结合时产生的各语义变体以及这些语义变体构成的派生词。

在表人类后缀中，我们选取了“员、手、师、家、帝、迷、控、狂”，它们语义范畴化的分析结果如表 6-1 所示（只列原型义项及其变体）：

---

① 在框架语义学中，“框架”是用来指“任意的、与场景的原型化例子相联系的语言选择系统——最简单的是单词的集合，但亦包括对语法规则或语法范畴的选择”（Fillmore，1977：63），例如商品交易（Commercial Transaction）就是一个典型的框架，其中包括了买家（buyer）、卖家（seller）、钱（money）、商品（goods）等基本元素。

表 6-1　表人类后缀构词的语义范畴化汇总

认知域	类后缀	原型义项	语义变体
职业（施事关系）	员	工作的人	1. [[X]$_{\text{Act. V.}}$ 员]$_{\text{N.}}$，“以 X 为职业的人”； 2. [[X]$_{\text{N.}}$ 员]$_{\text{N.}}$，“负责 X 所表概念的工作的人”； 3. [[X]$_{\text{N.}}$ 员]$_{\text{N.}}$，X 为工作地点，“在 X 工作的人”； 4. [[X]$_{\text{NPA.}}$ 员]$_{\text{N.}}$，“具备 X 所表性质的工作人员”。
	手	精通某种技能或做某种事的人	1. [[X]$_{\text{Ina. Con. N.}}$ 手]$_{\text{N.}}$，X 为表物名词，“以操作 X 为职业的人”； 2. [[X]$_{\text{Ina. N.}}$ 手]$_{\text{N.}}$，X 为非表物名词，“精通 X 所表概念或从事 X 相关工作的人； 3. [[X]$_{\text{Act. V.}}$ 手]$_{\text{N.}}$，“以 X 为职业的人”； 4. [[X]$_{\text{Ani. N.}}$ 手]$_{\text{N.}}$，“X 手”＝X。
	师	掌握专门学术或技艺的人	1. [[X]$_{\text{Ina. N.}}$ 师]$_{\text{N.}}$，X 表工作内容，“从事 X 相关工作的人”； 2. [[X]$_{\text{Act. V.}}$ 师]$_{\text{N.}}$，X 为动作动词，“以 X 为职业的人”。
专长（施事关系）	家	在某方面取得一定成就的人	1. [[X]$_{\text{V.}}$ 家]$_{\text{N.}}$，X 为非贬义自主性述人动词，“在 X 所示动作行为上取得了一定成就的人”； 2. [[X]$_{\text{N.}}$ 家]$_{\text{N.}}$，X 为学科名，“从事 X 所示学科的专家”； 3. [[X]$_{\text{Ina. N.}}$ 家]$_{\text{N.}}$，“在 X 所示方面取得一定成就的人”。
	帝	在某方面非常擅长的人	1. [[X]$_{\text{N.}}$ 帝]$_{\text{N.}}$，表示“在 X 所示方面很擅长的人”； 2. [[X]$_{\text{V.}}$ 帝]$_{\text{N.}}$，X 为日常行为，表示“特别擅长做 X 所示行为的人”； 3. [[X]$_{\text{A.}}$ 帝]$_{\text{N.}}$，表示“在 X 所示性质方面程度极高的人”。

续表

认知域	类后缀	原型义项	语义变体
痴迷（施事关系）	迷	对……痴迷的人	1. [[X]$_{Ani.N.}$ 迷]$_{N.}$，“痴迷某人或某种动物的人”； 2. [[X]$_{Ina.}$ 迷]$_{N.}$，“痴迷某种事物或某种抽象概念的人”； 3. [[X]$_{V.}$ 迷]$_{N.}$，“痴迷某种行为的人”。
	控	对……有特别喜好的人	1. [[X]$_{Ani.N.}$ 控]$_{N.}$，“痴迷于某人或某种动物的人”； 2. [[X]$_{Ina.N.}$ 控]$_{N.}$，“痴迷某种事物或某种抽象概念的人”； 3. [[X]$_{Act.V.}$ 控]$_{N.}$，“痴迷某种行为的人”； 4. [[X]$_{A./NPA.}$ 控]$_{N.}$，“对某种性质痴迷的人”。
	狂	对……极度痴迷的人	1. [[X]$_{V.}$ 狂]$_{N.}$，“极其痴迷于某种行为的人”； 2. [[X]$_{N.}$ 狂]$_{N.}$，“极其痴迷于某物的人”； 3. [[X]$_{A.}$ 狂]$_{N.}$，“具有 X 性质的人，而且 X 的程度很高”。

从表 6-1 中我们可以看出，在职业认知域中，类后缀“员”和“手”的结合范围最广，从名词到动词、形容词，从有生名词到无生名词，从表物名词到非表物名词都可以同“员”和“手”结合。“员”的组合能力也是最强的（表中未显示），根据我们的统计，它的派生词数量（326）在表示职业的类后缀中是最多的。“师”排斥和形容词性词基结合。

与“员、手、师”不同，类词缀“家”和“帝”占据专长认知域，也就是说，如果“员”等指称的是从事各种领域工作的普通人员，“家”和“帝”指称的都是超出普通水平的某类人。其中，类词缀“家”带有专业性，指称的都是在某一领域有一定成就的佼佼者（贬义的除外），从“家”和不同词基的结合情况来看，它更倾向于同名词以及动词性词基结合，名词性词基仅限于无生名词，有生名词不能同“家”结合，“X 学”与“家”的结合是生成周遍性的。类词缀“帝”作为近年来刚兴起的类词缀，则更贴近日常生活，指称的是在日常生活的某些方面、行为中异于常人的人，且常带有自嘲和戏谑的语气，不仅可以与名词和动词性词基结合，有时也可与形容词性词基结合，如“傲娇帝”。

痴迷认知域中的类后缀“迷、控、狂”从原型义项下的各语义变体和语义派生模式来看，“迷”与词基间的语义关系十分整齐，词基表示的都是“X 迷”痴迷的对象；“迷”的派生词多是中性词，“控”和“狂”的派生词多贬义；与“迷”和“控”倾向于和名词性词基结合不同，类词缀“狂”更常和动词性词基结合，表示痴迷于某种行为的人。

除了表人类词缀，我们在其他类词缀中研究了表示领域的“界、坛、圈”，以及表示类型的“式、型”，它们语义范畴化的分析结果如表 6-2 所示(只列原型义项及其变体)：

表 6-2 其他类后缀构词的语义范畴化汇总

认知域	类后缀	原型义项	语义变体
领域	界	职业、工作或性别等相同的抽象领域	1. $[[X]_{\text{Ina. N.}}$ 界$]_{\text{N.}}$，“与 X 相关的职业、专业或兴趣爱好领域”； 2. $[[X]_{\text{Ani. N.}}$ 界$]_{\text{N.}}$，X 表职业或身份，“X 的集合”； 3. $[[X]_{\text{V.}}$ 界$]_{\text{N.}}$，“从事 X 的领域”。
	坛	与文体政相关的职业、专业活动领域	1. $[[X]_{\text{Ina. N.}}$ 坛$]_{\text{N.}}$，“与 X 相关的领域”； 2. $[[X]_{\text{Mns. V.}}$ 坛$]_{\text{N.}}$，“从事 X 所示动作的领域”。
	圈	职业、工作等相同的抽象领域	1. $[[X]_{\text{Ina. N.}}$ 圈$]_{\text{N.}}$，“与 X 相关的领域”； 2. $[[X]_{\text{Ani. N.}}$ 圈$]_{\text{N.}}$，X 表职业或身份，“X 的集合”； 3. $[[X]_{\text{V.}}$ 圈$]_{\text{N.}}$，“从事 X 的人员总体”。
类型	式/型	类型	1. $[[X]_{\text{N.}}$ 式/型$]_{\text{NPA.}}$，X 为“X 式/型”的中心语(H.)的典型特征，“以 X 为典型特征的”；X 与 H. 是类比关系，“像 X 一样的”； 2. $[[X]_{\text{V.}}$ 式/型$]_{\text{NPA.}}$，X 表示 H. 的类别或方式，“以 X 为典型特征的”；X 与 H. 是类比关系，“像 X 一样的”； 3. $[[X]_{\text{A.}}$ 式/型$]_{\text{NPA.}}$，“样式/类型 X 的”。

从表 6-2 中可以看出，在属于领域认知域的三个类后缀中，“坛、界、圈”都排斥与形容词性词基结合，“坛”对词基的限制最大，它除了要求词基在语义上属于文体政领域之外，也要求词基为单音节，只有极少数情况下(共 6 例)，“坛”才能同非单音节词基结合；“界”和“圈”的组合范围类似，它们都可以和表示身份、职业的表人名词结合，也都可以和无生名词以及动词结合，那么，它们在构词时究竟各表现为什么样的选择倾向，就需要我们下一章继续深入讨论了。

隶属于“类型”认知域的两个类词缀“式/型”都可以和名动形类词基结合，它们在派生时分别可以依据词基 X 和“X 式/型”修饰的中心语 H. 间的相关性和相似性构词，至于二者在构词时是否对词基有不同的选择限制，我们将留待下一章解决。

6.4　相关问题讨论

6.4.1　特殊成分“者”

本节我们将对汉语中的一些特殊的类后缀展开专门讨论。首先要讨论的是表人的“者”。现代汉语中表人的“者”是从古代汉语中继承下来的，“者”在先秦汉语中的语法功能主要是使谓词性成分名词化，朱德熙(1983)指出，古代汉语中“者”的语义功能有自指和转指两种，例如“智者乐山，仁者乐水”中的“仁者”指有“仁”这种德性的人，是转指；而“仁者，人也”中的“仁者”则是指“仁”这种德性本身，是自指。现代汉语继承了古代汉语中“者”表示转指的用法，如“管理者、建设者、扮演者、继承者”指称的都是动作的施事。

我们之所以说“者”特殊，是因为它是个性质模糊的语素，学界至今对它的性质界定仍有分歧。吕叔湘(1979：48)和郭良夫(1983)认为“者”是后缀；汤志祥(2001：155)、杨锡彭(2003：114)、曾立英(2008)、沈光浩(2011a)将其定性为类词缀；还有学者强调其位于词法和句法界面的特点(董秀芳，2004：89；Arcodia，2012：167－184；齐冲，2014)，如董秀芳(2004：89)认为它是处在由虚词向词缀过渡的半自由的虚语素；齐冲(2014)则强调它是由词缀逆形态化了的附着形式。

所以对于“者”的性质，我们要解决的是它究竟是词缀，还是类词缀，亦或是附着形式(短语缀)？

下面我们将从语言事实出发分析这一问题。根据“者”所黏附的单位层级，我们可将“X者”分为以下6类：

A. 作者、编者、患者、学者；

B. 纳税者、遇难者、参观者；

C. 扮演者、发明者、编纂者；

D. 赤身裸体者、非正常死亡者；

E. 设计制造玩具者、违反通知规定者、抵制维持和平部队者；

F. 酒桌上频频举杯痛饮者、如不需要以上奖品者。

在A类“X者”中，同“者”结合的都是单音节语素，“X者”表示X的施事，并且有的“X者”已经发生了专指性的变化，如“学者”不再指称任何学习的人，而指学术上有一定成就的人(董秀芳，2002)。

B、C类“X者”的主干都是双音节动词，区别在于B类可受非动词域内论元充当定语的名词修饰，C类则只能受动词域内论元充当定语的名词修饰，如“全国的纳税者、本地的遇难者、外地的参观者”等是成立的，而“ * 外国的扮演者/发明者/编纂者”则不成立，我们只能说“毛泽东的扮演者、计算机的发明者、这本书的编纂者”，所以齐冲(2014)认为B类“V.者”是词，C类“V.者”则是短语，使用时必须满足“域内论元饱和”，即受事或者在V.中体现，或者可以在句法环境和篇章中找补回来。

D、E类“X者”中的X都是短语，其中D类中的X为固定短语，也可被称为“类词”(全称为“类词韵律短语”)(王洪君，2000)，从韵律上讲，它们在更大的组合中是一个更紧凑的节奏单元，所以被称为“类”词；E类中的X者都是动宾式自由短语，它们本身都有时态等句法范畴，如我们可以说“设计制造了玩具、违反了通知规定”等。

F类中的X为小句，去掉“者”它们都可以在句子中充当分句，如“如不需要以上奖品，请随时退回”。

以上例子说明，“者”在现代汉语中的黏附层级极为广泛，从单音节语素到词、固定短语(类词)，再到自由短语、小句，都可以同“者”结合。结合之后，可能是词(如“作者、纳税者”)，也可能是短语(如“扮演者、酒桌上频频举杯痛饮者”)等。从语言事实出发，可以发现“者”的确是同时涉及构词层面和句法层面的，那么随之而来的问题是我们应该如何界定这种同时存在于词法和句法层面的语素呢？

可以有两种解决方法，一是将这种语素单列一类，这样就可以将词法和句法层面的“者”统一起来，董秀芳(2004：84－90)将其称为“半自由语素”，齐冲(2014)称为“附着形式”，采用的就是这种做法，这种解决方法的好处在于打通了不同层面的“者”，可以把“者”置于统一的解释框架下；另一种方法是将句法层面的“者”和词法层面的“者”区分开来，句法层面的“者”是虚词，具有语音和句法上的黏附性，不能单说单用，那些主干是按规则临时组合的自由短语或者小句的“者”都属于虚词；词法层面的“者”构成的是词，和它结合的成分可以是语素、词或者固定短语(类词)，这说明词法层面的“者”属于类词缀而不是词缀，因为汉语中的词缀只能同语素或者双音词结合，不能同类词结合，类词缀则既可以同语素、双音词结合，也可以同类词结合。

如果按照后一种解决方法，上面几组例子应该被重新分为以下两类：

(1) X者(类词缀)：A. 作者、编者、患者、学者；

B. 纳税者、遇难者、参观者；

D. 赤身裸体者、非正常死亡者；

(2) X者(虚词):C. 扮演者、发明者、编纂者;
E. 设计制造玩具者、违反通知规定者、抵制维持和平部队者;
F. 酒桌上频频举杯痛饮者、如不需要以上奖品者。

以上这两种解决方法,不论是采用“附着形式”“半自由语素”的统一说法,还是将属于类词缀和虚词的“者”区别开,本质上都是看到了“者”同时存在于词法和句法层面的特殊性,只要我们明确了这一语言事实,具体采用哪种说法,可以根据我们具体的研究范围来定,如果我们想研究现代汉语中所有表人的“者”,那还是直接采用“附着形式”或者“半自由虚语素”的说法更具概括性;如果我们只想研究构词的“者”,采用“类词缀”的说法就会更有针对性。

6.4.2　兼类类词缀“性”和“化”

接下来再来讨论下汉语中另外一类特殊的类后缀“性”和“化”。通过第6.1和6.2节中对部分汉语类后缀构词时语义范畴化的研究,不难发现,类后缀派生词在词性上都是统一的,类词缀或者是名词性的(如“员、手”等),或者是区别词性的(如“式、型”)等。“性”和“化”的特殊之处在于它们可以构成不同词类的派生词,如“主观性”是名词,在句子“语言形式的主观性越强,其信息量越大”中,“主观性”充当的是主语中心语;而“大陆性”则是区别词,它不能单独充当主语或宾语,只能用在名词前作定语,如“大陆性气候”等,否定时要用“非”。

学界已有部分成果讨论过“性”和“化”的兼类问题(吕叔湘、朱德熙,1979:34;周慎钦,1981;周刚,1991;云汉、峻峡,1989,1994;张云秋,2002;杨安珍,2017),主要集中在“性/化”的性质、“X性/化”的性质、语法功能以及语义特征上。目前来看,仍有以下问题值得进一步研究:1. 兼类类词缀构词时是否是完全自由的?它们是可以随意构成名词、动词、形容词,还是会以构成某种词类为主,其他词类为辅?2. 为什么会产生这样的兼类?3. 兼类的产生是否有制约因素?

要解决这些问题,我们首先需要对“性”和“化”和不同词基的结合情况以及兼类情况进行具体分析,先来看“性”同不同词基的结合情况:

我们在国家语委语料库中共检索到“性”的派生词436个。在这436个派生词中,“性”的原型义项是表示某种静态的抽象的状态或性质,当“性”同不同类别的词基结合时,“X性”的句法性质也有不同。

当“X性”为名词时,根据可结合词基的不同性质,“性”可分为三种语义变体：1. $[[X]_{A.}\text{性}]_{N.}$，X为性质形容词，派生后指称X所示的状态或性质，共80个词，如“积极性”；2. $[[X]_{N.}\text{性}]_{N.}$，X为表抽象概念的名词，派生后指称X涉及的性质或状态，共13个词，如“纪律性”；3. $[[X]_{V.}\text{性}]_{N.}$，X为动作动词，派生后指称X所示动作的状态或性质，共10个词，如“继承性”。名词类“X性”具备共同的句法功能：可作主语或宾语，不能作定语，可受数量词修饰，不能受否定副词修饰。

当“X性”为区别词时，“性”包括两种语义变体：1. $[[X]_{N.}\text{性}]_{NPA.}$，X为表示具体事物或抽象概念的名词，派生后表示“具备X特点的”，“性”的作用是将名词性的X转化为形容词性的，共47个词，如“大陆性(气候)[①]”；2. $[[X]_{V.}\text{性}]_{NPA.}$，X为表示动作行为的动词，派生后表示“具备X特点的”，常与医学、经济、科技方面相关，“性”的作用是将动词性的X转化为形容词性的，共26个词，如“经营性(收入)”。区别词性的“X性”也具备相同的句法功能，它们都可作定语，用“非”否定，不能作主语和宾语，不能受数量词修饰，有时可作状语。

除了作名词和区别词之外，“X性”类派生词大部分兼具名词和区别词性，或者说介于名词和区别词之间，一方面它们的句法功能十分灵活，既可以出现在主语、宾语的位置上，受形容词修饰，也可以出现在定语的位置上，用“非”否定；另一方面，它们又不是典型的名词或区别词，不能受数量词修饰。这类派生词的词基类别也最广泛，名词、动词、形容词都可以充当“性”的词基。根据词基的不同性质，“性”此时共包括四种不同的语义变体：1. $[[X]_{V.}\text{性}]_{N./NPA.}$，X表示动作行为，派生后既可以指称X所示动作的状态或性质，也可以表示“具备X特点的”，共113个词，如“创造性”既可以表示人们的思维或实践活动具有的创新特性，如“人的创造性往往来源于兴趣”(作主语)、“这次活动的目的为了培养大家的创造性”(作宾语)；也可以表示“具有创造特点的”，如“创造性课题/思维/行为”(作定语)、“非创造性人才”(否定时用“非”)；2. $[[X]_{N.}\text{性}]_{N./NPA.}$，X可以表人(非专名，如“群众、全民”)、具体事物(如“戏剧”)，但绝大多数都是表示抽象概念(如“思想、原则”，共77个词，占90.6%)，派生后既可以指称X所涉及的状态或性质，也可以表示“具备X特点的”，共85个词，如“原则性”既可以表示“有原则的性质”，如“我做人的原则性是不欺骗”(作主语)、“工作要有原则性”(作宾语)，也可以表示“属于原则的”，如“原则性错误/问题”(作定语)、“非原则性”等；3. $[[X]_{A.}\text{性}]_{N./NPA.}$，X一般为非述人的性质形容词，派生后既可以表示指称X所示性质的状态

---

① 括号中的为常与“X性”搭配的短语中心语，下同。

或性质，也可以表示“具有 X 性质的”，共 56 个词，如“对称性”既可以表示“对称的状态或性质”，如“汉语的对称性有重要的意义”（作主语），“时空具有对称性”（作宾语）；也可以表示“具有对称性质的”，如“对称性图案/皮炎”（作定语）；4. X 本身可为兼类词，共 6 例，如“典型性”，我们或者可以根据语境采取不同的释义模式，或者采取任何一种释义模式都不影响派生词的意义。

总的来看，“X 性”构词时表现出以下三种倾向：1.“X 性”为名词时，“性”更倾向于同形容词性的词基结合，名词性和动词性词基受到一定的限制；2.“X 性”为区别词时，名词和动词都可充当词基，形容词则受到排斥；3. 一半以上(53.9%)的“X 性”派生词兼具名词和区别词的性质，动名形类都能够较为灵活地充当此类派生词的词基。

下面再来看“化”的派生情况。我们在国家语委语料库中共检索到“化”的派生词 470 个。在这 470 个派生词中，“化”的原型义项是表示转变成某种性质或状态。

“X 化”可作及物动词，此时“化”表致使，“X 化”的句法功能是可作谓语，带受事宾语。“化”此时包括两种语义变体：1. [[X]$_{A.}$ 化]$_{Vt.}$，大部分及物的“X 化”词基为单音节性质形容词，派生后表示“使 Y(‘X 化’所带宾语)具有 X 所示的性质”，共 23 个词，如“美化”意为“使……变美”；2. [[X]$_{N.}$ 化]$_{Vt.}$，个别表人或抽象事物的单音节名词也可充当及物动词“X 化”中的词基，派生后表示“使 Y 成为 X 所示的人或抽象事物”，共 3 个词，如“奴化”。

“X 化”也可作不及物动词，这类“X 化”在“化”的派生词中所占比例最大，它们的句法功能是可作谓语，不能带宾语，不能受程度副词修饰。此时“化”有三种语义变体：1. [[X]$_{N.}$ 化]$_{Vi}$，X 为表人、具体事物或抽象概念的名词，共 231 个词，当 X 为表人名词或具体事物时，“X 化”意为“向 X 的方向变化发展，使具有 X 的特点”，如“成人化”；当 X 表抽象概念的名词性词基时，“X 化”表示“转变为具有 X 的特征”，如“行政化”；2. [[X]$_{A.}$ 化]$_{Vi}$，X 为性质形容词或区别词，派生后表示“转变为具有 X 所示的性质状态”，同时暗含有“由不 X 的性质转变为 X 所代表的性质”之意，共 127 个词，如“公开化”；3. [[X]$_{V.}$ 化]$_{Vi}$，X 为表示动作行为的动词性词基，派生后表示转变为某种动作，共 34 个词，如“国有化”。

除此之外，“X 化”还可兼具形容词性和动词性。这类“X 化”与前两类“X 化”的区别在于它们可以受程度副词修饰。以“多样化”为例，它在句子“我国的初级中等教育的办学模式及其培养目标日趋多样化”中，描述的是“变得多样”这一动态过程，具有动词的性质；而在句子“心理学研究的问题是极其多样化的”中受程度副词“极其”修饰，表示多样的性质，可被看作形容词。这类

“X化”作动词时可相应归入动词类“X化”的派生模式中，所以我们这里具体分析“X化”作形容词时的语义变体：1. $[[X]_{N.}化]_{A.}$，X为具备描述义的名词，派生后表示“具有X所示性质的”，共32个词，如“法国化”；2. $[[X]_{A.}化]_{A.}$，X为性质形容词，派生后表示“变成具有X所示性质的”，共20个词，如“抽象化”。

综合不同“X化”的派生规律，我们可以发现“X化”最常见的是作不及物动词，其中“名＋化”为强势派生结构，不仅占据不及物动词中的58.9%，在所有的“X化”派生词中也占了接近一半(49%)。“名＋化→不及物动词”的派生结构不仅最具量的能产性，也最具质的能产性，表人、具体事物和抽象概念的名词此时均可充当“化”的词基。

分析过了“性”和“化”派生时同词基结合的不同情况，下面将重点分析它们兼类的产生原理、原因以及制约因素。

名词和动词是语言中的两个最基本的词类，前者具有空间性，后者则具有时间性。所谓空间性，指的是物质实体会占据一定的空间，“有体积和形状，我们可以触摸它们、观看它们、从不同的角度和距离看见它们”，因为“它们都处于某个位置，位于某处”(万德勒，2002：243)，而时间性则是指一个事件可以出现、发生、开始、持续或结束。

人们对于空间性和时间性的感知是相通的，例如语言中很多表示空间的词语都可以用来表示时间，如“前面、后面”中的“前”和“后”反映空间概念，而“前天、后天”中的“前”和“后”反映的则是时间概念。

语言中兼类词的存在也是时间概念和空间概念相通的另一个表现。如果我们把空间性和时间性看作存在程度差异的一个等级序列，名词和动词将分别位于这个序列的左右两端，与它们联系最为紧密的形容词和区别词则将处于这个等级序列的中间，具体分布如图6-1所示：

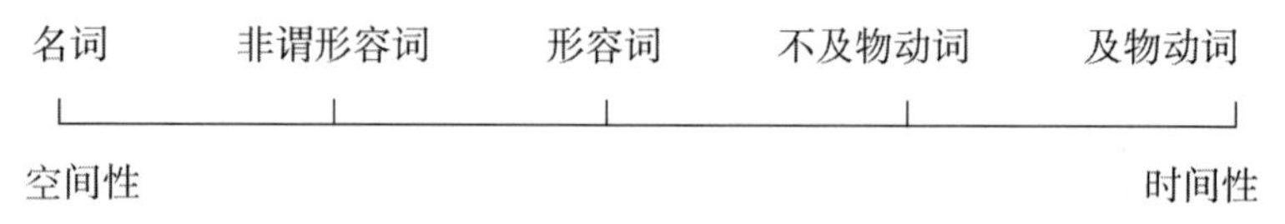

图6-1　不同词类的空间性/时间性①

典型的名词(如物体名词)空间性最强，如“苹果、人”等，它们有体积、有形状，会占据一定的空间，能够移动，也可以包容其他物体，在句法上表现为它们可以受名量词修饰，如“三个苹果、一个人”；及物动词的时间性最强，如“看、等待”等，它们可以出现、发生或持续，体现在句法上就是可以带时体助词。非谓

---

①　此图参考了张伯江(1994)。

形容词和形容词介于名词和动词之间，其中非谓形容词更接近名词，也就是说一方面它的谓词性很弱，不能像普通形容词那样充当谓语，另一方面，虽然它跟名词相近，但空间意义也已经明显削弱了，无法受名量词修饰。

类词缀“性”和“化”的兼类正是时空相通在语言中的表现。需要说明的是，我们这里所谓的“兼类”，既指它们可以构成不同性质的词，如“性”既可以构成名词，也可构成区别词；也指它们的派生词可以是兼类词，如“多样化”既可作动词，也可作形容词。

对于类词缀“性”来说，它的本义是指人的个性、性格，后引申指动物或事物的性格或特征，可见“性”最初是名词性的。但是类词缀“性”构成的名词并非典型的名词，它们表示的是抽象的状态或性质，而且当词基为名词或动词时，“X 性”不能受名量词修饰，也就是说“X 性”的空间性已经弱化了。除此之外，存在大量兼具名词性和区别词性的“X 性”派生词，它们作名词时，可以充当主宾语，作区别词时则只能充当定语。“性”的空间性进一步弱化，就产生了只能作区别词的用法。

类词缀“化”则与此相反，属于从时间性向空间性过渡的发展。词根“化”的本意为“教化”，《说文》中说“化，教行也”，现在所谓的“变化”义是“化”吸收了“匕”的用法[①]，如“因时而化”(《吕氏春秋·察今》)。上古时期，除了表示“教化”的“化”后面可直接加宾语之外，“化”若跟动作的目标结合只能采用“化而为 X”或“化为 X”结构(朱庆祥、方梅，2011)，如“鲲之大，不知其几千里也，化而为鸟，其名为鹏”(庄子《逍遥游》)，可见“化”最初是作不及物动词用。“X 化”同样也保留了这一特征，绝大多数(83.2%)的“X 化”都是不及物动词，具有时间性。除此之外，部分“X 化”也具备了形容词的用法，它们可以受程度副词修饰，这说明“X 化”的时间性已经产生了弱化，开始向空间性发展。至于作及物动词的“X 化”，我们认为是直接对译英语词汇的结果，而不是从用作不及物动词词尾的“化”衍生而来。

因此，不同类别的“X 性”和“X 化”在时空等级序列中的分布应如图 6-2 所示：

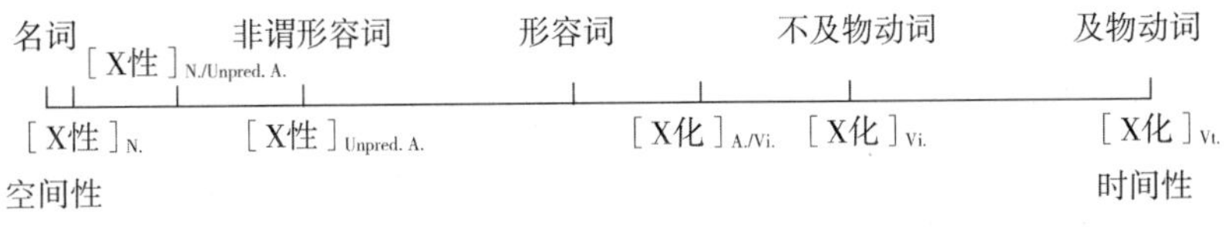

图 6-2　“X 性”和“X 化”的时间性/空间性分布

---

① 史红改(2003，2009)、崔玉珍(2004)都曾提出类似观点，《说文解字注》对“匕”的解释为“变也。变者，更也。凡变匕当作匕，教化当作化，许氏之字指也。今变匕字尽作化，化行而匕废矣”。

最后再来谈一谈"性"和"化"产生兼类的原因。为什么"X性"发展出的是区别词的性质，而不能用作普通的形容词或动词呢？为什么"X化"是从不及物动词发展出了形容词的用法，而非名词用法呢？

范畴化理论可以解释这些问题。

所谓词类，是"词的语法性质的分类"（黄伯荣、廖序东，2002：8）。词类是语言中的范畴，不同词类属于不同范畴，因此在某一个词类中，就必然会存在原型成员和边缘成员的区分。例如当我们说到名词时，最先想到的一定是"人、苹果、桌子"等表示具体事物的词，而不是"道德、科学"等表示抽象概念的词。典型成员具备所在范畴最多的共同特征，居于范畴的中心地位；边缘成员具备的范畴共同特征相对较少，也可能和其他范畴产生联系。抽象实体既然属于名词中的边缘成员，是最有可能向其他范畴发展的，因此它们既能临时活用为其他范畴的词[①]，也能直接变成其他范畴的成员，产生兼类。

Taylor（1989/2001：192）曾经将不同名词的典型特征归纳为"离散的，有形的，占有三维空间的实体（如'苹果、人'，笔者注，下同）＞非空间领域的实体（如'颜色、时间'）＞集体实体（如'团队'）＞抽象实体（如'爱情'）"，这说明在名词这一范畴中，有形的实体属于典型成员，而抽象实体属于边缘成员。类词缀"性"派生出的名词表示的是一种抽象的性质或概念，是名词范畴中的边缘成员，自然容易产生兼类。

而类词缀"化"派生出的词大部分都是不及物动词。在动词中，及物动词是典型成员，它们可以带宾语，有时体态的变化，不及物动词相对来说属于动词范畴中的非典型成员，它们虽然也有时体的变化，但没有被动态、不能带宾语，它们在表示时间性事件时，是没有受事论元的。因此，对于类词缀"化"所派生出的动词来说，作不及物动词的那一类都属于动词中的非典型成员，容易产生兼类。

那么为何名词性"X性"发展出的是区别词性，而非普通形容词或动词性，动词性"X化"发展出的则是形容词性，而非名词性呢？我们从图6-1中能够发现，在空间性向时间性过渡的等级序列中，与名词最为接近的是区别词，如果名词要想产生形容词或动词用法，需要"越过"区别词，而与不及物动词最接近的则是形容词，不及物动词要产生区别词或名词的用法，需要"越过"形容词。相邻项目之间的转化最自然，距离越远说明它们在空间性或时间性上存在的差距越大，转化起来就越不容易。也就是说，名词性的"X性"

---

① 张伯江、方梅（1996：206）发现，在他们搜集到的名词活用的例子中，抽象名词活用的最为常见，从可接受的程度来看也比具体名词的活用略为自然。

转化为区别词性的“X性”、不及物动词性的“X化”转化为形容词性的“X化”仅需要脱落部分特点，这比“X性”转化为动词或形容词、“X化”转化为名词存在更大的可能性。

我们探讨“性”和“化”兼类机制的目的在于厘清二者的构词规律，并且明确这样一个事实，那就是“性”和“化”的兼类并非界限分明的，它们分别处于空间性向时间性过渡以及时间性向空间性过渡的等级序列中，在这一序列中，不少派生词的性质也同样具有“过渡”特征，比如“创造性”既具有名词性的特征，可作主宾语，表示人们的思维或实践活动具有的创新特性，如“广告设计就应该充分发挥创造性”；也具备区别词的特征，可以直接修饰名词，用“非”否定，表示具有创造特点的，如“创造性课题、非创造性成果”。至于未来“性”和“化”将如何发展，“X性”能否发展为典型的形容词(可受“很”修饰)、“X化”能否发展为区别词，则需要留给时间证明了。

第七章　汉语类后缀构词的认知域分布

上一章讨论了同一认知域内的不同类后缀在构词时各自的语义范畴化情况，不难发现，当这些类后缀附加在同类词基上时，可以表达相近的意义，例如类后缀“界”和“圈”都可以和动词结合，表示“涉及该动作行为的领域”，所以本章我们将深入语义角度，继续考察这些类后缀在派生时对词基各有什么样的选择限制，即它们在所属认知域内是如何分布的。

7.1　职业认知域

通过第六章的分析，已经可以发现汉语职业认知域中的类后缀“员、手、师”，除了语义相近外，构词时也都可以同名词性词基以及动词性词基结合，但是因为它们占据的是职业认知域的不同侧面，在可搭配词基的语义类别上就呈现出不同的选择限制。

7.1.1　“员”+功能性

类后缀“员”的原型义项为表示“工作的人”，与它结合的名词性、动词性词基在语义上都带有功能性，下面分别讨论词基为名词和动词的情况。

(1) $[[X]_{N.}\text{员}]_{N.}$

在第6.1.1.1节中我们已经谈到，“员”附加在名词性词基后时，X是“X员”的工作内容或工作地点。

当X表示工作内容时，X具有功能性，属于国家或集体分配的任务，例如：

1. 镇里安排业务员联系销路，每到肉鸡50日龄时，业务员带着客户的汽车，登门收购。(语委)
2. 领导把我安置在高炉上当见习技术员。(语委)
3. 在网络购物日益兴旺的今天，快递员已经成为许多人生活中“最熟悉的陌生人”。(DCC)

例1中的“业务员”是指在组织中专门负责具体专项经济业务的工作人员，“业务员”要完成的“业务”属于集体分配的工作，并非私事，例句中的“安排”一词也说明“业务员”的工作内容是由集体分配的;例 2 中的“技术员”是指“在工程师的指导下,能够完成一定技术任务的人”①,例如“建筑工程技术员、机械电力技术员、IT 技术员”等,“技术”是“人类在认识自然和利用自然的过程中积累起来并在生产劳动中体现出来的经验和知识”,是集体智慧的结晶,也非私人范畴,例 2 中也说“技术员”这一工作是领导“安置”的;例 3 中“快递员”是指负责送快递的人,“快递”本身就是为买家而送。类似的例子还有“安全员、报务员、材料员、乘务员、电报员、公务员、话务员、会计员、机械员、交通员、教研员、警务员、情报员、气象员、卫生员、物价员、邮电员”等。

以上这些派生词反映出:①当 X 为工作内容时,“X 员”表示负责该项工作的人;②X 均为功能性工作,即属于国家或集体分配的任务。

当 X 表示工作地点时,X 常为公共场所,如“他们当列车员的就是这点不好,什么时候回家没准稿子,就是过年过节,也未定是在家里待着,可忙着哪!”(语委)其中“列车员”是指在列车上工作的人。公共场所是供公众从事社会生活的各种场所的总称,因此在公共场所工作的“X 员”也是功能性的,其工作的目的就是为在公共场所活动的人服务。

(2) $[[X]_{V.}$ 员$]_{N.}$

当“员”附加在动作行为后时,“X 员”是 X 的施事,X 所表示的动作行为都属于社会行为,而非个体单独行为,例如:

4. 许多顾客成了义务宣传员。(语委)
5. 先后在全国 30 多家药店建立了信息联络站,聘请了一批联络员,为工厂生产安上了“耳目”。(语委)
6. 市公交公司昨天(十二日)下午举行了一次售票员服务基本功竞赛。(语委)

例 4 中“宣传”是指组织中负责宣传工作的人,“宣传”本身是“向群众说明讲解,使群众相信并跟着行动”,是一种社会行为;例 5 中的“联络员”是指负责联络工作的人,所谓“联络”就是人与人之间相互联系,也是一种社会行为;例 6 中的“售票员”则是指负责卖票的人,“售票”自然也是社会行为。类似的例子还有“保洁员、播音员、采购员、测绘员、督察员、房管员、服务员、辅导员、管理员、护林员、稽查员、计时员、监管员、讲解员、领航员、陪审员、审判员、调解员、营养员、指导员”等。以上例子说明:①当 X 为表动作行为的动词时,“X 员”表示以该项动作行为为职业的人;②X 均为社会行为,即属于群

---

① “技术员”的另一义项是技术人员的职称之一,释义引自阮智富、郭忠新编著《现代汉语大词典》(上海辞书出版社,2009)。

体中不同成员分工合作、共同维持群体生活的行为。

表示个体单独行为的动词不能充当“员”的词基，如“＊唱歌员、＊弹琴员、＊跳舞员、＊写作员”等都是不成立的。

无论是表示分工的工作任务，还是公共场所类的工作地点，亦或者社会行为，都反映出“X员”的词基是带有功能性的，与社会需求息息相关，而不代表个人意愿，所以我们可以说类词缀“员”更倾向于同具备功能性的词基结合，占据职业认知域的“功能性”侧面。

7.1.2　“手”＋技术性

类后缀“手”与名词性词基和动词性词基结合时，要求词基在语义上带有技术性。

(1) $[[X]_{N.}$ 手$]_{N.}$

在第6.1.1.2节中我们已经指出，“手”附加在名词性词基后时，若X为具体事物名词，则要求X为需要动手操作的事物，此时“X手”表示以操作该事物为职业的人。但是并非全部此类事物均可充当“手”的词基，它们在语义上隶属于机械、武器或乐器类。与“员”的词基强调功能性不同的是，“手”表机械、武器或乐器的词基强调的是技术性，即操作该类事物是以掌握技术为前提的，例如：

7. 1952年，我响应国家号召参军，成为军垦的一名女拖拉机手。(语委)
8. 突然机枪手王银才飞快地冲上来，他挺身端枪毫不隐蔽地向敌人还击。(语委)
9. 他们中的每一个人都要经过长期刻苦练习，达到娴熟表达各种含意深刻的鼓语的程度，再经过严格的考试和答辩，才能正式成为一名鼓手。(DCC)

例7中的“拖拉机手”为“机械类事物名＋手”类派生词，意为专门驾驶拖拉机的人，驾驶拖拉机需要技术，“拖拉机手”属于技术性职业，同属“机械名＋手”的派生词的例子还有“车手、步谈机手、抽水机手、船手、缝纫机手、机械手、农机手、农具手、起重机手、推土机手、自行车手”等。例8中“机枪手”是指军队中专门操纵机枪的人，“机枪”属于武器类事物名，“机枪手”也需要经过专业培训，同类的还有“刀斧手、二炮手、火箭筒手、高射炮手、枪手、炮手、重炮手”等。例9中的“鼓手”为“乐器类事物名＋手”的派生词，意为专门打鼓的人，敲鼓有技术上的要求，这一点我们从例9中也可看出，想要成为“鼓手”必须“经过长期刻苦练习”，在能够“娴熟表达”鼓语后，“再经过严格的考试和答辩”方可，同属“乐器名＋手”的例子还有“号手、琴手、笙手、提琴手、小号手”等。由此可见：①当X为表具体事物的名词时，“X手”为专门负责操作该事物的人；②此时不仅要求X以动手操作为前提，还要求它的操作具备技术性。

当X为非表物名词时，“X手”则表示精通X或从事X相关工作的人，此时X同样要满足技术上的要求，如“歌手、管乐手、民歌手、工程手”的词基都属于与技术或技巧密切相关的名词。

(2) $[[X]_{Act.\ V.}$ 手$]_{N.}$

当“手”附加在动作行为后时，“X手”表示X的施事，X在语义上也属于技术要求高的动作，以运动、军事或其他专业性动词为主，例如：

10. 世界最佳扣球手郎平的身材，较之先后和她共同拼搏夺冠的三号位队员周晓兰、陈亚琼、梁艳和杨晓君都高。（语委）

11. 为打得准，瞄准手们开动脑筋，土法上马，在每一门火炮的后面竖一个“打点器”，取代远方的活动瞄准点。（语委）

12. 他热衷于处理国际、国内的金融财政事务，作为剑桥大学基金的操盘手和国民保险公司的董事都很称职。（DCC）

例10中的“扣球手”是球队中专门负责扣球的队员，“扣球”为表运动类动词，这一动作以快、狠、准为目标，技术要求很高，类似的例子还有“冲浪手、二传手、得分手、供球手、划桨手、进攻手、拦网手、快攻手、骑手、赛车手、投手、削球手、泳手、主攻手”等。例11中的“瞄准手”属于炮兵中专门负责瞄准的职务，其对“瞄准”精度和准确性的要求很高，这一点从例句中也可看出，同属于“军事类动词＋手”的派生词还有“爆破手、爆炸手、发射手、突击手、掷弹手”等。例12中的“操盘手”是指为别人炒股的人，“操盘”为经济学术语，是指在炒股中“操控股票、期货等的买进和卖出（多指数额较大的）”[①]，“操盘手”主要是为大客户服务，“能够根据客户要求掌握开仓、平仓时机，熟练把握建立和抛出筹码的技巧”[②]，可见其对技术要求很高，其他表示“专业性动作＋手”的派生词还有“掘进手、检察手、司钻手、驭手、撞钟手、钻机手”等。

有些“手”的动词性词基单纯从语义来讲技术性不强，例如“扒手、帮手、打手、杀手、写手”等，其中的动词“扒、帮、打、杀、写”都属于常用的单音节动词，但由于“手”强调技术性的特点，这类派生词的语义也随之具备了这一特征，例如“买手”是指在时尚领域专门负责帮顾客购买东西的人，他们会综合流行趋势、顾客需求和商品价格科学购买，因此也具备很高的技术性要求。

---

① 释义引自刘海润、亢世勇主编《现代汉语新词语词典》（上海辞书出版社，2015）。

② 释义引自杨明基主编《新编经济金融词典》（中国金融出版社，2015）词条“操盘手”。

可见,"手"在与名词性词基或动词性词基结合时,不论是表物名词、非表物名词,还是动作动词,都具备技术上的要求,不具有这一特征的名词或动词,不能充当"手"的词基,例如"*炒菜手"一词不成立是因为"炒菜"这一动作行为本身不具备很高的技术要求。

7.1.3 "师"+专业性

"师"表示职业名时,是指称掌握某种专门技艺的人,和它结合的词基倾向于具备专业性。

(1) $[[X]_{N.}$ 师$]_{N.}$

"师"附加在名词性词基后时,表示从事X相关工作的人。当X为"X师"的工作内容时,X可以是具体事物或抽象概念,从X所涉及的领域来看,它们大部分都属于文体经哲等人文领域(共32例),占我们检索到的词基为名词的派生词的64%,这一点与"员"最常和表功能性的抽象名词结合以及"手"最常和须动手操作的具体事物类名词结合都不同。例如:

13. 植物园的园艺师解释说:"这叫'发财树'。广东人过年的时候都喜欢在家里摆它。"(DCC)
14. 乐队虽然有几个替补的音乐师跟随,可是指挥师却只有一个,演出的计划又不能因此而耽搁,怎么办?(DCC)
15. 当时,广大律师按照宪法和法律规定精神,为保障人民民主和维护革命法制,做了很多工作,受到了群众的欢迎。(语委)

例13中的"园艺师"是指负责果树、蔬菜和观赏植物的栽培和繁育工作的人,"园艺"具有专业性,因此只有经过专业培训的人才能成为"园艺师"。例14中的"音乐师"是指从事音乐工作的人,"音乐"作为艺术形式的一种,同样也具有专业性,没有学习过音乐的人是不可能成为音乐师的。例15中的"律师"指的是从事法律工作的人,"法律"同样也属于人文领域,"律师"首先必须具备一定的法律知识,因此相对于普通人而言,"律师"同样具备专业性。类似的例子还有"禅师、道师、法师、技师、魔术师、乐师、农艺师、气功师、曲师、拳师、舞师、医师、瑜伽师"等。以上分析说明:①X为名词时,"X师"表示从事和擅长与X有关的工作的人;②X是隶属于人文科学领域的具体事物或抽象概念,具备专业性。

其他非专业性的具体事物或抽象概念名词很难进入"$[[X]_{N.}$ 师$]_{N.}$"中,例如那些表示度量、消息、策略、疾病的抽象名词,均不能充当"师"的词基。表示情感态度类的名词有些可以充当"师"的词基,如"心理师",但这里实际上也是把"心理"当成一门学问来研究的。

(2) $[[X]_{Act.\ V.}$ 师$]_{N.}$

当 X 为动作动词时，“X 师”是 X 的施事，表示专门负责 X 的人，此时 X 为反映社会分工的动作动词。与“员”的词基多为表社会行为的动词以及“手”的动词性词基多有技术性上的要求不同，“师”的动词性词基反映的是最基本的社会分工，涉及各个领域。社会分工实质上体现的也是动作行为的专业性，例如：

16. 国外的医疗团队不仅有专门的队医、急救人员，还配有专门的按摩师，我们全队只有一个队医，更没有专门的按摩师。(DCC)
17. 就凭着这样的创劲、钻劲和学劲，小潘在短短的半年时间里，成了一名出色的设计师。(语委)
18. 我抬起头，想请那位照相师帮忙喊医生，可是，他头也不回地走远了，正在忙着向别的游客招揽生意。(语委)

例 16 中的“按摩师”是指专门负责按摩的人，“按摩”是为别人提供服务，也可作为谋生手段，属于社会分工的一种，由专人负责，具备专业性。例 17 中的“设计师”是指从事设计工作的人，“设计”也属于社会分工的一种，并非所有人都可从事设计工作，明显也具有专业性。例 18 中的“照相师”是指专门负责照相的人，“照相”虽是个人行为，但也可作为谋生手段，具备生产性，因此也属于社会分工的一种，同样具备专业性。词基为动词的例子还有“裁缝师、畜牧师、催乳师、打蜡师、打杂师、护理师、化妆师、会计师、康复师、建筑师、理发师、麻醉师、美容师、汽车修理师、摄影师、驯兽师”等。从以上这些例子不难看出：①X 为动作动词时，“X 师”表示以 X 所示动作行为为职业的人；②X 代表社会分工，具备专业性。

社会分工的本质是生产分工，判定一个行为动词是否反映社会分工的依据就是它是否具备生产性，能否创造剩余价值。另外，既然是社会分工，就往往会与他人发生联系，比如商业中的“生产、销售、服务”等。凡是不具备这些特点的动作性动词均不反映社会分工，不能充当“师”的词基，例如“踢球”属于个人行为，也不具备生产性，因此“＊踢球师”不成立。

不论是知识类的抽象名词，还是反映社会分工的动作动词，都与专业性紧密相连，由此证明“师”在表示职业名时，激活的是“专业性”这一侧面。

7.2 痴迷认知域

类后缀“迷、控、狂”虽然都占据痴迷认知域，但它们对可搭配的词基范围是各有选择限制的，例如我们说“偷窥狂”，不说“*偷窥控、*偷窥迷”；说“衬衫控”，不说“*衬衫迷、*衬衫狂”。

7.2.1 “迷”+传统性

“迷”是现代汉语中最基本的表示痴迷义的指人类词缀，我们在第6.1.3.1节已经分析过类词缀“迷”是从表示“迷恋”的动词性词根“迷”发展而来的，在宋代时就出现了指人的用法。因此它在词汇系统中已经较为稳定。单从语义和可结合词基的语法性质来讲，“迷”同我们下文将要讨论的“控”更为接近，它们的原型义项都是附加在名词性词基后表示对某类事物痴迷的人，同时它们都很少跟动词性词基结合，在我们检索到的“迷”和“控”的派生词中，分别仅有3个和2个；类词缀“狂”则不同，它更倾向于跟动词性词基搭配，表示痴迷于某种行为的人，同时往往带有贬义色彩。正因为“迷”和“控”在语义上如此接近，“迷”的派生词有74.3%均可替换为“控”，仅有19个不能替换。但即使“迷”在语义上与“控”近似，它在词基的选择上也有特别之处，首先体现在“迷”可跟单音节词基搭配，例如：

19. 只是在中国这个公路自行车运动并不发达的国家，万千车迷夹道观赛的景象还难得一见。(DCC)
20. 他会下盘棋，可不象许多人那样变棋迷。(语委)

例19中的“车迷”是指对车(自行车或汽车)很痴迷的人，此时不能替换成“*车控”。“棋迷”是指痴迷于棋(象棋、围棋等)的人，也不能替换成“*棋控”。类似的例子还有“歌迷、剑迷、军迷、拳迷、音迷、书迷、舞迷、戏迷、影迷”等。这说明，同样都是类词缀，“迷”的虚化程度比“控”高，“控”和词基间的结合较为松散，因此多和双音节甚至多音节词基结合，而“迷”和单音节词基的结合得十分紧密，“车迷、棋迷”比“背影控、蝴蝶结控”的词汇化程度更高。

除了可以和单音节词基结合以外，“迷”不能被替换为“控”的例子还有：

21. 在斋宫北大殿，民间老艺人“面人郎”和他的徒弟张宝琳的“面人”表演，吸引了众多的“面人迷”。(语委)
22. 彭修文的父亲弟兄五个，都是京戏迷、汉剧迷。(语委)

例21中“面人迷”指非常喜欢面人的人，例22中的“京戏迷、汉剧迷”则是痴迷于“京戏、汉剧”的人。我们分别在“百度搜索”中检索了“＊面人控、＊京戏控、＊汉剧控”，并未发现实际用例，说明此时“迷”不能被替换为“控”。这三个词的词基“面人、京戏、汉剧”的共同特点是都是中国传统文化的代表，后两者更是传统的艺术形式。受此启发，我们又在百度中检索了类似的例子，发现也不能被替换为“控”的“迷”类派生词还有“黄梅戏迷、太极拳迷”等。综观这些不能被替换为“X控”的“迷”类派生词的词基，它们除了是中国传统文化的代表之外，还都属于在年轻人中受众不多的事物或概念，而“控”目前的使用群体是年轻人，他们关注不多的事物或概念自然不会被人痴迷从而词汇化为“X控”了。

7.2.2 “控”＋特殊性

总体来看，类词缀“控”的使用范围比“迷”大，在我们检索到的“控”的派生词中有48个不能被替换为“迷”，占我们检索到“控”的派生词的22.3%。不能替换的词基主要集中在以下几类：

（1）某类特别的人，如：

23. 出行好运好心情！开始吃了，还有个美女控呢！(BCC)
24. 直播正在进行中，不管你是时尚迷还是帅哥控，快来一起欣赏Burberry带给我们的2012系列男装时装吧！(BCC)

例23中的“美女控”指的是特别喜欢美女的人，例24中的“帅哥控”同理。类似的例子还有“俊男靓女控、女儿控、女团控、瘦子控、学弟控”等。该类派生词的出现仍然是受“控”最初表示“对某类人有变态迷恋的心理”的影响，只是此时“控”的贬义色彩已经弱化了。

虽然“迷”也可以附加在表人名词后，但这些表人名词常是专有名词(如某位名人)，而不是一类人，如“哈利波特迷、杰克伦敦迷”等，此时“迷”均可被替换为“控”。

（2）表身体部位或特征的名词，如：

25. 陈柏霖额酒窝打败我了～哇系酒窝控啦[①]。(BCC)
26. 遇上我这个表情控，聊起天是不是觉得很烦。(BCC)

例25中的“酒窝控”指的是迷恋酒窝的人，属于“身体部位＋控”，类似的例子还有“侧脸控、喉结控、睫毛控、金发控、美手控、短发控、瘦腿控”，这些能

① 该条语料为BCC语料库中的微博语料，故多网络用语，翻译成现代汉语普通话为“陈柏霖的酒窝打败(‘征服’义)我了，我是酒窝控啦！”

够充当“控”的身体部位或者是身体上某些不为人注意的细节(如“睫毛、酒窝、喉结”等),或者带有某些独特的特征(如“美手、短发、金发、瘦腿”等),也就是说它们在身体部位中属于非典型特征。

例 26 中的“表情控”指的是对表情痴迷,在聊天过程中喜欢使用表情的人,属于“身体特征+控”。类似的例子还有“背影控、高音控、眼神控”等,与表示“身体部位+控”的派生词相似,此类派生词的词基也都属于非典型特征类,如“背影”相对于人的正面,“高音”相对于正常的声音,眼神相较于眼睛等都更具特殊性。

(3) 独特的事物、概念,如:

27. 越南腐乳鸡翅,腐乳控+鸡翅控幸福的要窒息了……(BCC)

28. 认可这部片子,作为一个细节控 ,居然没挑出太多刺来。(BCC)

例 27 中的“腐乳控”指的是非常喜欢腐乳的人,属于“具体事物+控”,与“鸡翅”相比,喜欢它的人并不多,所以在“百度搜索”中我们检索到了“鸡翅迷”的说法(说明在“鸡翅控”中“控”可被替换为“迷”),但却不存在“*腐乳迷”。类似的例子还有“波点控、肥肠控、焦糖控、流苏控、内裤控、面膜控、条纹控、校服控、羽绒控、长袖控、正品控”等。这些例子中的词基无一例外都具有独特性,如“条纹、波点”相较于纯色,“校服”相较于平时穿的衣服等。

例 28 中的“细节控”指的是十分在意细节的人,属于“抽象概念+控”,与“整体”相比,它反映的也是个别甚至特殊之处。类似的例子还有“毒舌控、大男子主义控、格式控、情节控、温情控”等。

(4) 特定的动作,如:

29. 是啊!! 我是嘟嘴控,太可爱了!(BCC)

该例中的“嘟嘴控”指的是特别喜欢嘟嘴的人,“嘟嘴”本身是一种不常有的表情动作,但很多年轻女生却对它情有独钟以示可爱,故产生了“嘟嘴控”一词来形容这样的人。我们用“百度搜索”检索了“*嘟嘴迷”,并未发现用例,说明此处“控”不可被替换为“迷”。除了我们在语料库中检索到的“嘟嘴控”之外,还有诸如“打折控、恋旧控”等词中的“控”也不能被替换为“迷”,这说明,在表示对某种特殊行为的痴迷时,用“控”而不用“迷”。

以上分析了类词缀“控”与“迷”不同的词基选择限制,综合以上这些词基的语义,不难发现,它们都是属于某个范畴中的非典型成员,或者是某类特别的人或其身体部分及特征,或者是某种特别的事物、概念或行为,如果说“迷”的词基多是本身就具有吸引力的话,“控”的词基除此之外还带有特殊性,人们对它们的关注反映的是自身独特的审美价值观或特殊的癖好。

7.2.3　"狂"+非正常性

我们在第6.3节中已经提到,与"迷"和"控"倾向于和名词性词基结合不同,类词缀"狂"更常和动词性词基结合,表示痴迷于某种行为的人。

由于词根"狂"在表示"人的精神失常;疯狂"时多形容的是人的行为或精神状态,类词缀"狂"指人时也更倾向于和动词性词基结合;同时受词根"狂"指称"人的精神失常;疯狂"的影响,类词缀"狂"也常带有贬义,主要表现为和"狂"搭配的名词性词基或动词性词基多表示某种疯狂的、非正常的概念或行为(37个词),如:

30. 宾夕法尼亚大学犯罪学家阿德里安·雷恩很早就对监狱中的杀人犯、暴力狂、心理变态者、反社会人格障碍者进行各种大脑影像学扫描,发现他们大脑的沟回、核团、皮层具有结构与功能上的损伤。(DCC)
31. 将性幻想付诸实践,你会变成色情狂还是倍感失望?(DCC)
32. 在偷窥狂事件曝光后,利兹方面加强安保,今天则按照计划首次对媒体开放。
33. 犯人据说是一名一直跟踪直美的跟踪狂。

例30、31中的"暴力狂"和"色情狂"属于"抽象名词+狂"类派生词,分别指的是沉溺于暴力和色情的人。暴力和色情作为一种贬义的抽象概念,若沉溺于其中,会对人产生不良影响。同类例子还有"家暴狂"。

例32、33中的"偷窥狂"和"跟踪狂"属于"动作行为+狂"类派生词,分别指的是痴迷于偷窥或跟踪的人。偷窥和跟踪都属于为正常人所抵触的行为,沉溺其中的人往往存在心理问题,因此"偷窥狂"和"跟踪狂"也都带贬义。类似的例子还有"暴露狂、操纵狂、复辟狂、好战狂、控制狂、窥视狂、虐待狂、批评狂、胁迫狂、杀人狂、偷拍狂、偷窃狂、妄想狂、自恋狂"等,以上这些派生词的词基或是违反法律,或是与道德相悖,沉溺于其中的人也属于不正常的一类人。

当"X狂"的词基表示的是某种正常的事物、概念或动作行为时,"狂"的贬义色彩就弱化了,单纯表示对某事物或行为痴迷的人,此时"狂"可以被替换为"迷"和"控",如"游戏狂/迷/控、钟表狂/迷/控、科学狂/迷/控、表演狂/迷/控、考古狂/迷/控、健身狂/迷/控"等。可以共同充当"狂、迷、控"的词基要求:①语义上不具特殊性,属于某一范畴中的典型成员;②不具非正常性,属于正常的事物、概念或动作行为。

但是,即使词基满足上述要求,"迷、狂、控"可以互相替换后,派生词的语义也会发生变化，这是因为人们对它们的识解不同所致，我们将在下一章进行详细讨论。

综上所述，表示痴迷义的指人类词缀“迷、控、狂”在词基的搭配限制上有交叉也有各自的不同倾向：“迷”作为最基本的表痴迷义指人类词缀，可以和单音节词基和代表传统文化的词基搭配；“控”源自日语，可以和具备特殊性的词基搭配；“狂”则在同表非正常性的词基搭配时不可被替换为“迷”和“控”。这说明，在痴迷认知域中，“迷”占据的是“传统性”的侧面，“控”占据“特殊性”侧面，“狂”占据“非正常性”侧面。

7.3　领域认知域

占据领域认知域的三个类词缀“界、坛、圈”语义相近，分布也类似，它们都可以附加在表示具体事物或抽象概念的名词性词基以及表示动作行为的动词性词基后。但是，它们占据的是领域认知域的不同侧面，在可搭配词基的语义类别上各有不同的选择限制。这一点，使得它们在领域认知域中得以共存，并没有出现其中某个类词缀被排挤的现象。

7.3.1　“坛”+展示性/竞技性

类词缀“坛”是由词根“坛”引申而来的，词根“坛”本指古代举行祭祀、誓师等大典用土和石筑的高台。高台可用来展示，也可用于竞技，因此，和类词缀“坛”结合的词基也多带有展示性或竞技性。

(1) $[[X]_{N.}坛]_{N.}$

我们在第6.2.1.2节中已经讨论过，类词缀“坛”的名词性词基可由具体事物或抽象概念充当，派生后表示与词基相关的领域。此时X的主体是人，并且是具备展示性或竞技性的，例如：

34. 普拉蒂尼不但是法国足坛上的佼佼者，而且还是善于经商的行家。(语委)
35. 想不到，一位画坛大师在这个时刻成为程琳的知音。(语委)
36. 21世纪的中国乐坛，需要谭盾这样的国际作曲家。(DCC)
37. 再过20年，当新一代亚裔成长起来，他们在美国政坛的影响力会明显增强。(DCC)

例34、35中的“足坛”和“画坛”都属于“具体事物+坛”类派生词，“足坛”的意思是足球界，足球属于竞技运动，一场足球比赛总要分出胜负；“画坛”则是与绘画有关的领域，绘画是作者表达某种情感或想法的手段，具有展示性。

类似的例子还有“车坛、词坛、歌坛、剑坛、剧坛、乒坛、棋坛、琴坛、诗坛、书坛、羽坛”等。

例 36、37 中的“乐坛”和“政坛”则属于“抽象概念＋坛”类派生词，其中“乐坛”的词基“乐”指音乐，音乐也是音乐人用来表达自己内心的一种手段，听音乐的人可以通过音乐了解音乐人的所思所想；“政坛”即政治领域，列宁曾经说过“政治就是各阶级间的斗争”，是各种势力间的博弈，也具有竞技性。类似的例子还有“教坛、食坛、史坛、体坛、文坛、舞坛、艺坛”等。

综合以上各例，可以得出：①当 X 为表具体事物或抽象概念的名词性词基时，“X 坛”指称与 X 相关的领域；②能够充当“坛”的名词性词基在语义上要求具备展示性或竞技性。

(2) $[[X]_{V.}$ 坛$]_{N.}$

类词缀“坛”很少和动词性词基结合，在我们检索到的“坛”的派生词中仅有“摄坛”和“泳坛”，它们同样也是属于展示性和竞技性的活动，如：

38. 他在 1938 年的西班牙内战中，拍摄了一名战士中弹将要倒下这幅令人有身临其境之感的作品，以《西班牙的战士》《战场的殉难者》《阵亡的一瞬间》等标题发表，立刻震动了当时摄坛，成为战争题材的不朽之作和他的传世之品。(语委)
39. 丹尼斯是“世界长距离之王”哈克特的恩师，在国际泳坛享有声誉。(DCC)

例 38、39 中的“摄坛”和“泳坛”分别表示摄影界和游泳界。“摄影”是一项具有展示性的活动，摄影师可以通过摄影作品表现自己的意图；“游泳”则属于竞技性运动，因此在泳坛中总会有排名先后之分。

根据以上分析，不难看出，“坛”无论是附加在表示具体事物或抽象概念的名词性词基后，还是附加在表示动作行为的动词性词基后，都要求词基带有明确的展示性或竞技性，所以“坛”在领域认知域中占据是“展示性/竞技性”的侧面。

除了要求词基具备展示性和竞技性之外，“坛”和“圈、界”的区别还在于它更倾向于同单音节词基结合，而“界”既可以和单音节词基结合，也可以灵活地同单音节以上词基结合，“圈”则只能和双音节以上词基结合。这说明，“坛”的语法化程度比“界、圈”低，因此在同词基结合时更受限制，这同时也影响了“坛”的组合能力，在这三个类词缀中，“坛”是组合能力最弱的一个。

7.3.2　“圈”＋ 现代性

我们在第 6.2.1.3 节中已经指出类词缀“圈”直到 20 世纪 90 年代左右

才进入使用的高峰期，它是领域认知域中兴起时间最晚的类词缀，因此“X圈”所表示的领域多与现实生活密切相关，这一点反映在与它结合的词基上表现为它们多具备现代性①。

(1) $[[X]_{N.}$ 圈$]_{N.}$

类词缀“圈”的名词性词基最常由某具体事物或抽象概念充当，此时“X圈”表示与X相关的领域。能够充当“圈”词基的具体事物或抽象概念与现代人的生活各个方面息息相关，具有现代性，例如：

40. 《我是歌手》看到了栾树和周晓鸥，一起来聊聊中国摇滚圈吧，纪念错过了的辉煌。（网络）
41. 33个国家和地区、1701幅作品，漫画圈的“嘉兴峰会”开幕。（网络）
42. 关注公益的人，也许都会关注到近两年公益圈里的两个热词——一个是“草根公益”……（DCC）
43. 娱乐圈横跨时尚圈，×××成了男装周的宠儿。（网络）

例40、41中的“摇滚圈”和“漫画圈”属于“具体事物＋圈”类派生词，按照语义类别划分，它们都是具体事物下属的“产出物”。“摇滚圈”指的是做摇滚音乐的人所组成的圈子，摇滚是一种流行音乐风格，在20世纪50年代早期开始流行，在世界范围内都很受欢迎，中国摇滚圈的形成则是从20世纪80年代开始的，也就是说摇滚作为一种音乐形式，与现代人的生活密不可分，具有现代性；“漫画圈”指的是画漫画的人所组成的圈子，漫画属于绘画的其中一类，虽然它的起源可追溯至16世纪的欧洲，但它在中国的流行则是到了20世纪三四十年代，近年来漫画在年轻人中间越来越受欢迎，由此才导致了“漫画圈”的形成。同属于“具体事物＋圈”类派生词的还有“地产圈、电视圈、电影圈、古玩文物圈、话剧圈、篮球圈、汽车圈、诗歌圈、书法圈、足球圈”等。

例42、43中的“公益圈”和“时尚圈”则是“抽象概念＋圈”类派生词，其中“公益圈”指的是做公益的人组成的圈子，公益是公共利益的简称，“公益”一词在五四运动之后才出现，此前并没有公益这一概念，随着现代社会的发展，公益逐渐发展兴起，近年来热衷公益的人也越来越多，因此“公益”具备现代性；“时尚圈”指的是时尚领域，时尚是具有时间性的，随着时间的推移，时尚也会发生变化，生活水平的提高使得人们对时尚的追求也越来越多，时尚与人们的生活也结合得越来越紧密，因此它也是具有现代性的概念。属于“抽

---

① 我们这里所谓的“现代性”仅指某种事物或概念与当代现实生活密切相关的特性，与文学、文化领域的“现代性”概念并不相同。

象概念＋圈”类派生词的还有“艺术圈、教育圈、决策圈、美术圈、文化圈、文学圈、文艺学、娱乐圈、学术圈、医疗圈、政治圈、职业圈”等。

除了具体事物和抽象概念，“圈”的词基有时还可由表身份的指人名词充当，此时“X圈”表示由X组成的圈子，如“裁判圈、教练圈、警察圈、盟友圈、模特圈、熟人圈”，其中的词基也都与现代人生活中的某方面密切相关，这里不再赘述。

以上这些派生词反映出：①当X为名词性词基时，“X圈”或者表示与X相关的领域（X为具体事物或抽象概念），或者表示由X组成的圈子（X为表身份的指人名词）；②这些具体事物、抽象概念或者具备某种身份的人都与现代人的生活息息相关，具有现代性。

(2) $[[X]_{V.}$ 圈$]_{N.}$

“圈”在同表动作行为的动词性词基结合时，“X圈”表示从事X的人员所构成的圈子，与“圈”的名词性词基性质一致，它的动词性词基表示的也都是与现代生活最密切相关的动作行为，如：

44. 下面是2015年欧美健身圈儿正在流行的12个健身动作，瘦腰提臀，简单实用。（网络）

45. 跟着国家旅游局局长，看中国未来旅游圈。（网络）

例44中的“健身圈”是指健身的人所组成的圈子，近两年，健身越来越受到年轻人的欢迎，健身圈也随之形成；例45中的“旅游圈”指的是旅游领域，作为在现代人的生活中占据了重要地位的一项活动，旅游自然具有现代性。同属于“动词性词基＋圈”类派生词的例子还有“出版圈、编剧圈、法律援助圈、平面设计圈、赛车圈、社交圈、摄影圈、谈判圈”等。以上分析表明：①当X为表示动作行为的动词性词基时，“X圈”表示从事X的人员所构成的圈子；②不论是“旅游、健身、出版、法律援助”，还是“健身、社交、摄影”等活动，都十分贴近现代人的生活，具有现代性。

总之，“圈”不论是同表示身份、具体事物或抽象概念的名词性词基结合，还是同表示动作行为的动词性词基结合，都要求它们在语义上具有现代性，由此说明“圈”在领域认知域中占据的是“现代性”的侧面。

7.3.3 “界”＋可参与性

“界”是领域认知域中能产性最高的类词缀，它可以灵活地和单音节语素（如“财界”）、双音节词（如“劳动界”）甚至多音节短语（如“社会保障界”）结合。在对词基的语义选择限制上，“界”的可搭配范围也最广，它既可以像“坛”那样和具备展示性或竞技性的词基结合（如“游泳界、设计界”），也可以像“圈”那样和具备现代性的词基结合(如“健身界、公益界”),同时它还可以和那些无法同“坛、圈”结合的词基结合,如“法界”成立,“＊法坛”不成立;“劳动界”成立,“＊劳动圈”不成立。

但是,即使“界”可结合的词基范围十分广泛,也并非全部类别的名词性或动词性成分均可充当“界”的词基,它要求与它结合的词基必须具备人的可参与性。因为在6.2.1节开篇我们就已经指出,领域认知域虽然是一种抽象的范围,但领域的主体是人,因此领域认知域内类词缀所构成的派生词反映的也是该领域内人员的共同特点,以下是具体分析:

(1) $[[X]_{N.}界]_{N.}$

在第6.2.1.1节中已经分析过,当“界”表示某抽象的领域或范围这一原型义项时,最强势的词基搭配是表示具体事物或者抽象概念的名词性词基(78.6%),此时“X界”表示与X相关的职业、专业或兴趣爱好领域,这些名词性词基需要在语义上具备可参与性,即该具体事物或抽象概念所涉及的主体是人,如:

46. 2012年年初,我去上海市中心某一弄堂采访连环画界的耆宿、90岁的贺友直老人……(DCC)
47. 而罗艾呢,他那时不仅在我们同学中间是个有名的画家,而且在全国木刻界也已初露头角,而他的油画和水彩画,造诣更深。(语委)
48. 从而彻底解决了西塔潘(Seetapun)猜想,备受国际逻辑学界著名学者的肯定和高度赞扬。(DCC)
49. 愿我们某些崇尚西方新闻自由,迷信西方新闻真实的同胞,特别是新闻界、知识界人士和青年学生,学一点孙悟空看人的本事。(语委)

例46～49中“界”的派生词都不能替换为“坛”和“圈”。其中,例46、47中的“连环画界”和“木刻界”是“具体事物＋界”类派生词,前者指连环画领域,“连环画界”的组成人员包括连环画家和欣赏者,连环画作为连环画家的作品,自然是需要画家充分发挥主观能动性参与其中的;“木刻界”也是如此,木刻是木刻家的产出物,也同样需要木刻家参与其中才能完成。同属于“具体事物＋界”的例子还有“芭蕾舞界、电视剧界、纪录片界、昆曲界”等,这些派生词的词基在语义上也都可归为人类活动的产出物类,自然少不了人的参与。

例48、49中的“逻辑学界”和“知识界”属于“抽象名词＋界”类派生词。“逻辑学界”指的是研究逻辑学的人所组成的圈子,“逻辑学”属于知识类抽象名词,它作为一门学科,必须具备的要素就是研究者,这是一门学科成立的前提条件之一，因此“逻辑学”也是具有参与性的。根据我们的统计，所有的学科名“～学”都有对应的“～学界”，例如“医学界、地理学界、动物学界、政治学界、地质学界、生物学界、语言学界、社会学界、商学界”等，这说明“～学＋界”类派生词具有生成周遍性。“知识界”指的是知识分子所在的领域，当我们说到“知识界”，所指的也都是其中的知识分子，因此它也具备可参与性。类似的例子还有“科教文卫体界、基督教界、战略界、政界、财界”等。

除了具体事物或抽象概念以外，“界”的名词性词基还可由表身份的指人名词充当，如“劳工界、少数民族界、无党派人士界、妇女界”等，这些派生词的词基本身就是指人名词，自然也具备人的参与性，但像“劳工、少数民族、无党派人士、妇女”之类的词基都不具备现代性，并不是单纯反映现代人的生活，因此无法与类词缀“圈”结合。

综合以上分析，可以得出两点结论：①当X为身份、具体事物或抽象概念的名词性词基时，“X界”表示与X相关的职业、专业或兴趣爱好领域(X为非人名词)，或者X所在的领域(X为表人名词)；②可同“界”结合的名词性词基，在语义上具备可参与性，即它们所涉及的主体是人，不具备这一特点的名词不能充当“界”的词基。

(2) $[[X]_{V.}$ 界$]_{N.}$

“界”有时还可以同表示动作行为的动词性词基结合，此时“X界”表示X所在的领域，与名词性词基类似，与“界”结合的动词性词基在语义上具备可参与性，或者也可称为自主性，如：

50. 从上世纪八十年代始，中国器官移植界专家就开始呼吁国家出台脑死亡法，但至今没有实现。(DCC)

51. 齐思儒是中国葡萄种植界及葡萄酒界的知名专家，现已退休的他钟情于看书、画画、旅游、养鱼、种花，晚年生活可谓丰富多彩。

例50、51中“器官移植界”和“种植界”的词基都带有动词。“器官移植界”即器官移植领域，其词基“器官移植”为O.V.形式的动宾短语，该动作行为的进行由人主导；“种植界”也是如此，“种植”为二价动词，其施事论元是人。类似的例子还有“口腔正畸界、社会保障界、石油钻井界、书籍设计界、新式制丝界、移动通信界、遗产保护界、营造界”等，它们的词基所表示的动作均由人主导，为自主性动词或短语。

由此可见，“界”不论在同名词性词基还是动词性词基结合时，均要求它们在语义上具备可参与性，这说明，“界”在领域认知域中占据的是“可参与性”侧面。

至此，我们可以将类词缀“坛、界、圈”在领域认知域中的分布总结如下：

“坛”占据“展示性/竞技性”侧面，“圈”占据“现代性”侧面，“界”占据“可参与性”侧面。

“坛、界、圈”构词时除了在语义层面有不同的选择限制外，在语体色彩上也略有不同，“坛、界”都用于书面语，但“坛”带一些口语色彩(施春宏，2002)，因为它“发展成熟，而且音节结构符合汉语的双音节特征”，“使用起来方便、顺口”(傅京，2008)；“圈”由于兴起时间最晚，且与现实生活密切相关，因此时髦感强，常在口语中使用。要想证明“坛、界、圈”构词的语体差异就必须考察它们在不同语体中的使用频率，这并非本书研究的重点，故不再展开详细论证。

7.4 类型认知域

类后缀“式”和“型”都隶属于类型认知域，表示事物的不同类别；它们的分布也相近，都可以同名、动、形类词基结合。但是，它们对搭配词基的语义类别各有不同的选择限制，例如我们可以说“创新型(人才)”，但不说“*创新式(人才)”；我们说“立式(空调)”，但不说“*立型(空调)”，这说明，“式”和“型”在类型认知域中占据的是不同的侧面。

7.4.1 “式”+外部特征

我们在第6.2.2节已经讨论过，当X表示“X式”后的中心语H.的典型特征时，“X式”意为“以X为典型特征的”，此时X可以表示样式、时间、来源、部件、主体、性质、风格，其中有以下几类“X式”没有相应的“X型”类派生词，先看例句：

52. 有些影片回归明星云集、搞笑娱乐的港式贺岁片，如《72家租客》形成张学友和曾志伟领衔的两大演员明星阵营。(DCC)
53. 剧中将展现10名爱尔兰踢踏舞者与10名美式踢踏舞者长达10分钟的技巧对抗。(DCC)
54. 重型罐式货车行至此处时，撞断护栏冲下悬崖。(DCC)
55. 试点集镇在经过分类的基础上，每个集镇建一个小型焚烧炉或窑式焚烧炉，将集镇的垃圾进行统一焚烧。(DCC)
56. 手机从过去一律按1500元征税调整为键盘式手机按1000元征税，触屏式手机另行确定。(DCC)
57. 政府相关部门应增设老年人乘车自动刷卡系统，将“老年证”改制成芯片式磁卡。(DCC)

例 52、53 中的“港式”和“美式”都属于“地名＋式”类的派生词，其中的地名“港”和“美”既代表“贺岁片”和“踢踏舞”的来源地，也表示相应的风格，例如“港式贺岁片”指的是从香港传过来的、风格轻松幽默的贺岁片，它既指来源于香港，也代表了不同于内地贺岁片的独特风格；“美式踢踏舞”也是如此，它代表这种踢踏舞是源自美国的，也代表了一种与爱尔兰踢踏舞不同的风格。除了“港式”和“美式”之外，其他“地名＋式”构成的派生词都不能用“地名＋型”表达，如“广式（月饼）、中式（建筑）、阿拉伯式（革命）、欧式（家具）、越式（小楼）”等。

例 54、55 中的“罐式”和“窑式”则属于“样式＋式”类的派生词，这里所谓的样式指的是对 H. 外形的描摹，例如“罐式货车”指的是载货部位为封闭罐体的货车，其得名于对载货部位的外形的描摹（罐状）；“窑式焚烧炉”同样也得名于这种焚烧炉的外形是窑状的。除此之外，还有“塔桅式（机械设备）、猎装式（春秋常服）、散点式（的取样方法）”都是属于对中心语的样式或外形的描摹，也不可替换成“X＋型”。

除了“地名＋式”、“样式＋式”类的派生词之外，例 56、57 中的“键盘式”和“芯片式”都属于“部件＋式”类的派生词，同样也没有对应的“X 型”类派生词。例如“键盘式手机”指的是带键盘的手机（与触屏式手机相区别），键盘是手机的部件；“芯片式磁卡”指的是带芯片的磁卡（与无芯片式磁卡相区别），芯片是磁卡的部件。类似的例子还有“卷盘式（喷灌机）”。

不论是“地名＋式”，还是“样式＋式”，亦或是“部件＋式”都属于对“X 式”后的中心语外在特征的描述，地名代表来源，样式代表外形，部件也是可见的，这说明，类词缀“式”的名词性词基可以代表外在特征，而“型”的名词性词基则不具备这一特点。

当“式”的词基为动词或形容词时，绝大多数情况下“式”都可用“型”替换，在我们检索到的 42 个“V. ＋式”和 12 个“A. ＋式”类派生词中，仅分别有 3 个和 1 个没有对应的“X 型”派生词，它们是“固定式（塔基）、照搬式（学习）、拉网式（摸排）、简式（快捷贷款）”。我们推测，这几例派生词没有相对应的“X 型”的形式，可能是由于后者虽然合乎词法规则，但尚未词汇化（语义未打包成词）；也可能与“式”对词基的选择限制有关，但由于不可替换的例子太少，我们无法从中总结规律，所以就不再作专门分析。从另一方面来说，绝大多数的“V. ＋式”和“A. ＋式”类派生词都有对应的“X 型”，则是因为其中的词基都不属于对 H. 外部特征的描摹，当 X 为动词时，它或者代表 H. 的类别（H. 为名词），如“启发式（教育）、定向式（校企合作模式），或者代表 H. 的方式，如“体验式（采访）、包容式（发展）”，当 X 与 H. 为类比关系时，也不涉及外形上的类比，而更多的是性质内涵上的类比，如“造血式（扶贫）、运动式（思维）”等；当X为形容词时，X也是对H.的非外在特点的描述，如“自动式（轮椅升降机）、单向式（产品）”等。正因如此，它们才有了被替换为“X型”的可能性。

综合以上分析，可以看出“式”在类型认知域中占据的是“外部特征”的侧面。

7.4.2 “型”+内在特征

(1) $[[X]_{N.}$ 型$]_{NPA.}$

当类词缀“型”的词基为名词时，若X为H.的典型特征，“X型”意为“以X为典型特征的”，若X与H.为类比关系，“X型”则意为“像……一样的”，但是，与“式”相比，类词缀“型”的词基为名词时更倾向于强调H.的内在特征，先来看几例只能用“型”，不能用“式”的例子：

58. 到目前为止，成都银行科技支行，已为全市86家科技型中小企业提供了18亿元的短期流动资金贷款。(DCC)
59. 要做知识型工人，不仅要苦干，还要巧干。(DCC)
60. 墨西哥流行甲型H1N1，亚洲包括中国在内一些国家和地区以乙型流感病毒为主。(DCC)
61. 当社区居民遇到涉法涉诉事件或权益遭受侵害时，在10分钟内，就能以快捷、便利、经济的方式得到优质高效、看得见、可选择的超市型综合法律服务。(DCC)

例58～61中的“X型”与所修饰的中心语都是相关关系，其中“科技型（中小企业）”和“知识型（工人）”一为述物，一为述人，前者得名于中小企业的性质，因为这些企业产品的技术含量比较高，如从事信息、电子、生物工程、新材料、新能源等技术领域的公司等，故被称为“科技型（中小企业）”，后者则得名于此类工人是有技术有知识的，与纯体力工人相区别；例60中的“甲型”“乙型”常用在疾病前作为疾病的分类，分类的依据是病毒的不同种类和疾病的不同特征，除了“甲型”“乙型”外，还有“丙型”“丁型”等以天干名为词基的“型”的派生词；例61中的“超市型”和它所修饰的“综合法律服务”则为类比关系，“超市型综合法律服务”得名于该种法律服务具有高效、可见、可选择等特性，就好像超市一样。类似的例子还有“酵母型内部关系”。

以上这些例子都属于只能用“型”不可用“式”的，它们的共同特征是都指称或者类比所修饰中心语的性质或内在特征。而“X型”代表中心语的外部特征时，则有对应的“X式”存在，如“线条型/式（生产模式）、燕翅型/式（铁塔)、资源型/式(企业)、总部型/式(项目)”等。

(2) $[[X]_{A.}型]_{NPA.}$

“型”的形容词性词基既可由单音节形容词充当,也可由双音节词或者多音节形容词性短语充当。X 除了描述中心语 H. 的外在特征,还可以描述 H. 的抽象特征,例如:

62. 所以,运筹伐谋是决胜之本,作为一个现代企业家,尤其是大型企业的经理人员,必须具有运筹伐谋的基本功。(DCC)

63. 计数器的嘀哒声现在已经连成了一片,在空寂了好多天的耳道中,这些声音大得可怕,象重型机枪在轰鸣。(DCC)

64. 目前,云南每年地方财政对劳动密集型小企业贷款贴息 3000 多万元。(DCC)

65. 有计划培养一批擅长办理职务犯罪、有组织犯罪、金融证券犯罪、网络犯罪、知识产权犯罪、涉众型犯罪以及刑事立案监督、侦查活动监督等案件的专门型人才。(DCC)

例 62、63 中的“大型、重型”都是单音节形容词和“型”结合,“大型(企业)”指的是规模大的企业,“重型(机枪)”指的是在重量、体积、功效或威力上特别大的机枪,可见“重型”并非仅仅指体积或者重量大。类似的例子还有“中型、轻型、微型、小型”等。它们与“大型、重型”一样,并非仅仅指称体积或重量等具体特征,往往也指规模、功能等抽象特征。这一点与“式”不同,单音节形容词词基与“式”结合时,更倾向于指称具体的样式或形式,如“老式(空调)、新式(军服)”指的都是形式或样子陈旧/新的,因此,当“大型、重型、轻型”等不仅仅描述具体的样式或形式,还可以描述规模、功能等抽象特征时,就没有相对应的“＊大式、＊重式、＊轻式”了。

例 64、65 中的“密集型、专门型”则都是双音节形容词和“型”结合的派生词。“劳动密集型(企业)”指的是劳动投入的比例高于其他生产要素比例的企业,“专门型(人才)”指的专门负责某项工作、专业性强的人才。这两个派生词都是描述 H. 的性质,所以没有对应的“X 式”。

综合以上派生词的语义,可以得出以下结论:①当 X 为性质形容词时,“X 型”意为具备 X 所示性质的;②此时 X 更倾向于描述中心语 H. 的规模、功能、性质等抽象特征。

(3) $[[X]_{V.}型]_{NPA.}$

当“型”的词基为动词、“X 型”修饰的中心语 H. 为名词时,X 倾向于表示 H. 的功用,如:

66. 印度22日正式从俄罗斯接收了租借的“猎豹”号核动力攻击型潜艇。
67. 根据调研情况，目前东部部分集群地区约有15%的加工型小企业处于停产、半停产状态。
68. 全会强调，要建设马克思主义学习型政党，坚持和健全民主集中制，深化干部人事制度改革。

以上3例中的“X型”均没有对应的“X式”派生词。其中“攻击型(潜艇)”即攻击用的潜艇，“攻击”是这种潜艇的功能；“加工型(企业)”指的是负责加工的企业，与生产型企业相区别；“学习型(政党)”指的是以人的素质提高和全面发展(即学习)为宗旨的政党。这3例的“X型”修饰的中心语都是名词，X表示H.的功用或目标，这些都不属于H.的外部特征，因此我们不能说“＊攻击式(潜艇)、＊加工式(企业)、＊学习式(政党)”。

当H.为动词时，X除了表示H.的方式，如“管控型(管理)、介入型(竞争)”，还可以表示H.的性质，如“涉众型(犯罪)”，前者有对应的“X式”派生词，如“管控式(管理)、介入式(管理)”，后者则没有对应的“X式”派生词，如“＊涉众式(犯罪)”是不成立的。这说明，当X表示H.(动词)的性质时，只能用“X型”，不能用“X式”，因为与方式相比，性质属于动作行为的内在特征，所以更倾向于和“型”结合。

以上分析说明：①当X为动词时，“X型”表示以X为典型特征的(X为H.的典型特征)或像X一样的(X与H.为类比关系)；②与“X式”不同的是，“X型”中的X可以表示H.的功用(H.为名词)或性质(H.为动词)等内在特征。

比较“式”和“型”在与词基结合时的选择限制，可以发现“式”更倾向于同代表中心语H.外部特征的词基结合，“型”则更倾向于同表现内在特征的词基结合。这说明，在类型认知域中，“式”占据的是“外部特征”侧面，“型”则占据“内在特征”的侧面。

除了语义上的选择限制之外，“式”和“型”构词时在语体上也有区别，有学者指出“式”常用于书面语，“型”多于口语(孙瑞娟，2010)，例如我们可以说“罗密欧与朱丽叶式(的爱情)”，但不能说“＊罗密欧与朱丽叶型(的爱情)”。

“式”和“型”在很多情况下都可以和同一个词基结合，如“酒店式/型(工业)、候鸟式/型(生活方式)、跨越式/型(上升)、节能式/型(内燃机)、虚拟式/型(教学)”等。我们将在下一章中讨论它们与同一个词基结合的识解差异。

7.5　小结

本章分别讨论了职业认知域、痴迷认知域、领域认知域和类型认知域中类后缀构词时对词基语义类别的选择限制，主要结论如下：

1. 在职业认知域中，类后缀“员”占据“功能性”侧面，体现在当词基X为名词性、表示工作内容时，一般都属于国家或集体分配的任务，当X为动词时，多为社会行为；“手”占据“技术性”侧面，词基不论是表物名词、非表物名词，还是动作动词，都具备技术上的要求；“师”占据“专业性”侧面，与它结合的名词性词基多属于人文科学领域，动词性词基则反映的是最基本的社会分工。

2. 在痴迷认知域中，类后缀“迷”占据“传统性”侧面，当它的词基为中国传统文化的产出物时，不能被替换为“控、狂”；“控”占据“特殊性”侧面，与它结合的词基常是某个范畴中的非典型成员，或者是某类特别的人或身体部分及特征，或者是某种特别的事物、概念或行为；“狂”占据“非正常性”侧面，与它结合的名词性词基或动词性词基常表示某种疯狂的、非正常的概念或行为。

3. 在领域认知域中，类后缀“坛”的词基多具备“展示性/竞技性”，如“泳坛”；“圈”是领域认知域中兴起时间最晚的类词缀，与它搭配的词基多为具有“现代性”的事物、抽象概念或行为动作，与现代人的生活密切相关，如“时尚圈”等；“界”在领域认知域中能产性最高，要求与它结合的词基必须具备人的“可参与性”，如“种植界”。

4. 在类型认知域中，类后缀“式”占据“外部特征”侧面，所以在“地名＋式”[如“港式(月饼)”]、“样式＋式”[如“罐式(货车)”]以及“部件＋式”[如“键盘式(手机)”]类型的派生词中，“式”不能被替换为“型”；“型”则占据“内部特征”侧面，当X指称、类比或描述的是“X型”所修饰中心语的性质或内在特征时，没有对应的“X式”派生词，如“科技型(企业)、涉众型(犯罪)”等。

第八章　汉语类后缀对项的构词识解

本章继续讨论类后缀的构词重合问题(如"会计师/员、游戏迷/控/狂")。与第五章思路一致,本章仍将从各类后缀派生词对项在句法上的搭配和用法差异入手,发现它们的语义差异,然后再从识解的角度对这些语义句法差异进行解释,最后讨论识解差异的形成原因。

8.1　平视 VS. 仰视:"员"VS."师"

表职业的类后缀"员"在职业认知域中占据的是"功能性"侧面,词基表示工作内容时,属于国家或集体分配的任务,表示行为动作时为社会行为;同样表示职业的类后缀"师"占据的则是"专业性"侧面,与它结合的名词性词基多为人文科学领域的具体事物和抽象概念,动词性词基多为反映社会分工的动作动词。

当功能性和专业性发生重合时,"员"和"师"就会出现附加在同一个词基上的情况,如"会计员/师、机械员/师、设计员/师、摄影员/师、营养员/师"等。这些类词缀派生词对项并非绝对意义上的同义词,它们并不能自由替换。我们以"会计员/师"为例进行讨论,以下是几例它们不能互相替换的例子:

1Aa. 杰克是在1922年结识威利的。当时,威利不过是个县政府的会计员。(语委)

1Ab. 作案者的地位并不高,有的是股长、科长,有的是会计员、复核员;年龄也不大,多数30几岁,有的20几岁。(语委)

1Ba. 政务院财政经济委员会制定了《核定会计师管理规则》,规定经所在地市工商局或县人民政府核准的会计师,可以在当地执行业务。(语委)

1Bb. 在县里工作的专业技术人员申报高级会计师可以降低一个档次。(语委)

1Ca.《会计师通则》规定,从事会计的注册会计师及专业会计员不得兼任公职。(语委)

例1A中的两例用的是"会计员",例1Aa中说威利"不过"是个会计员,

1Ab 中也说“会计员”属于地位较低的人，据此可知在说话人看来“会计员”的社会地位并不高。例 1B 中的两例用的则是“会计师”，1Ba 体现会计师经工商局或人民政府“核准”的特征，1Bb 中“高级会计师”的搭配则说明会计师本身是有级别差异的。例 1Ca 中同时包括“会计师”和“会计员”，前者同样强调了其自身的官方特征，后者则强调了专业性。

根据以上几个例子，我们可以推断出“会计员”和“会计师”的几点差异：①会计员的社会地位比会计师低；②会计员有专业、非专业之分；③会计师须有官方认可，且有等级之分。

“会计员”和“会计师”的语义和用法差异反映了说话人对它们的识解差异，对于说话人来说，“会计师”属于身份上的高位，说话人识解它时用的是仰视视角；而“会计员”则属于身份上的低位，是平视或俯视视角，如图8-1所示：

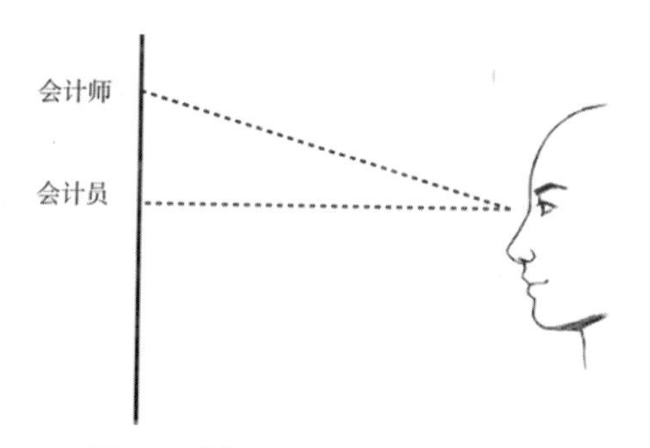

图 8-1　“会计师”和“会计员”的识解差异

对于“会计师”来说，说话人识解时的观察点处在一个相对来说更低的位置，因此从社会地位来讲，“会计师”处于身份的高位，往往与高级、专业、有能力等主观印象联系在一起；而当说话人识解“会计员”时，观察点与被识解的客体是处于同一水平位置的，说话人对“会计员”仅仅是不含任何感情色彩的客观称呼，因此“会计员”往往与基层、普通等联系在一起。

除了“会计员/师”之外，“设计员/师、机械员/师、营养员/师、摄影员/师”在识解上同样也具备这样的区别。

那么为何对于说话人来说，“师”在识解上属于仰视视角，而“员”则是平视甚至是俯视视角呢？

这与二者作词根时的词汇意义有关，词根“师”有老师之意，老师作为知识分子的一类，因其博学多才、教书育人的特点而受人尊敬，后来老师还可用来泛指在某方面值得学习的人，同样也带有令人尊敬的主观色彩，当词根“师”虚化为类词缀后，其在识解上表示令人尊敬的仰视视角被保留了下来；而“员”作词根时在具备“官吏”之意后，语义范围发生了扩大，开始指称一般人，如“派员、雇员、冗员”，既然是一般人，就谈不上尊敬与否，因此，当“员”虚化为类词缀后，它在识解上就变为了平视甚至是俯视的视角。

8.2 低仰视 VS. 高仰视：“师” VS.“家”

类后缀“师”除了跟表职业的“员”构成类后缀对项外，还经常与专长认知域中表示“在某方面有所成就”的类后缀“家”发生构词重合，例如“音乐师/家、营养师/家、美术师/家、魔术师/家、画师/家、建筑师/家、钢琴师/家、演奏师/家、占星师/家”等。“X 师”指称掌握某种专门技艺的人，“X 家”则表示在某方面取得一定成就的人，它们同时都含有在某方面能力突出之意，所以才可以经常和相同的词基结合，构成另一组类后缀对项。本节我们将重点分析“师”和“家”的识解差异。

我们以“美术师”和“美术家”为例进行讨论，它们都属于美术领域的专业人才，有时可以互相替换，如：

2Aa. 现为佛山民间艺术研究社青年工艺美术师的李小如，自幼研习书画，经多年磨砺，成绩可嘉。(DCC)

2Ba. 开封市青年工艺美术家朱雪，历时 5 年潜心雕琢，共用 2000 多万刀，成功创作了木质浮雕《清明上河图》。(DCC)

但是，大多数情况下，“美术师”和“美术家”是不能互相替换的，如：

3Aa. 电影美术师要实现导演、摄影、美术三位一体的统一构思，符合影片整体造型要求，使布景、道具、服装等造型与影片的题材、风格保持一致。(DCC)

3Ab. 在《英雄》总美术师霍廷霄的现场指挥下，近百位能工巧匠昼夜工作，历时一个月如期完成……(DCC)

3Ac. 何水法是浙江画院高级美术师，从事绘画近 30 年。(DCC)

3Ba. 刘忠德希望广大美术家坚持正确的艺术观，增强社会责任感。(DCC)

3Bb. 近些年来，许多著名美术家（及其家人），把自己的作品、藏品捐献给国家博物馆、美术馆或地方政府。(DCC)

例 3A 中用的都是“美术师”，指的是以美术为职业的人，“电影美术师”是职业名，“总美术师”是职务名，“高级美术师”是职称名，这三例中的“美术师”都不能替换为“美术家”；例 3B 中用的都是“美术家”，“广大美术家”是泛称，并不专指某个人，“著名美术家”是就美术家的名誉和社会地位而言，此时也不能被替换为“美术师”。

以上几个例子说明“美术师”和“美术家”的区别在于：①“美术师”在表示职业的同时，也是一种职务和职称，因此有等级之分（“初/中/高级美术师，美术师一总美术师”）；②“美术家”更多的是代表一种身份，象征一种荣誉，所以更常见的是“著名”和“非著名”的区分；③在表示负责具体工作的人时，只能用“美术师”，不能用“美术家”，例如“电影美术师、电视剧美术师、舞台美术师”等。

我们认为，“美术师”和“美术家”语义上的差异反映了它们在识解上的不同，说话人虽然用的都是仰视视角，但识解“美术师”时，说话人用的仰视视角为低仰视视角，识解“美术家”时，则用的是高仰视视角。也就是说，“美术家”所处位置（高位）距说话人的心理距离更远，所以它才能象征一种荣誉，给人一种高高在上的感觉，而“美术师”与说话人的心理距离则相对来说更近，这也是它为什么可以表示职业名的原因。我们可以把这一识解的差异图示如下：

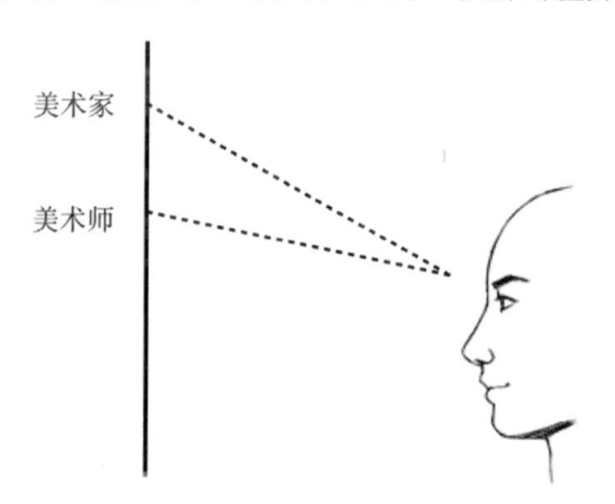

图 8-2　“美术师”和“美术家”的识解差异

同样的识解差异也体现在“音乐师/家、营养师/家、魔术师/家”等派生词对项中，这说明，对于类词缀对项“师”和“家”来说，当它们附加在同一个词基后构成派生词对项时，“师”被识解时说话人用的是低仰视视角，“家”被识解时说话人用的则是高仰视视角。正因如此，“X 家”比“X 师”往往在说话人心中具有更高的地位。

“师”和“家”的这一识解差异同样也是源于二者作词根时的词汇意义差异。我们在对比“师”和“员”的识解差异时已经分析过“师”被识解时说话人采用仰视视角的原因，这里想进一步强调的是，类词缀“家”在未发生语法化之前，作词根时可以表示某种学术流派，如“儒家、百家争鸣、一家之言”等，学术流派代表的是在学术上已经有了一定成就和影响力的学者的观点，我国古代有敬贤重士的传统，所以这些有成就和影响力的学者自然受到人们的尊敬，社会地位甚至比“师”更高，因此当“家”虚化为类词缀后仍保留了被识解时的高仰视视角。

8.3 否定 VS. 中立：“狂”VS.“迷”

我们在第 7.2 节中分析了表示痴迷义的指人类后缀“迷、控、狂”在词基结合时的不同的选择限制，其中“迷”可以和单音节词基及表示传统文化的词基结合，占据“传统性”侧面；“控”倾向于同表示某类特别的人或身体部分及特征、某种特别的事物、概念或行为的词基结合，占据“特殊性”侧面；“狂”倾向于同表示非正常的事物、概念或行为结合，占据“非正常性”的侧面。

但是，“迷、控、狂”除了有各自的选择限制以外，有时它们也可以附加在相同的词基上，构成派生词对项，如“游戏狂/迷/控、钟表狂/迷/控、科学狂/迷/控、表演狂/迷/控、考古狂/迷/控、健身狂/迷/控”等。这些派生词对项反映了怎样的识解差异，是我们本节要讨论的问题。

以“游戏迷/狂/控”为例，以下是几个它们不能替换的例子：

4A. 索尼证实，新一代游戏机 PS3 上市延期，这不知是第多少次令游戏迷们大失所望了。(BCC)

4B. 林志颖领衔为游戏控正名的 10 大明星。(网络)

4C. 网络所构成的“虚拟社会”却带给人们许多现实的问题，“信息焦虑”“网络迷恋”“游戏狂”等问题青少年出现，最突出的还是青少年的网络道德问题。(BCC)

例 4A 中的“游戏迷”出现的环境是中性语境，说话人只是在陈述事实，对“游戏迷”这类人并没有任何褒贬；例 4C 中的“游戏狂”则被视为“问题青少年”，可见说话人对它是持不赞成态度的，如果将它替换成“游戏迷”或“游戏控”，不赞成的程度就被削弱了。

所以，如果将“痴迷”看作一个有程度差异的概念，正向代表痴迷程度的增加，反向代表减弱，那么“迷、控、狂”的关系，将如下的量级模型所示：

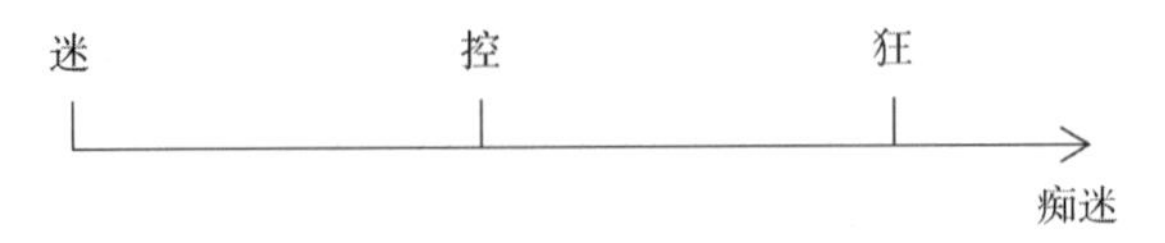

图 8-3 “迷、控、狂”痴迷程度对比

在图 8-3 中，“狂”的语义量级属于极高量级，“迷”处于痴迷的低量级位置，“控”则位于“迷”和“狂”的中间。沈家煊(2008)认为对于一个极大量的肯定意味着对全量的肯定,对极小量的肯定意味着对全量的否定,对于“迷、控、狂”们来说也是如此,如果我们说“他是一个游戏狂”,就说明他首先是“游戏迷”和“游戏控”,而虽然“迷”并非极小量,但它在三者中属于最小量,如果否定了“游戏迷”也就同时否定了“游戏控”和“游戏狂”,如果说他/她连“游戏迷”都算不上,就更谈不上他/她是“游戏控”和“游戏狂”了。

除了量级上的差异以外,以上三个例句也能反映出说话人对“X狂”往往是持不赞成态度的,对“X迷”持中立态度,无所谓褒贬,而对“X控”有时是不赞成态度,如“萝莉控”(这种不赞成态度比“狂”弱),有时也是中立态度,如“蛋糕控”“草莓控”等。

这说明“迷、狂、控”在表达的主观性(subjectivity)上是存在差异的。所谓主观性指的是“在话语中多多少少总是含有说话人‘自我’的表现成分,也就是说,说话人在说一段话的同时表明自己对这段话的立场、态度和感情,从而在话语中留下自我的印记”(沈家煊,2001),例如汉语中形容词的重叠常常可以表达主观感情,“大大(的眼睛)、小小(的嘴唇)、弯弯(的眉毛)”等重叠式在具备描写作用的同时,还可以表达说话人喜爱的感情色彩。“迷、控、狂”可以反映说话人赞成与否的主观态度,也是主观性差异的一种表现。

主观性的表达是说话人识解的结果,Traugott(1995,转引自沈家煊,2001)认为“人们要达到交流信息的目的,总要不断的借助一些表达实在意义或用作客观描述的词语,加上自己对客观情况的主观‘识解’,从而把说话的目的和动机也传递给对方”。也就是说,“迷、狂、控”所反映的主观性差异实际上是由于说话人对它们识解的不同所致。

具体来说,当说话人识解“喜欢/不喜欢X”这一情景时,根据喜欢或不喜欢的程度的差异,大致包括以下几种情况:

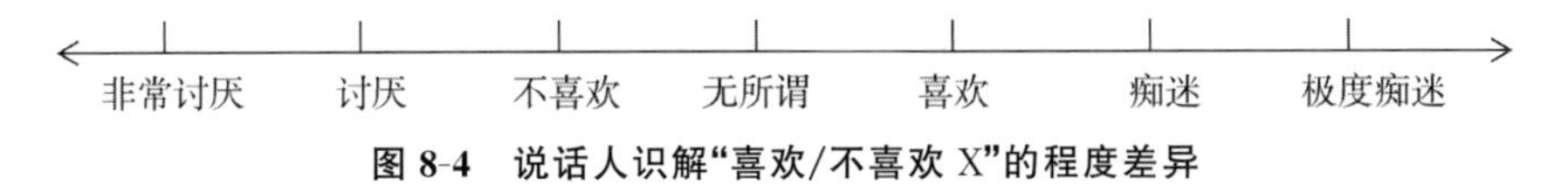

图8-4　说话人识解“喜欢/不喜欢X”的程度差异

此时在概念化主体(即说话人)心中是存在一个标准的,即“喜欢/不喜欢多少是好的”,在中国人心目中这个标准就是我们通常所说的“中庸”,这一道德标准要求我们待人接物要保持中正平和,所以“中庸”可被看作是说话人的评判标准,它在说话人识解的过程中是作为背景(background)存在的。“迷、控、狂”表示的都是非常喜欢的程度,实质上都是对这一标准的偏离,它们所表示的“偏离中庸标准”在识解过程中是作为突出的图形(figure)存在的。随着痴迷程度的增加,自然就越偏离“中庸”这一标准,过犹不及,如果说稍微偏离“中庸”尚且在说话人的接受范围之内的话,过分偏离标准在说话人看来就是不可取的了。

正因如此,表示普通"痴迷"义的"X迷"因为与"中庸"这一标准偏离最小,所以说话人对它的主观态度是不置可否的;"X狂"因为表示过于痴迷,与"中庸"的偏离最大,所以说话人对它的主观态度基本是否定的;"X控"刚产生时也由于较大的偏离程度,多反映说话人否定的主观态度,但是随着使用过程中的语义磨损,"X控"表示的痴迷程度开始弱化,由病态痴迷如"萝莉控"变为一般痴迷义如"蛋糕控",所反映的说话人的批评性的主观态度也逐渐减弱了。

8.4 边际VS.内域:"界"VS."圈"

在第7.3节中我们分析了类词缀"坛、圈、界"在领域认知域内的分布,虽然它们都可以和名词性词基以及动词性词基结合,但在可搭配词基的语义类别上各有不同:"坛"占据"展示性/竞技性"侧面,"圈"占据"现代性"侧面,"界"则占据"可参与性"侧面。

有时这三个侧面也会出现重合,例如如果不考虑音节的限制,"射击"这一动作既具有"竞技性",又具有"现代性",还具有"可参与性",因此它就可以附加在"坛、圈、界"前分别派生出"射坛、射击圈、射击界",这三个词由于语义相近,并且在词法上存在相关性,可被看作是派生词对项。

我们在第7.3节中已经分析过"坛、界、圈"的语体差异,除了语体差异外,这些派生词对项也存在语义差异,这也是它们可以在词汇系统中共存的原因之一。它们的语义差异是由人们对它们的识解不同所致,在语义内容相似的情况下(同属领域认知域,词基相同),识解的差异会造成意义的不同,从而导致句法差异。鉴于"坛"在音节上也有要求,与"界"和"圈"词基的完全重合度[①]并不高,我们这里将重点讨论"界"和"圈"。

首先以派生词对项"文艺界"和"文艺圈"为例,它们的词基为名词"文艺",派生后意为文艺领域,它们经常在句法上是可以互换的,如"著名表演艺术家李默然的离世让文艺界/圈悲痛不已",但是在某些情况下,"文艺界"和"文艺圈"不能自由替换,例如:

5Aa. 自《白鹿原》2011年初杀青后,8月其就举行过多场内部放映,得到包括原作者陈忠实、作协主席铁凝、崔永元、崔健等文艺界人士力

① 这里的完全重合是要求词基必须完全一致,意义相同、音节数不同的不算,如"射坛"和"射击界"的词基不算完全重合。

挺。(DCC)

5Ab. 全国文联的春节晚会，体现的是全国文艺界大拜年的喜悦心情。(DCC)

5Ac. 文艺界老前辈、当时“左联”地下党领导人之一阳翰笙在《白杨的路》一文中曾这样评价白杨…… (DCC)

5Ba. 内容简洁详实，地图简单明了，难怪混迹文艺圈多年的网友小赵直接称它为“文艺神器”。(DCC)

5Bb. 名利关前处之泰然，有人说，文艺圈是个名利场。(BCC)

5Bc. 近日来，文艺圈中不断有争斗之事传出，似乎我们那些可爱的歌手和演员们除了在舞台上尽显他们的风采之外，也颇愿意在生活的大舞台上做一次“强者”。(BCC)

我们暂时抛开“界”和“圈”的语体差异，单从语义层面讨论这些句子的特点。例5A中的三个句子用的都是“文艺界”，从Aa中可见这里所谓的“文艺界人士”包括了作家(《白鹿原》作者陈忠实)、作协主席(铁凝)、主持人(崔永元)、歌手(崔健)等不同身份的人；Ab中出现了一个与文艺界密切相关的组织“文联”，它的全称是“中国文学艺术界联合会”，包括中国作协、中国戏剧家协会、中国电影家协会等50个团体会员，往往是有一定成果和影响力的人才能加入；Ac中用“文艺界老前辈”来指称阳翰笙，他是一位编剧、戏剧家和作家。例5B中的三个句子用的则是“文艺圈”，Ba中与文艺圈搭配的是“混迹”这一在语义上带贬义的行为动词；Bb中则说“文艺圈”是个名利场，可见对它也是持保留态度；Bc中也说的是“文艺圈”多“争斗之事”，通观整个句子也可看出说话人对文艺圈的这种风气并不赞成。

除了以上这些例子，我们在语料库中检索到的和“文艺界”共现的词还有“艺术家、音乐家、作家、专家、前辈、元老、巨擘、名家、骨干”等一系列表示在某文艺领域很有影响力的表人名词；和“文艺圈”共现的则多是诸如“混、乱、假唱、烂、矫揉造作”等贬义形容词和动词。

“文艺界”和“文艺圈”在共现词语上的差异可以反映出它们的语义区别：“文艺界”里包括有一定地位和影响力、受人尊敬的人，所以它往往会和“艺术家、专家、前辈、元老”等词共现；而“文艺圈”则是一个稍显通俗和混乱、让人觉得并不那么严肃的领域，所以我们常常用动词“混”来支配它。正如我们会说“鲁迅、铁凝、陈忠实、莫言”等属于“文艺界”，而不会说他们属于“文艺圈”一样，对于现在的某些网红，我们更倾向于说他们是“文艺圈”的人，而不会说他们是“文艺界”的人。

分析过“界”和“圈”附加在同一个名词性词基的例子，我们再看看它们附加在同一个动词性词基后的派生出对项“摄影界”和“摄影圈”。总的来说，“摄影界”和“摄影圈”的区别与“文艺界”和“文艺圈”类似，前者常常与“专家、前辈、名家、大师、泰斗”等词共现，后者则往往和“混乱、黑、怪”等词共现，例如：

6A. 台湾摄影界泰斗，102 岁的郎静山大师欣然为这所学校题写校名，并就聘永远名誉校长。(BCC)

6B. 摄影初学者教你如何才能混进摄影圈。(网络)

6A 中的“摄影界泰斗”指的是在摄影领域取得很大成就的人，此时是不可将“摄影界”替换为“摄影圈”的；6B 中支配“摄影圈”的动词是“混”，“混”常常有不严肃、不正经的意思，如“混黑道、混日子、混江湖、混官场”等。

由此可见“摄影界”和“摄影圈”在语义上的区别也是前者更强调摄影领域的专业性，所以“专家、泰斗、前辈、大师”等表示在某方面很出色、受人尊敬的人称名词都可以与“摄影界”共现；但是“摄影圈”则可以是一个包罗各色人物的领域，即使是那些摄影水平不高、不专业的拍照片的人也可以“混”在摄影圈。

以上分析了派生词对项“文艺界/圈”和“摄影界/圈”在共现词语和语义上的差异，我们认为，这些差异实质上是由人们对“界”和“圈”识解的不同所致。

具体来说，如果把“界”和“圈”所代表的抽象领域看作一个有边际、有内域的范围，当我们识解“界”和“圈”时，注意力的焦点是分别集中在边界或内域上的。对于“界”来说，它被凸显的是这个抽象领域的边际，此时边际是我们识解的侧面，而内域则是基体；而对于“圈”来说，它被凸显的则是内域的部分，此时内域充当侧面，边际则是基体，如图 8-5 所示：

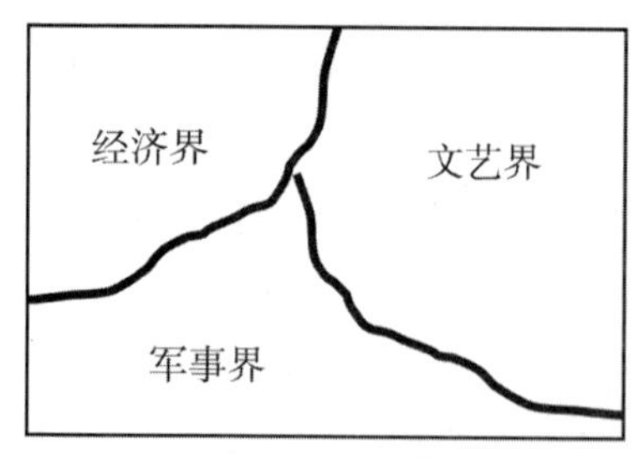

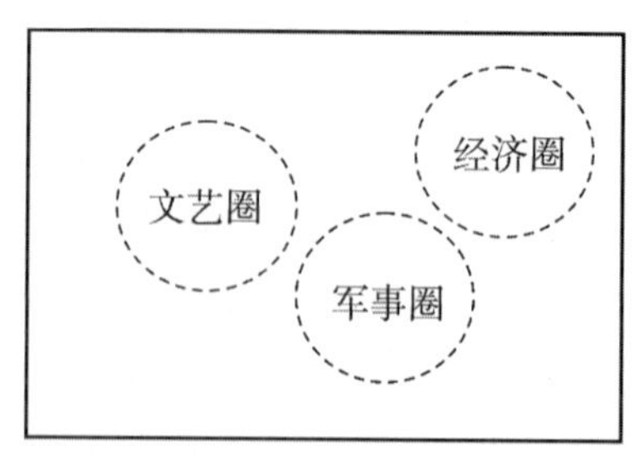

图 8-5 “界”和“圈”的凸显机制

以“文艺界/圈”为例，当我们识解“文艺界”的时候，它被凸显的是它与其他领域如“经济界、军事界”间的界限和差异，强调的是“文艺界”不同于其他领域的“专业性”，最能体现一个领域专业性的必然是该行业的佼佼者，这在句法上就体现为“文艺界”常和“专家、前辈、名家、元老、骨干”等词连用；而当我们识解“文艺圈”的时候，它被凸显的则是圈内的部分，它与其他领域的差异和它本身的专业性则被弱化了，所以“文艺圈”就变成了一个门槛较低、更通俗，甚至略显混乱的地方，这体现在句法上就表现为它常伴随着“混、混乱、假唱、烂、矫揉造作”等贬义形容词和动词一起出现。

那么，为什么“界”和“圈”会存在这样的识解差异呢？

主要还是受了它们词汇意义的影响，在第6.2.1节“界”和“圈”构词的范畴化部分中，我们已经分析过“界”在未发生虚化之前有“界限”之意，如“地界、边界、省界”，这时都仅仅指的是界限本身，后来由“界限”引申出了界限划分出的“范围”和与时间相对的“空间”义。也就是说，“界限”义是更基础的意义，类词缀“界”产生以后，虽然表示的是抽象领域，但也不可能与“界限”义完全割裂开，所以在被识解时领域的边际就被凸显出来了；而对于类词缀“圈”，它的本义是环形物，环形构成的是一个封闭的区域，“圈”后来指称地理范围时，如“经济圈、生活圈”等，被凸显的就是这一地理范围的表面，当“圈”虚化为类词缀时，它也保留了这一凸显机制。由此造成了类词缀“界”和“圈”在识解上的差异。

8.5　外观VS.性质：“式”VS.“型”

通过第7.4节中对类词缀“式”和“型”构词时在类型认知域内的分布讨论，可以发现它们对可搭配的词基语义类别有不同的选择限制，“式”倾向于同代表中心语H.外部特征的词基结合，“型”则更倾向于同表现内在特征的词基结合。但是，有时它们也可以附加在相同的词基上构成派生词对项，例如“酒店式/型（工业）、候鸟式/型（生活方式）、跨越式/型（上升）、节能式/型（内燃机）、虚拟式/型（教学）”。

这些派生词对项之所以能够在词汇系统中共存，而没有被互相取代，说明它们虽然具有相同的语义内容（同属类型认知域，词基相同），但在意义上并非完全同义。它们意义的差异主要是由于人们对它们的识解不同所致。下面将具体分析“式”和“型”附加在同一个词基后构成的类词缀派生词对项的识解差异。

首先以“家庭式”和“家庭型”为例，它们是“式”和“型”附加在名词性词基“家庭”后所派生出的区别词对项，意为“家庭类型的”。虽然它们的语义相近，在词法上相关，但仍然是不能自由替换的，例如：

7Aa. 那时是家庭式的小作坊，我又当老板，又当推销员。（语委）

7Ab. 爱老家园位于社区居民楼的二层，是一个家庭式的社区托老所。(DCC)

7Ac. 这种家庭式旅馆卖的不是居住，而是家的感觉与生活情调。(DCC)

7Ba. 当中，省内温泉游、美食游、祈福游、生态游等产品热销，自驾游及五星品质线路更受到家庭型游客热捧。(DCC)

7Bb. 为迎合为孩子教育而购房的客户，激发首次家庭型置业者入市，近期主打教育牌的楼盘比比皆是。(DCC)

在例7A中，"家庭式的小作坊"指的是以家庭为单位组建的小作坊，"家庭式的社区托老所"指的是像家庭似的社区托老所，"家庭式旅馆"既得名于这种旅馆的经营主体是家庭，也指这种旅馆有类似家的感觉。例7B中的"家庭型游客"指的是以家庭为主体的游客，与个体消费者相对应；"家庭型置业者"指的是以家庭为单位的置业者。以上5例中的"家庭式"和"家庭型"不能相互替换，这说明，"家庭式"和"家庭型"和名词搭配时，前者更倾向于和表示地点的名词搭配，而后者则更倾向于和表人名词搭配。

除了以上这些例子，在语料库中出现的和"家庭式"搭配的名词还有"中餐馆、早餐店、餐厅、托管班、工厂、公司、养老院、幼儿园、旅店、理发店、宾馆、酒吧"等处所名词，和"家庭型"搭配的还有"消费者、消费群体、购房者、投资者、买家"等表人名词。

"家庭式"和"家庭型"在搭配上的差异反映出它们的语义差异在于，"家庭式"强调的是类别上与"家庭"的相似性，包括形式、样式、功能等，因此和它搭配的名词与家庭属于同类词(处所名词)，例如"家庭式作坊/旅馆/托老所"等强调的都是中心语H.在规模、布局、气氛、风格上类似于"家庭"；而"家庭型"强调的则是带有家庭特征的，不要求类别的一致性，所以这一特征也可以附加在人身上，例如"家庭型游客/消费者/购房者"等都指的是家庭类型的"游客、消费者、购房者"，它们的共同特点是都以家庭为单位，而不是单独的个体，即它们共享的是"家庭"这一特征，又如"家庭型女人/女性"是指以家庭为重的"女人/女性"，她们身上也带有家庭特征；也可以附加在物上，如"家庭型轿车、家庭型食物、家庭型收音机"等指的是家庭用的"轿车、食物、收音机"，它们同样也是以"家庭"为共同特征。

再来看"式"和"型"附加在同一个形容词性词基上时的区别，以"新式"和"新型"为例，它们都可以指式样或形式新，如"新式/型武器、新式/型轿车、新式/型婚礼、新式/型家庭道德关系"等，但是它们也不能自由替换，例如：

8Aa. 在定居点她的新家里，真皮沙发、柏木新式家具把家点缀得温

馨舒适。(DCC)

8Ab. 馥记开业后的头三年，承建了“俭德储蓄会”的一幢3层新式大楼和上海宝隆医院。(语委)

8Ac. 昨日，南海全区各巡警中队民警更换新式服装上路巡逻。(DCC)

8Ba. 把农业现代化摆在重要位置，就需要培养一代有文化、有技能的新型农民。(DCC)

8Bb. 三天后，新型的杜鹃花开了！(语委)

8Bc. 为了克服这一弱点在人的工作中所造成的困难，大脑研究所制成了这种新型药物。(语委)

例8A中的3个例子用的都是“新式”，与它搭配的词为“家具、大楼、服装”等表示具体事物的名词，所谓“新式家具”指的是式样新的家具，“新式大楼”指式样新的大楼，“新式服装”也是指式样新的服装。例8B中的3个例子用的则是“新型”，“新型农民”是与传统农民相对而言的，指的是有文化、懂技术、会经营、高素质的农民；“新型的牡丹花”指的是与已有的牡丹花不一样的，新品种的牡丹花；“新型药物”指与原有药物不一样的新类型的药物。

除了以上这些例子，在国家语委和DCC语料库中出现的倾向于和“新式”搭配的词还有“工装、教科书、营房、标点、旗袍、房子”等，和“新型”搭配的词还有“人才、建筑材料、饮料、产品、毒品、木马病毒、关系、爵士乐”等。

“新式”和“新型”在搭配上的差异反映的是它们语义的区别，“新式”和“新型”的差异在于“新式”可以指事物的样式新，所以跟它搭配的名词均属于在外观、样式上有要求的事物，如各种服装、建筑物和其他人造物等；“新型”则强调对原有事物的性质上的革新，性质上的革新往往是根本性的，不仅仅会在外观上发生变化，所以跟它搭配的名词除了可以是具体事物之外，也可以是抽象概念。

以上分别分析了派生词对项“家庭式/型”“新式/型”在句法分布和语义上的差异，这些差异源于人们对它们识解的不同，具体来说就是，“式”在被识解时指向的是类别，凸显外观；而“型”则指向性质，凸显核心。

对于一个具体存在的事物来说，它一定会有外在表现形式和内在性质，前者是我们认识这个事物的基础，后者则是它与其他事物相区别的根本属性。以人为例，每个人都会有不同的长相，这是我们认识每个人、区分每个人的基础，根据长相我们才能确定一个人跟另一个人是不是相像；除了长相之外，我们对一个人的评价更多的是从他/她的本性出发，即他/她是善良的，还是贪婪的，亦或是邪恶的，这是决定他/她之所以是他/她的根本。

对于类词缀“式”和“型”来说，当它们附加在名词或者形容词词基后时，“式”凸显的是外观，人们注意力的焦点是最容易观察和感知到的部分；“型”凸显的则是性质，人们关注的焦点则是内部核心，具体如图 8-6 所示：

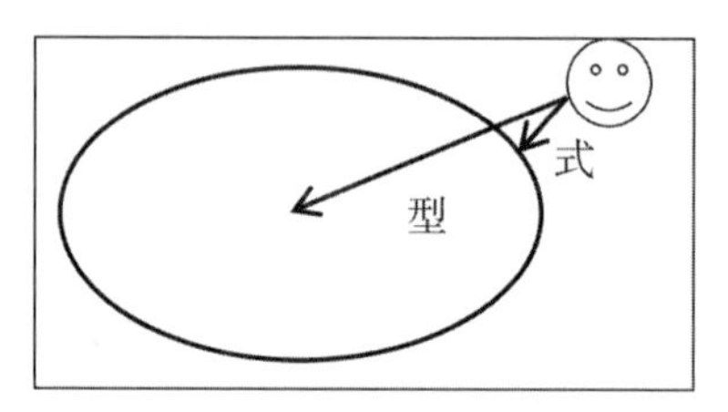

图 8-6　“式”和“型”的凸显机制

上文已经分析过，“家庭式”和“家庭型”在语义上的区别在于前者强调中心语在类别上与“家庭”的相似性，后者则是强调带有家庭特征的，这实质上就是由于“式”和“型”在被人们识解的过程中注意力焦点和凸显差异所致。“式”凸显外观，所以对于“家庭式”来说，我们更关注的就是家庭的外在表现形式，如布局、规模、氛围等最容易被感知的部分，因此当其他表示处所的名词在这些方面与“家庭”有某些相似之处时，就很容易在认知上被联系到一起，于是就有了诸如“家庭式作坊、家庭式餐厅、家庭式旅馆”等词。“型”凸显性质，所以对于“家庭型”来讲，它更强调的是“家庭”具有的核心性质，如群体性、生活性、家庭成员与家庭的紧密联系等，这些特征都不仅仅联系的是“家庭”这个场所，也与家庭中的人和物密不可分，因此，“家庭型”更倾向于修饰人和日常生活使用的物品搭配如“家庭型消费者、家庭型游客、家庭型轿车、家庭型收音机”等。

至于“新式”和“新型”同样也是如此，“式”凸显外观，所以“新式”往往用来形容样式、形式的“新”，和它搭配的名词也是有外在表现形式，并且在样式、形式上会不断发生变化的事物，如“新式服装、新式家具、新式标点”等。而“型”凸显性质，所以“新型”强调的是根本性的、由内而外的改变，和它搭配的名词既可以是具体存在的人或事物，如“新型药物、新型人才”，也可以是某些抽象概念，如“新型关系”等。

“式”和“型”之所以会有这样的识解差异，还是与它们作词根时的词汇意义有关。“式”作词根时有“式样”之意，如“男式西装、女式连衣裙”等，“式样”本身就是物体的外部形状，所以当“式”虚化为类词缀后，它凸显外观的特征也被保留了下来；而“型”作词根时指的是事物的类型，如“型号、血型”等，这些都是事物具备的性质，所以当“型”虚化为类词缀时，凸显的是性质而非外观。

8.6　小结

本章研究了部分汉语类后缀对项的识解差异,结论如下:

1. 对于类后缀“员”和“师”,人们在识解“员”时用的是平视甚至是俯视视角,观察点与被识解的客体“X员”是处于同一水平位置的,说话人对“X员”仅仅是不含任何感情色彩的客观称呼,因此“X员”往往与基层、普通等联系在一起;而人们识解“师”时用的则是仰视视角,因此“X师”多与高级、专业、有能力等主观印象联系在一起。

2. 类后缀“师”和“家”反映的都是说话人的仰视视角,区别在于,说话人识解“师”时用的是低仰视视角,识解“家”时用的则是高仰视视角,所以“X家”比“X师”往往在说话人心中具有更高的地位。

3. 对于类词缀“迷、控、狂”来说,“迷”表示的痴迷程度最小,与说话人心中“中庸”的标准偏离得最少,说话人对“X迷”的态度是中立的;“狂”表示痴迷的极高量,与“中庸”标准的偏离最多,说话人对它的主观态度基本是否定的;“控”由于在使用过程中“痴迷”的程度有所弱化,说话人的主观态度也从否定逐渐向中立发展了。

4. 类词缀“界”和“圈”都隶属于领域认知域,说话人识解“界”时,凸显的是领域的边界,强调“X界”不同于其他领域的“专业性”;识解“圈”时,凸显的则是该领域的内域部分,它与其他领域的差异和它本身的专业性则被弱化了。

5. 类词缀“式”和“型”的识解差异则在于“式”凸显外观,人们注意力的焦点是最容易观察和感知到的部分;“型”凸显性质,人们关注的焦点是内部核心。

第九章　结　语

本书基于认知形态学的理论框架对汉语的各主要类前缀、类后缀构词时的语义范畴化情况进行了详细分析，并比较了同一认知域内的各类词缀对可结合词基的语义选择限制以及附加在同一词基上的类词缀对项的识解差异。下面，我们将对本书的主要结论和创新之处进行梳理，同时也将指出研究存在的不足。

9.1　本书主要结论

9.1.1　关于类词缀构词的语义范畴化

我们研究类词缀构词语义范畴化的目的在于发现各类词缀内部的语义差异，在类词缀范畴化的过程中，这种语义差异不仅表现为原型义项和边缘义项的差异，还会因为类词缀同不同类别的词基结合而表现为不同的语义变体和语义模式。以类后缀“员”为例，它的原型义项是表示“工作的人”，边缘义项为表示“某组织的成员”，在原型义项下，根据词基的不同，“员”又产生了以下 4 种语义变体：1. [[X]$_{Act.V.}$ 员]$_{N.}$，表示“以 X 为职业的人”，“X 员”是“X”的施事，如“保洁员”；2. [[X]$_{N.}$ 员]$_{N.}$，表示负责 X 所表概念的工作的人，X 是“X 员”工作的内容，如“乘务员”；3. [[X]$_{N.}$ 员]$_{N.}$，X 表示工作地点，派生后表示“在 X 工作的人”，如“船员”；4. [[X]$_{NPA.}$ 员]$_{N.}$，表示“具备 X 所表性质的工作人员”，此时 X 为区别词，表示“X 员”工作的性质，如“后备员”。

除了对各类词缀的语义范畴化情况进行详细分析之外，我们还专门讨论了研究过程中遇到的各种疑难问题，如类前缀“不”和“无”派生词的确定、类词缀构词的层次性问题、特殊成分“者”的性质等，并从认知的角度研究了部分类词缀表现出的独特性质，如类前缀“零、软、硬”的指称化作用以及类后缀“性、化”的兼类等。

9.1.2　关于类词缀构词的认知域分布

如果说语义范畴化部分的研究是把类词缀一个个解剖开以发现它们的

内部构成规律,那么在认知域和识解的部分我们则是对各词法相关(隶属于同一认知域)、语义相近的类词缀进行了横向的对比。

认知域分布讨论的是同一认知域的各个类词缀对可结合词基在语义上的不同选择限制。类词缀在认知域内的不同分布是造成它们在同一认知域内共存的主要原因。

以痴迷认知域中的三个类词缀“迷、控、狂”为例,“迷”是现代汉语中最基本的表示痴迷义的指人类词缀,占据痴迷认知域中的“传统性”侧面,所以与它结合的词基多属于中国传统文化的产生物,如“京戏迷、汉剧迷、面人迷”等;“控”属于现代汉语中新兴的表痴迷义指人类词缀,占据“特殊性”侧面,与它结合的词基都是某个范畴中的非典型成员,或是某类特别的人或身体部分及特征,如“美女控、酒窝控”,或者是某种特别的事物、概念或行为,如“腐乳控、嘟嘴控”等;“狂”则占据痴迷认知域中的“非正常性”侧面,与它搭配的名词性词基或动词性词基多表示某种疯狂的、非正常的概念或行为,如“暴力狂、偷窥狂”等。

其他认知域内各类词缀的分布情况总结如下:

否定认知域:非+范畴,零+数量,无+品质,不+对立;

差距认知域:类+专业性,半+可分解性,准+不可分性;

时序认知域:前+实体性,后+时间性;

职业认知域:员+功能性,手+技术性,师+专业性;

领域认知域:坛+竞技性,圈+现代性,界+可参与性;

类型认知域:式+外部特征,型+内在特征。

9.1.3 关于类词缀对项的构词识解

由于同一认知域内的类词缀的分布并不是完全对立的,当它们对词基的选择限制发生了重合的时候,这些类词缀就会出现附加在同一个词基上构成派生词对项的情况。认知形态学主张语言中不存在绝对的同义词,所以即使这些派生词对项具备相同的语义内容(隶属于相同的认知域,词基相同),它们在句法中也并非是可以自由替换的,其原因就在于人们附加在不同类词缀上的识解是不同的。

以类词缀“不”和“非”为例,它们可以构成派生词对项“不人道-非人道”,根据我们对CCL语料库中带“不人道”和“非人道”的语料的统计,“不人道”常和主观程度副词“太、极、非常、十分、有点儿”搭配,“非人道”可以和动词“制裁、欺辱、剥削、审讯、占领、对待、折磨”等搭配,搭配上的差异表明“不人道”在语义上存在程度的差异,“非人道”没有程度差异,它除了可以描述人和事物的性质之外，还可以表示动作的性质，除了表示消极义外，也可以表示中性义。“不人道”和“非人道”在搭配和语义上的区别是因为人们在识解它们的时候采用了不同的视角，“不人道”反映的是说话人的主观感受，因此是评价性的；“非人道”则是客观事实的写照，所以是描述性的。“不”的评价性源于其作副词时常否定主观意愿，而“非”作动词时并不表示任何主观倾向。

除了“不”和“非”，其他类词缀对项在识解上的差异为：

类 VS. 准：类－凸显相似的差异性，准－凸显相似的共同点；

前 VS. 原：前－凸显“过去－现代－将来”的连续性，原－凸显“原来－现在”的对立性；

员 VS. 师：员－平视或俯视视角，师－仰视视角；

师 VS. 家：师－低仰视视角；家－高仰视视角；

狂 VS. 迷 VS. 控：狂－否定态度，迷－中立态度，控－从否定到中立态度；

界 VS. 圈：界－凸显边界，圈－凸显内域；

式 VS. 型：式－凸显外观，型－凸显性质。

9.2 主要创新之处

总结起来，本书的创新性体现在以下三个方面：

1. 尝试采用认知形态学的理论框架研究汉语的构词法。

正如 Ungerer（2007）所说，“构词法研究近年来开始了语义化（semanticization）的进程”，而认知形态学对意义的强调正是这一进程的反映。与结构主义形态学、生成形态学、构式形态学等其他范式的形态学相比，认知形态学作为近年来新兴的形态学分支，有很明显的自身优势（具体可见本书 1.2.4 节和 2.3 节的分析）。当然，在 Hamawand 提出的认知形态学之前，学界已经有不少学者借助认知语言学的相关理论分析构词法问题，但由于缺乏系统的研究框架，有许多问题尚未得到解决，比如类词缀研究中非常关键的近义类词缀构词的选择限制差异和构词重合问题。我们的研究尝试将认知形态学的理论框架应用到汉语构词研究中，以开拓类词缀构词研究的新领域，并同时促进认知形态学理论的发展。

我们的研究结果证明，认知形态学与汉语类词缀构词的适配性很高，它可以帮助我们探索类词缀内部复杂的语义分化情况，发现类词缀同不同词基结合时产生的各语义变体和语义派生模式，还能够帮助我们对比各近义类词缀在构词时对词基的不同选择限制，以及帮助我们从认知（识解）的角度为汉语中类词缀派生词对项的搭配和语义差异提供解释。

吕叔湘(1991)和徐通锵(2008：10)都指出，促进中西方语言学的结合，必须在“立足于汉语的特点”的同时，又“不断地从科学发展的思潮中吸取相应的理论和方法”，“与国际接轨”。我们的研究正是一次将汉语事实与西方语言学理论结合的有益尝试。这次尝试能够为后续的汉语构词法研究开拓新的研究思路，并具有方法论的借鉴意义。

2. 尝试为类词缀构词时表现出的各规则或不规则特征提供认知上的解释。

首先是对规则特征的解释，以近义词的对比分析为例，通常情况下，我们在分析近义词的差异时，往往会从语义和句法两个方面进行(有时语义方面的差异表现得并不明显)，例如对于“不凡”和“非凡”，《现汉》对“不凡”的解释为“不平凡；不平常”，对“非凡”的解释是“超过一般；不寻常”，单从语义来看，它们的区别并不明显；从搭配来看，我们可以说“景色非凡、痛楚非凡、热闹非凡”，不能说“＊景色不凡、＊痛楚不凡、＊热闹不凡”，只能说“气质不凡、身手不凡”，如此分析自然可以体现出“不凡”和“非凡”的差异，但是我们要进一步追问的是，是什么因素造成了“不凡”和“非凡”在搭配和语义上的差异呢？我们的答案是，人的认知能力(识解)。所以本书所做的就是从类词缀派生词对项如“不人道－非人道”“新式－新型”“会计员－会计师”的搭配和语义差异入手，发现说话人识解同一个客观情景时采用的不同视角、被凸显的不同侧面或者具备的不同主观感情。

类词缀构词时除了表现为各种可解释的规则特征之外，还常常表现出某种不规则性，例如大部分的类前缀派生词的词性都与词基一致，但某些情况下类前缀的派生词与词基的句法功能并不完全一致，如类前缀的“零、软、硬”所结合的词基为及物动词时，派生词整体为不及物动词，这说明“零、软、硬”具备改变词基次范畴的作用，从语义的角度来看，“零、软、硬”的这一作用是将派生词指称化了。我们在3.4.3节中尝试从认知的角度对类前缀的指称化作用进行了解释。

3. 在实践层面，本研究的许多结论都可应用到国际中文教育的课堂教学中。

书中探明了诸多类词缀派生的生成周遍性规则，例如“X学＋家”表示“从事X所示学科的专家”，凡是存在的学科名，都有对应的“X学家”，中文学习者如果能够掌握这些生成周遍性规则，就可以自行类推造词了，这有利于扩大他们的产出词汇量；另外书中也列举了接收向周遍性的构词规则，如“[半[X]$_{\text{G.A./V.}}$]$_{\text{A./V.}}$，表示‘接近但不完全X’”等规则的梳理有利于学生的词义理解。除了这些构词规则之外，我们从认知角度对各派生词对项的搭配和语义差异进行了解释，这如果能被运用到实际教学中，也将更有利学生对近义词的理解和辨析，降低他们使用的偏误率。

9.3 本书的不足

当然，受作者当前的研究水平和精力所限，书中目前还有一些问题没有得到很好的解决，只能留待之后继续研究：

1. 近年来，汉语中涌现了许多新兴的类词缀，如 2020 年受新冠肺炎疫情的影响，许多行业和活动由线下转为线上，由此激发了诸多“云 X”类词，如“云建工、云旅游、云逛展、云睡觉、云喝酒、云蹦迪”等，“云”已经成为了 2020 年之后能产性很高的类词缀。这样的新兴类词缀是语言生活的鲜活反映，也能展示词汇最新的发展变化，但要想透彻研究最新的类词缀构词规律，就需要语言监测技术和动态语料库的支持，本书未能涉及，难免遗憾，希望未来有机会实现。

2. 由于本研究本质上是对类词缀构词的共时研究，所以在涉及历时研究的部分，如分析各个类词缀的形成过程等，我们只是结合语料做了分析说明。实际上如果想要真正梳理清楚类词缀在历时层面上的形成过程，就必须对它在古代汉语中作词根时的使用情况进行历时的量化分析，比如它在不同时代分别产生了哪些词，何时开始具有的派生性，不同时代的构词能产性是否存在差异，限于篇幅这一点本书尚未实现，张未然(2022)借助历时语料，梳理并分析了汉语定中式表人“X 人/员/手/夫/士”的形成、发展以及类词缀化的过程，后续将继续将历时与共时研究相结合，构建出汉语类词缀形成和发展的演变网络。

参考文献

安丰存、程工:《构式形态学及其对汉语词汇研究的启示》,《外国语(上海外国语大学学报)》,2017 第 4 期 。

布龙菲尔德:《语言论》,袁家骅、赵世开、甘世福译,北京,商务印书馆,1998。

曹春静:《网络用语“控”的流行及其修辞解释》,《当代修辞学》,2011 年 3 期。

曹铁根、莫伟勇:《网络新词语“X 控”语义解析》,《湖南科技大学学报(社会科学版)》,2012 年 1 期。

崔玉珍:《“化”字的语法化过程及其辨析》,《语言科学》,2004 年第 6 期。

柴闫:《表人类后缀与名词性成分组配研究》,郑通涛主编,《国际汉语学报》第 8 卷第 1 辑,厦门,厦门大学出版社,2018。

车文博主编:《心理咨询大百科全书》,杭州,浙江科学技术出版社,2001。

常辉、姜孟:《分布形态学理论述评》,《当代外语研究》,2010 年 4 期。

陈光磊:《汉语词法论》,上海,学林出版社,1994。

陈海峰:《网络“控”族词》,《语文建设》,2009 年第 9 期。

陈建涛:《论前科学、前概念与前逻辑》,《云南社会科学》,1993 年第 3 期。

陈平:《英汉否定结构对比研究》,中国社会科学院研究生院编,《中国社会科学院研究生院硕士论文选》,北京,中国社会科学出版社,1985。

陈平:《释汉语中与名词性成分相关的四组概念》,《中国语文》,1987 年第 2 期。

陈青松:《说“前/原+指人名词”》,《语言文字应用》,2010 年第 1 期。

程晨:《“指人”类流行语的构式研究》,南京师范大学硕士学位论文,2015。

程工:《汉语“者”字合成复合词及其对普遍语法的启示》,《现代外语》,2005 年第 3 期。

程工、周光磊:《分布式形态学框架下的汉语动宾复合词研究》,《外语教学与研究》,2015 年第 2 期。

程工、李海:《分布式形态学的最新进展》,《当代语言学》,2016 年第 1 期。

代青霞:《网络语言中的新类后缀“控”》,《现代语文》,2010 年第 3 期。

邓盾:《构词中的语段:以现代汉语后缀“-子”的构词为例》,《外语教学与研究》,2018 年第 6 期。

邓盾:《从分布式形态学看“炒饭”类双音节名词性片段的性质与生成》,《当代语言学》,2020a 年第 3 期。

邓盾:《从分布式形态学看现代汉语语素“化”及其与英语后缀-ize 的共性和差异》,《外语教学与研究(外国语文双月刊)》,2020b 年第 6 期。

邓紫芹:《现代汉语浮现词缀的构式形态学研究——以“-狗和微-”为例》,广东外语外贸大学硕士学位论文,2021。
丁声树:《现代汉语语法讲话》,北京,商务印书馆,1961。
董秀芳:《“不”与所修饰的中心词的粘合现象》,《当代语言学》,2003 年第 1 期。
董秀芳:《汉语的词库与词法》,北京,北京大学出版社,2004。
董秀芳:《汉语定中式复合词的内部构成及限制》,“现代中国语研究”编辑委员会编,《现代中国语研究》,日本,东京朋友书店,2006;北京,华语教学出版社,2016。
段玉裁:《说文解字注》,上海,上海古籍出版社,1981。
方清明:《“原+职务名词”与“前+职务名词”辨析》,《海外华文教育》,2012 年第 2 期。
冯胜利:《论汉语“词”的多维性》,《当代语言学》,2001 年第 3 期。
冯胜利:《动宾倒置与韵律构词法》,《语言科学》,2004 年第 3 期 。
符淮青:《现代汉语词汇》,北京,北京大学出版社,1985。
符淮青:《汉语词汇学史》,合肥,安徽教育出版社,1996。
符淮青:《构词法研究的一些问题》,《词汇学理论与实践》,北京,商务印书馆,2001。
傅京:《试论类后缀“界”“圈”“坛”》,《广西师范学院学报(哲学社会科学版)》,2008 年第 3 期 。
干红梅:《语义透明度对中级汉语阅读中词汇学习的影响》,《语言文字应用》,2008 年第 1 期。
高名凯:《语言论》,北京,科学出版社,1963。
高远、李福印主编:《罗纳德·兰艾克认知语法十讲》, 北京,外语教学与研究出版社,2007。
Goldenberg A. E. :《构式:论元结构的构式语法研究》,吴海波译 ,北京,北京大学出版社, 2007。
顾阳、沈阳:《汉语合成复合词的构造过程》,《中国语文》,2001 年第 2 期。
顾曰国:《语料库语言学的发展》,《中国社会科学院院报》,2003 年 3 月 4 日第 2 版。
郭良夫:《现代汉语的前缀和后缀》,《中国语文》,1983 年第 4 期。
韩晨宇:《汉语三音节新词语与类词缀的发展初探》,《北京广播电视大学学报》,2007 第 3 期。
韩玉国:《现代汉语形容词的句法功能及再分类》,《语言教学与研究》,2001 年第 2 期。
郝迟、盛广智、李勉东主编:《汉语倒排词典》,哈尔滨,黑龙江人民出版社,1987。
何元建:《回环理论与汉语构词法》,《当代语言学》,2004 年第 3 期。
何元建:《现代汉语生成语法》,北京,北京大学出版社,2011。
何元建:《汉语合成复合词的构词原则、类型学特征及其对语言习得的启示》,《外语教学与研究(外国语文双月刊)》,2013 年第 4 期。
何元建、王玲玲:《汉语真假复合词》,《语言教学与研究》,2005 年第 5 期。
贺国伟主编:《现代汉语反义词典》,上海,上海辞书出版社,2009。
贺宁:《英汉新兴类词缀的认知分析》,《吉林师范大学学报(人文社会科学版)》,2013 年第 5 期 。
侯瑞芬:《汉语“不 XX”三字组考察与词典收词》,《语言科学》,2017 年 1 期。

胡双宝:《说“原”道“前”》,《语文建设》,2000 年第 6 期。

胡伟:《英汉复合构词的分布形态学研究》,南开大学博士学位论文,2013。

胡伟:《汉语重叠音系的分布形态学分析》,《中国语文》,2017 年第 2 期。

黄伯荣、廖序东:《现代汉语》(增订三版)(下册),北京,高等教育出版社,2002。

黄昌宁、李涓子:《语料库语言学》,北京,商务印书馆,2002。

黄达、刘鸿儒、张肖主编:《中国金融百科全书》,北京,经济管理出版社,1990。

黄金金:《典型称谓名词中类词缀的认知语义研究》,《重庆理工大学学报(社会科学)》,2013 年第 4 期。

贾彦德:《汉语语义学》,北京,北京大学出版社,1999。

贾益民:《“后 X”结构新词语的多维度考察》,《广西社会科学》,2005 年第 9 期。

贾泽林:《现代汉语类词缀认知研究》,西北师范大学硕士学位论文,2011。

焦阳:《现代汉语类词缀“坛”、“界”、“圈”比较研究》,辽宁师范大学硕士学位论文,2007。

蒋伯潜:《诸子通考》,长沙,岳麓书社,2010。

孔繁瑶、蔡宝祥主编:《兽医大辞典》,北京,中国农业出版社,1999。

雷冬平:《现代汉语“有/无+Prep / V.”类词的词汇化及其动因》,《汉语学习》,2013 年第 1 期。

黎良军:《汉语词汇语义学论稿》,桂林,广西师范大学出版社,1995。

李蓓:《现代汉语新兴类词缀研究》,辽宁师范大学硕士学位论文,2004。

李福印:《认知语言学概论》,北京,北京大学出版社,2008。

李红印:《互联网新媒体中的字词语使用考察》,石定栩、周荐、董琨主编,《基于华语教学的语言文字研究——第七届海峡两岸现代汉语问题学术研讨会论文集》,香港,商务印书馆,2014。

李加鋆:《现代汉语后缀式词语模研究——以“X 哥”为例》,南京师范大学硕士学位论文,2015。

李强:《生成词库理论研究述评》,《外国语》(上海外国语大学学报),2016 年第 3 期 。

李强:《国内生成词库理论研究的回顾与展望》,《云南师范大学学报》(对外汉语教学与研究版),2018 年第 1 期。

李强:《生成词库论研究范式:本体论、认识论、方法论》,《解放军外国语学院学报》,2019 年第 2 期。

李强、袁毓林:《语义解释的生成词库理论及其运用》,北京,外语教学与研究出版社,2020。

李行健:《汉语构词法研究中的一个问题——关于“养病”“救火”“打抱不平”等词语的结构》,《语文研究》,1982 年第 2 期。

梁如娥:《名量复合词的构式形态研究》,《外语学刊》,2019 年第 6 期。

刘代阳:《现代汉语类词缀及其认知研究》,暨南大学硕士学位论文,2015。

刘海润、亢世勇主编:《现代汉语新词语词典》,上海,上海辞书出版社,2015。

刘禾:《跨语际实践——文学,民族文化与被译介的现代性(中国,1900—1937)》,宋伟杰等译,北京,三联书店,2002。

刘善涛:《原型范畴理论与词典编纂——以新词语类词缀与〈现代汉语词典〉(第6版)为例》,《东方论坛》,2013年第3期。
刘叔新:《汉语描写词汇学》,北京,商务印书馆,1990a。
刘叔新:《复合词结构的词汇属性——兼论语法学、词汇学同构词法的关系》,《中国语文》,1990b年第4期。
刘顺:《现代汉语名词的多视角研究》,上海,学林出版社,2003。
刘伟:《语义透明度对留学生双音节合成词词汇通达的影响》,北京语言大学硕士学位论文,2004。
刘中富:《现代汉语三音节词的判定问题》,《中国海洋大学学报(社会科学版)》,2014年第2期。
卢美艳、钟守满:《类词缀公示语语义认知机制》,《北京第二外国语学院学报》,2012年第8期。
陆俭明:《八十年代中国语法研究》,北京,商务印书馆,1993。
陆志韦等:《汉语的构词法》,北京,科学出版社,1957。
罗竹风主编:《汉语大词典》,上海,上海辞书出版社,2011。
吕叔湘:《中国文法要略》(上卷),北京,商务印书馆,1941。
吕叔湘:《中国文法要略》(中卷),北京,商务印书馆,1944/2014。
吕叔湘:《说"自由"和"粘着"》,《中国语文》,1962年第1期。
吕叔湘:《现代汉语单双音节问题初探》,《中国语文》,1963年第1期。
吕叔湘:《汉语语法分析问题》,北京,商务印书馆,1979。
吕叔湘:《现代语言学研究－理论·方法与事实·序》,陈平,《现代语言学研究－理论·方法与事实》,重庆,重庆出版社,1991。
吕叔湘、朱德熙:《语法修辞讲话》,北京,中国青年出版社,1979。
吕宗力主编:《中国历代官制大词典》,北京,北京出版社,1994。
马国泉、张品兴、高聚成主编:《新时期新名词大辞典》,北京,中国广播电视出版社,1992。
马庆株:《自主动词和非自主动词》,《中国语言学报》编委会,《中国语言学报》(第3期),北京,商务印书馆,1988。
马庆株:《现代汉语词缀的性质、范围和分类》,中国语言学会《中国语言学报》编委会,《中国语言学报》(第6期),北京,商务印书馆,1995a。
马庆株:《指称义动词和陈述义名词》,《中国语文》杂志社编,《语法研究和探索》(七),北京,商务印书馆,1995b。
马西尼:《现代汉语词汇的形成——十九世纪汉语外来词研究》,黄河清译,上海,汉语大词典出版社,1997。
农业大词典编辑委员会编:《农业大词典》,北京,中国农业出版社,1998。
潘文国、叶步青、韩洋:《汉语的构词法研究》,上海,华东师范大学出版社,2004。
庞元正、丁冬红主编:《社会发展理论新词典》,长春,吉林人民出版社,2001。
裴雨来:《汉语的韵律词》,北京,北京语言大学出版社,2016。
裴雨来、邱金萍、吴云芳:《"纸张粉碎机"的层次结构》,《当代语言学》,2010年第4期。

齐冲:《附着形式"者"的逆形态化》,北京大学中国语言学研究中心《语言学论丛》编委会,《语言学论丛》(第四十九辑),北京,商务印书馆,2014。

齐冲、张未然:《汉语前加否定成分"不、非、无、零"研究》,《华文教学与研究》,2020年第4期。

瞿秋白:《普通中国话的字眼的研究》,瞿秋白文集编辑委员会,《瞿秋白文集》,北京,人民文学出版社,1953。

全国科学技术名词审定委员会审定:《遗传学名词》,北京,科学出版社,2006。

全国科学技术名词审定委员会审定:《地理学名词》,北京,科学出版社,2007。

任继愈主编:《宗教大辞典》,上海,上海辞书出版社,1998。

任学良:《汉语造词法》,北京,中国社会科学出版社,1981。

阮畅:《基于原型理论的类词缀的内部分类》,《理论界》,2012年第5期。

阮智富、郭忠新编著:《现代汉语大词典》,上海,上海辞书出版社,2009。

邵斌:《构式视角下英汉浮现词缀的形成与变异探究》,《外语教学》,2021年第4期。

邵斌、王文斌:《基于语料库的新兴词缀研究——以英语"-friendly"为例》,《现代外语》,2014年第4期。

沈光浩:《现代汉语类词缀的界定标准与范围》,《河北师范大学学报(哲学社会科学版)》,2011a年第3期。

沈光浩:《汉语派生词新词语研究》,河北师范大学博士学位论文,2011b。

沈家煊:《"有界"和"无界"》,《中国语文》,1995年5期。

沈家煊:《语言的"主观性"和"主观化"》,《外语教学与研究》,2001年第4期。

沈家煊:《认知语言学理论与隐喻语法和转喻语法研究》,沈阳、冯胜利主编,《当代语言学理论和汉语研究》,北京,商务印书馆,2008。

沈孟璎:《汉语新的词缀化倾向》,《南京师大学报(社会科学版)》,1986年第4期。

沈孟璎:《试论新词缀化的汉民族性》,《南京师大学报(社会科学版)》,1995年1期。

施春宏:《说"界"和"坛"》,《汉语学习》,2002年1期。

石定栩:《复合词与短语的句法地位——从谓词性定中结构说起》,《中国语文》杂志社编,《语法研究和探索》(十一),北京,商务印书馆,2002。

石定栩:《汉语的定中关系动-名复合词》,《中国语文》,2003年第6期。

石毓智:《肯定与否定的对称与不对称》,北京,北京语言文化大学出版社,2001。

史红改:《现代汉语"X化"动词研究》,北京大学硕士学位论文,2003。

史红改:《词尾"化"的来源、意义及"X化"动词语义特征》,《北京广播电视大学学报》,2009年第2期。

史有为:《新华外来词词典》,北京,商务印书馆,2019。

宋子然主编:《100年汉语新词新语大辞典》,上海,上海辞书出版社,2014。

宋作艳:《现代汉语中的事件强迫现象研究——基于生成词库理论和轻动词假设》,北京大学博士学位论文,2009。

宋作艳:《类词缀与事件强迫》,《世界汉语教学》,2010年第4期。

宋作艳:《定中复合名词中的构式强迫》,《世界汉语教学》,2014年第4期。

宋作艳:《生成词库理论与汉语事件强迫现象研究》,北京,北京大学出版社,2015。
宋作艳:《从词汇构式化看 $A_1A_2A_3$ 的词汇化与词法化》,《世界汉语教学》,2019 年第 2 期。
宋作艳、黄居仁:《生成词库理论与汉语研究·前言》,宋作艳、黄居仁主编,《生成词库理论与汉语研究》,北京,商务印书馆,2018。
苏宝荣、沈光浩:《类词缀的语义特征与识别方法》,《语文研究》,2014 年第 4 期。
苏向红:《当代汉语词语模研究》,杭州,浙江大学出版社,2010。
孙常叙:《汉语词汇》,长春,吉林人民出版社,1956。
孙佳:《英汉类词缀的认知语义研究》,湖南师范大学硕士学位论文,2013。
孙瑞娟:《摹状助词"状、样、式、型、相"语义初探》,《四川职业技术学院学报》,2010 年第 4 期。
索绪尔:《普通语言学教程》,高名凯译,北京,商务印书馆,1980。
汤志祥:《当代汉语词语的共时状况及其嬗变——90 年代中国大陆、香港、台湾汉语词语现状研究》,上海,复旦大学出版社,2001。
万德勒:《哲学中的语言学》,陈嘉映译,北京,华夏出版社,2002。
汪磊:《"后"的语义平移与"后"族词的生成》,《汉字文化》,2005 年第 3 期。
王灿龙:《"前、后"的时间指向问题新探》,《当代语言学》,2016 年第 2 期。
王洪君:《从与自由短语的类比看"打拳""养伤"的内部结构》,《中国语文》,1998 年第 4 期。
王洪君:《汉语的韵律词与韵律短语》,《中国语文》,2000 年第 6 期。
王洪君:《音节单双、音域展敛(重音)与语法结构类型和成分次序》,《当代语言学》,2001 年第 4 期。
王洪君、富丽:《试论现代汉语的类词缀》,《语言科学》,2005 年第 5 期。
王红旗:《功能语法指称分类之我见》,《世界汉语教学》,2004 年第 2 期。
王焕池:《试论分布形态学词根插入模式及相关汉语研究的得失》,《当代外语研究》,2013 年第 5 期。
王焕池:《汉语复合词研究的新思路——基于分布形态学的视角》,《当代外语研究》,2014 年第 8 期。
王惠、朱学峰:《现代汉语名词的子类划分及定量研究》,陆俭明主编,《面临新世纪挑战的现代汉语语法研究:'98 现代汉语语法学国际学术会议论文集》,济南,山东教育出版社,2000。
王力:《关于汉语有无词类的问题》,《北京大学学报》,1955 年第 2 期。
王力:《古代汉语》(第一册),北京,中华书局,1962/1999。
王立达:《现代汉语中从日语借来的词汇》,《中国语文》,1958 年第 2 期。
王玲芳:《现代汉语新兴类词缀(语缀)研究》,广西大学硕士学位论文,2001。
王奇:《分布形态学》,《当代语言学》,2008 年第 1 期。
王绍新:《谈谈后缀》,北京大学中文系《语言学论丛》编委会,《语言学论丛》(第 17 辑),北京,商务印书馆,1992。

王文斌:《什么是形态学》,上海,上海外语教育出版社,2014。

王文斌、邵斌:《词汇学十讲》,上海,上海外语教育出版社,2017。

王寅:《认知语言学》,上海,上海外语教育出版社,2007。

王珏:《现代汉语名词研究》,上海,华东师范大学出版社,2001。

魏伟:《现代汉语外来类词缀研究》,辽宁师范大学硕士学位论文,2007。

温格瑞尔、施密特:《认知语言学导论》(第二版),彭利贞、许国萍、赵微译,上海,复旦大学出版社,2009。

吴会芹:《语言研究的跨学科视角:语言大脑与记忆》,杭州,浙江大学出版社,2012。

吴为善:《认知语言学与汉语研究》,上海,复旦大学出版社,2011。

谢静:《汉语复合词的分布形态学研究》,湖南大学硕士学位论文,2016。

熊武一、周家法总编,卓名信、厉新光、徐继昌等主编:《军事大辞海》,北京,长城出版社,2000。

徐富等编:《古代汉语大词典》,上海,上海辞书出版社,2007。

徐烈炯:《语义学》,北京,语文出版社,1995。

徐萍:《原型范畴视野下类词缀探析》,《语文学刊》,2011 年第 2 期。

徐通锵:《语言论——语义型语言的结构原理和研究方法》,长春,东北师范大学出版社,1997。

徐通锵:《汉语字本位语法导论》,济南,山东教育出版社,2008。

许华元:《基于 AD+ 模型的汉语新词语“X 风”构式研究——对兰盖克“自主—依存”联结的反思与修补》,四川外国语大学硕士学位论文,2016。

严敏芬、万华敏:《构式形态学:形态分析的构式语法路向述评》,《天津外国语大学学报》,2015 年第 1 期.

颜颖:《汉语派生式网络新词类词缀的构式形态学研究——以“X 体”和“云 X”为例》,广东外语外贸大学硕士学位论文,2019。

杨安珍:《“X 性”词功能弱化的等级序列》,《安庆师范大学学报(社会科学版)》,2017 年第 3 期。

杨成凯:《关于指称的反思》,《中国语文》杂志社编,《语法研究和探索》(十二),北京,商务印书馆,2003。

杨明基主编:《新编经济金融词典》,北京,中国金融出版社,2015。

杨锡彭:《汉语语素论》,南京,南京大学出版社,2003。

叶斯柏森:《语法哲学》,何勇、夏宁生、司辉、张兆星译,北京,语文出版社,1988。

尹海良:《现代汉语类词缀研究》,石家庄,河北大学出版社,2011。

尹宇航:《构式形态学对于汉语形态的研究——以“老虎”为例》,《海外英语》,2019 年第 2 期。

应学凤:《韵律与语义互动视角下的动宾倒置复合词的层次结构》,《汉语学习》,2019 年第 4 期。

于根元主编:《现代汉语新词语词典》,北京,中国青年出版社,1994a。

于根元主编:《现代汉语新词词典》,北京,北京语言学院出版社,1994b。

俞文青编著:《会计辞典》,上海,立信会计出版社,2005。
袁世全主编:《中国百科大辞典》,北京,华夏出版社,1990。
袁野:《从网络造词看构式的表层形式、深层形式及认知推演》,《外语与外语教学》,2018年第4期。
袁野:《构式形态学视阈下词语复合与派生的统一阐释》,复旦大学汉语言文字学科《语言研究集刊》编委会,《语言研究集刊》(第二十三辑),上海,上海辞书出版社,2019。
岳秀文:《软/硬三字组的词性地位及"软/硬"的性质》,《黄山学院学报》,2013年第6期。
云汉、峻峡:《小议带后缀"化"的词》,《中国语文天地》,1989年第1期。
云汉、峻峡:《再议带后缀"化"的词》,《汉语学习》,1994年第1期。
曾立英:《现代汉语类词缀的定量与定性研究》,《世界汉语教学》,2008年第4期。
翟甜、孟凯:《痴迷类后缀"迷"、"狂"的组配条件——兼论痴迷类后缀的范畴分布》,北京语言大学对外汉语研究中心编,《汉语应用语言学研究》(第2辑),北京,商务印书馆,2013。
张斌:《新编现代汉语》,上海,复旦大学出版社,2002。
张斌:《现代汉语描写语法》,北京,商务印书馆,2010。
张伯江:《词类活用的功能解释》,《中国语文》,1994第5期。
张伯江:《汉语名词怎样表现无指成分》,中国语文编辑部编,《庆祝中国社会科学院语言研究所建所45周年学术论文集》,北京,商务印书馆,1997。
张伯江、方梅:《汉语功能语法研究》,南昌,江西教育出版社,1996。
张国宪:《现代汉语形容词功能与认知研究》,北京,商务印书馆,2006。
张煌续:《"家"的词尾化进程》,《中南民族学院学报(社会科学版)》,1987年第2期。
张辉、齐振海:《认知语法基础2:描写应用·导读》,Langacker R. W.,《认知语法基础2:描写应用》,北京,北京大学出版社,2004。
张建理:《汉语时间系统中的"前""后"认知和表达》,《浙江大学学报》,2003年第5期。
张洁:《受英语影响产生的类词缀》,辽宁师范大学硕士学位论文,2011。
张金桥、曾毅平:《影响中级水平留学生汉语新造词语理解的三个因素》,《语言文字应用》,2010年第2期。
张敏:《认知语言学与汉语名词短语》,北京,中国社会科学出版社,1998。
张清源:《现代汉语知识辞典》,成都,四川人民出版社,1990。
张维友:《英汉语词汇对比研究》,上海,上海外语教育出版社,2010。
张未然:《从汉语表人类词缀的历时演变看词法化与语法化、词汇化的关系》,《汉语教学学刊》编委会编,《汉语教学学刊》,北京,北京大学出版社,2022年第1期。
张小平:《当代汉语词汇发展变化研究》,济南,齐鲁书社,2008。
张秀松、张爱玲:《生成词库论简介》,《当代语言学》,2009年第3期。
张秀松、张爱玲:《生成词库理论简介》,宋作艳、黄居仁主编,《生成词库理论与汉语研究》,北京,商务印书馆,2018。
张谊生:《说"X式"——兼论汉语词汇的语法化过程》,《上海师范大学学报(社会科学版)》,2002年第5期。

张谊生:《统括副词前光杆名词的指称特征》,《中国语文》杂志社编,《语法研究和探索》(十二),北京,商务印书馆,2003a。

张谊生:《当代新词"零X"词族探微——兼论当代汉语构词方式演化的动因》,《语言文字应用》,2003b年第1期。

张颐武:《论"后乌托邦"话语——九十年代中国文学的一种趋向》,《文艺争鸣》,1993年第2期。

张颐武:《软书和硬书都要读》,《中国科学报》,2012年11月30日第6版。

张媛、王晨阳:《"××化"构式的认知语法解析》,《北京科技大学学报(社会科学版)》,2019第3期。

张云秋:《"化"尾动词功能弱化的等级序列》,《中国语文》,2002年第1期。

赵颖:《现代汉语英源类词缀的认知阐释》,《宁波工程学院学报》,2013年第2期。

赵元任:《汉语口语语法》,吕叔湘译,北京,商务印书馆,1979。

中国农业百科全书总编辑委员会森林工业卷编辑委员会、中国农业百科全书编辑部编:《中国农业百科全书·森林工业卷》,北京,农业出版社,1993。

中国社会科学院语言研究所词典编辑室编:《现代汉语词典》(第七版),北京,商务印书馆,2016。

周刚:《也议带后缀"化"的词》,《汉语学习》,1991年第6期。

周荐:《复合词词素间的意义结构关系》,南开大学中文系《语言研究论丛》编委会编,《语言研究论丛》(第六辑),天津,天津教育出版社,1991a。

周荐:《语素逆序的现代汉语复合词》,《逻辑与语言学习》,1991b年第2期。

周荐:《汉语词汇研究史纲》,北京,语文出版社,1995。

周荐、杨世铁:《汉语词汇研究百年史》,北京,外语教学与研究出版社,2006。

周明强:《现代汉语歧义识别与消解的认知研究》,杭州,浙江大学出版社,2010。

周韧:《共性与个性下的汉语动宾饰名复合词研究》,《中国语文》,2006年第4期。

周韧:《关于"纸张粉碎机"的切分》,《东方语言学》,2007年1期。

周慎钦:《带后缀"化"和"性"的词的构成及语法特点》,《淮阴师专学报》,1981年第3期。

朱德熙:《语法讲义》,北京,商务印书馆,1982。

朱德熙:《自指和转指——汉语名词化标记"的、者、所、之"的语法功能和语义功能》,《方言》,1983年第1期。

朱景松:《陈述、指称与汉语词类理论》,《中国语文》杂志社编,《语法研究和探索》(八),北京,商务印书馆,1997。

朱庆祥、方梅:《现代汉语"化"缀的演变及其结构来源》,《河南师范大学学报(哲学社会科学版)》,2011年第2期。

朱彦:《汉语复合词语义构词法研究》,北京,北京大学出版社,2004。

朱永生:《论语言符号的任意性与象似性》,《外语教学与研究》,2002年第1期。

庄会彬:《韵律语法视域下汉语"词"的界定问题》,《华文教学与研究》,2015年第2期。

邹晓玲:《现代汉语新兴类词缀探析》,华中科技大学硕士学位论文,2006。

邹晓玲、王志芳:《亲属称谓名词类词缀化现象的认知解释》,《长春师范学院学报(人文社会科学版)》,2013 年第 6 期。

Ahlsén, E., 1994: "Cognitive Morphology in Swedish: studies with normals and aphasics", *Nordic Journal of Linguistics*, 17(1), 61—73.

Aronoff M., 1976: *Word Formation in Generative Grammar*, Cambridge, Mass.: MIT Press.

Arocodia G. F., 2011: "A Construction Morphology account of derivation in Mandarin Chinese", *Morphology*, 21(1), 89—130.

Arcodia G. F., 2012: *Lexical Derivation in Mandarin Chinese*, 台北:文鹤出版有限公司.

Arcodia G. F., Basciano B., 2018: "The construction morphology analysis of Chinese word formation", Booij G. (ed.), *The Construction of Words: Advances in Construction Morphology*, Cham: Springer.

Bauer L., 1988: *Introducing Lingustic Morphology*, Edinburgh: Edinburgh University Press.

Bauer L., 2001: *Morphological Productivity*, Cambridge: Cambridge University Press.

Bauer L., 2004: "The function of word-formation and the inflection-derivation distinction", Aertsen H., Hannay M., Lyall. R. (eds.), *Words in their Places. A Festchrift for J. Lachlan Mackenzie*, Amstersterdam: Vrije Universiteit, 283—292.

Booij. G., 2005a: *The Grammar of Words: An Introduction to Linguistic Morphology*, Oxford: Oxford University Press.

Booij G., 2005b: "Compounding and derivation: evidence for Construction Morphology", Dressler W. U. et al. (eds.), *Morphology and its Demarcations: Selected Papers from the 11th Morphology Meeting*, Amsterdam/Philadelphia: John Benjamins, 109—132.

Booij G., 2010: *Construction Morphology*, New York: Oxford University Press.

Booij G., 2012: "Construction morphology, a brief introduction", *Morphology*, 22(3), 343—346.

Bybee J., 2006: "From usage to grammar: the mind's response to repetition", *Language*, 82(4), 711—733.

Chao Y. R., 1968/2011: *A Grammar of Spoken Chinese*, Berkeley and Los Angeles: University of California Press/北京:商务印书馆.

Chomsky N., 1970: "Remarks on nominalization", Jacobs R., Rosenbaum P. (eds.), *Reading in English Transformational Grammar*, Waltham: Ginn, 184—221.

Chomsky N., 1995: *The Minimalist Program*, Cambridge: The MIT Press.

Croft W., Cruse D. A., 2004: *Cognitive Linguistics*, Cambridge: Cambridge University Press.

Duanmu S., 1997: "Phonologically motivated word order movement: evidence from Chinese compounds", *Studies in the Linguistic Sciences*, 27(1), 49—78.

Fillmore C. J., 1977: "Scenes-and-frames semantics", Zampolli A (ed.), *Linguistic Structures Processing*, Amsterdam: N. Holland, 55—81.

Gaeta L. , 2005: "Thoughts on cognitive morphology", Fenk-Oczlon G, Winkler C. Sprache und Natürlichkeit (eds.), *Sprache und Natuerlichkeit. Gedenkband für Willi Mayerthaler*, Tübingen: Gunter Narr Verlag, 107—128.

Gaeta L. , 2010: "On the viability of cognitive morphology for explaining language change", Onysko A. , Sascha M. (eds.), *Cognitive Perspectives on Word Formation*, Berlin & New York: Mouton de Gruyter, 75—95.

Geeraerts D. , 2010: *Theories of Lexical Semantics*, New York: Oxford University Press.

Goldberg A. E. , 2006: *Constructions at Work: The Nature of Generalization in Language*. Oxford: Oxford University Press.

Golfam A, Sadegh M. K. , 2014: "The investigation of instrumental compounds in Persian: a cognitive morphology approach", *Procedia-Social and Behavioral Sciences*, 136, 164—168.

Golfam A. , Mahmoodi-Bakhtiari. B. , Sadegh M. K. , 2014: "The study of the irreversible binominals in Persian: a Cognitive Morphology approach", *Procedia-Social and Behavioral Sciences*, 136, 159—163.

Halle M. , Marantz A. , 1993: "Distributed morphology and the pieces of inflection", Hale K. , Keyser S. J. (eds.), *The View from Building 20*, Cambridge, MA: MIT Press, 111—176.

Halle M. , Marantz A. , 1994: "Some key features of Distributed Morphology", *MIT Working Papers in Linguistics 21* , 275—288.

Hamawand Z. , 2007: *Suffixal Rivalry in Adjective Formation: A Cognitive-Corpus Analysis*, London: Equionx, 2007.

Hamawand Z. , 2008: *Morpho-lexical Alternation in Noun Formation*, London: Palgrave Macmillan.

Hamawand Z. , 2009: *The Semantics of English Negative Prefixes*, London: Equinox.

Hamawand Z. , 2011: *Morphology in English: Word Formation in Cognitive Grammar*. London/New York: the Continuum International Publishing Group.

Hay J. B. , Plag I. , 2004: "What constrains possible suffix combinations? On the interaction of grammatical and processing restrictions in derivational morphology", *Natural Language and Linguistic Theory*, 22(3),565—596.

Heine B, Kuteva T. , 2004: *World Lexicon of Grammaticalization*,Cambridge, England: Cambridge University.

Jackendoff R. , 2002: *Foundations of Language: Brain, Meaning, Grammar, Evolution*, Oxford: Oxford University Press.

Lakoff G, Johnson M. , 1999: *Philosophy in the Flesh: The Embodied Mind and its Challenge to Western Thought*, New York: Basic books.

Langacker R. W. , 1986: "An introduction to cognitive grammar", *Cognitive Science*, 10 (1), 1—40.

Langacker R. W., 1987: *Foundations of Cognitive Grammar* (*Vol.Ⅰ: Theoretical Prerequisites*), Stanford, California: Stanford University Press.

Langacker R. W., 1991: *Foundations of Cognitive Grammar* (*Vol.Ⅱ: Descriptive Application*), Stanford, California: Stanford University Press.

Langacker R. W., 1998: "Conceptualization, symbolization and grammar", Tomasello M. (ed.), *The New Psychology of Language: Cognitive and Functional Approaches to Language Structure*, Mahwah, N. J.: Lawrence Erlbaum Associates, Inc.

Langacker R. W., 2001: *Concept, Image and Symbol*, Berlin, New York: Mouton de Gruyter.

Langacker R. W., 2015: "Construal". Dabrowska E., Divjak D. (eds.), *Handbook of Cognitive Linguistics*, Berlin: De Gruyter Mouton, 120—143.

Leech G., 1974/1981: *Semantic: The Study of Meaning*, London: Penguin.

Lehmann G., 1995: *Thoughts of Grammaticalization*, Munchen-Newcastle: Europa.

Lieber R., 2004: *Morphology and Lexical Semantics*, Cambridge: Cambridge University Press.

Lyons J., 1977: *Semantics(Volume 1& 2)*, Cambridge: Cambridge University Press.

Matthews P. H., 2000: *Morphology*, Beijing: Foreign Language Teaching and Research Press & Cambridge: Cambridge University Press.

Marchand H., 1969: *The Categories and Types of Present-day English Word Formation*: A Synchronic-Diachronic Approach, Munich: Beck.

Newmeyer F., 1998: *Language Form and Language Function*, Cambridge: MIT Press.

Niemi J., Laine M., Tuominen J., 1994: "Cognitive morphology in Finnish: foundations of a new model", *Language and Cognitive Processes*, 9(3), 423—446.

Onysko A, Sascha M., 2010: "Introduction: unravelling the cognitive in word formation", Onysko A, Sascha M (eds.), *Cognitive Perspectives on Word Formation*, Berlin, New York: Mouton de Gruyter, 1—25.

Pustejovsky J., 1991: "The generative lexicon", *Computational Linguistics*, 17(4), 409—441.

Pustejovsky J., 1995: *The Generative Lexicon*, Cambridge, MA: MIT Press.

Packard J. L., 2000: *The Morphology of Chinese: A Linguistic and Cognitive Approach*, Cambridge: Cambridge University Press.

Taylor J. R., 1989/2001: *Linguistic Categorization: Prototypes in Linguistic Theory*, Oxford: Clarendon Press/北京，外语教学与研究出版社.

Ullmann S., 1962, *Semantics: An Introduction to the Science of Meaning*, Oxford: Basil Blackwell.

Ungerer F., 2007: "Word-formation", Geeraerts D, Cuyckens H. (eds.), *The Oxford Handbook of Cognitive Linguistics*, New York: Oxford University Press, 650—675.

后 记

这本书是在我博士论文的基础上修改写成的。从2012年在北大读博算起，我与构词法研究结缘已近10年了。还记得博士入学之后的第一次读书会，当我与导师李红印教授说起我对汉语构词法很有兴趣时，李老师表示支持，但同时也提醒我构词法研究成果颇丰，想要做出新意并不容易。

读博四年，我的研究一直围绕构词法展开，并最终确定将类词缀的构词作为我博士学位论文的基本研究对象。现在看来，当时的决定颇有点“初生牛犊不怕虎”的味道，类词缀研究前有陆志韦等(1957:138)、吕叔湘(1979:48)、赵元任(1979:112—117)、陈光磊(1994:23—25)、马庆株(1995a)、王洪君、富丽(2005)、汤志祥(2001:149—164)等老一辈著名语言学家们打下的坚实基础，后有曾立英(2008)、尹海良(2011)、宋作艳(2010,2015:234—253)、沈光浩(2011a)等当代中青年学者的优秀成果，我想要将类词缀研究向前推进一步，能否找到合适的切入点和研究路径至关重要。

庆幸的是，我找到了语义这个突破口，正如Ungerer(2007)所说，“构词法研究近年来开始了语义化的进程”，认知形态学对意义的强调正是这一进程的反映。从汉语类词缀的已有研究成果看，仍然还有一些问题没能讨论得十分清楚，比如多义类词缀的内部语义分布、近义类词缀的对比分析以及近义类词缀的构词重合问题等，基于此，我开始了与类词缀构词研究的“十年之约”。

一路走来，我要感谢的人实在太多。感谢我的博士生导师李红印教授，读博四年间，李老师一直对我要求格外严格，从做学问的态度，到论文选题的确定，再到字句行文，甚至是标点符号的使用，他都十分重视。我自认天资愚钝，所以免不了要经常受李老师的鞭策，读博四年倒也练就了我对任何学术批评都甘之如饴的“厚脸皮”。毕业之后，李老师仍然一直牵挂我的成长，是他的信任和鼓励让我有信心在词汇研究之路上一直走下去。

感谢我读博时的另一位恩师，巴黎城市大学(原巴黎第七大学)东亚语言文化学院齐冲副教授。2013年冬天，为了申请联合培养，由李老师推荐，我有幸认识了齐老师。齐老师是构词法研究的专家，当我提出我想跟随他学习并发给他我的研究计划后，齐老师很快就给我发来了邀请函。最终，借由国家留学基金委中法“蔡元培交流合作项目资助”，我在2015年秋天正式开始了在巴黎七大为期一年的研究。在七大，我和齐老师每隔几周都会约好时间在他的办公室会面，我汇报论文写作进展，他指出问题所在并提出修改意见。齐老师的意见颇为专业和有针对性，常让我茅塞顿开。因为有了齐老师的指导和关怀，在巴黎阴冷的冬天里也倍感温暖。

值得庆幸的是，作为我学术研究起步阶段的一个总结，这本书最终有机会与读者们见面，我也想把它作为礼物送给两位恩师。没有他们精心的培育和灌溉，我这棵小树苗无法茁壮成长。

感谢北大中文系董秀芳教授。董老师在词汇化、词法研究方面建树颇丰，一直都是我学术之路上女神级的存在，也是我的博士学位论文答辩委员会委员。至今仍然记得论文开题后，我去董老师办公室请教，她一点一点帮我拨开迷雾，厘清了长久以来困扰我的许多问题。在本书修改过程中，当我遇到难以解决的问题向董老师请教时，她也总是细致耐心地予以解答。

感谢我的硕士生导师，北大对外汉语教育学院李晓琪教授。李老师的严格要求，让我在硕士研究生阶段打下了扎实的理论基础，也让我对学术研究产生了浓厚的兴趣。工作之后每次再见李老师，更是被李老师退休后乐观、豁达、释然的人生态度深深折服。

本书在写作过程中还得到了学界诸多前辈的指导。法国社会科学高等学院(EHESS)教授贝罗贝先生(Alain Peyraube)、格勒诺布尔第三大学的莎丽达(Gianninoto Mariarosaria)副教授不远万里飞到北京参加我的博士学位论文答辩，提出了诸多建设性意见和建议，让我受益匪浅。北京语言大学张博教授、程娟教授，北京大学中文系郭锐教授、对外汉语教育学院赵杨教授、杨德峰教授、王若江教授，先后担任了我学位论文开题、预答辩或答辩委员会委员，在他们的指导下，我的博士学位论文最终成型，为之后的修改奠定了良好的基础。

本书能够面世，还要感谢国家社科基金后期资助项目的资助，这对于像我一样的年轻研究者而言是一种莫大的支持和鼓舞。感谢立项和结项时各位评审专家提出的宝贵意见，使得书稿修改后在学术水平上也有了进一步的提升。在修改的过程中，我对书中很多问题又有了新的认识，比如类词缀派生词的判定、类词缀构词的层次性、对类词缀形成过程(如何由词根变为类词缀)的历时考察以及某些类词缀构词时派生出的“O. V. N.”类词(如“老虎饲养员”，有学者纳入合成复合词的范围进行研究)的分析问题上，本次修改在分析时都做了调整。

另外，相比博士论文，本书比较大的修改之处还包括：(1)扩充了“本书理论框架概述”的内容，以体现认知形态学与汉语研究的适配性，增加了认知形态学关于认知假设和认知机制部分的内容，使认知形态学这一理论框架更为立体和丰满；增加了“认知形态学与构式形态学、生成词库理论框架的比较”一节，重点对比了认知形态学和构式形态学、生成词库理论框架的差异，凸显认知形态学的优势；增加了“本书对 Hamawand 理论框架的调整”一节，对书中使用认知形态学理论框架时因为有些不适合汉语实际所做的调整进行了说明；(2)增加了对前人研究中基于形式主义、构式形态学和生成词库理论的类词缀研究综述，全面展示已有类词缀研究的概貌；(3)调整了部分认知域的命名和相应的类词缀；(4)依据各类新词语词典和行业用语词典，进一步精确了需要解释的派生词的释义；(5)补充了 2016—2022 年之间类词缀研究的最新成果。

感谢北京大学—香港理工大学汉语语言学研究中心和北京大学出版社，感谢它们颁给我“语言学前沿丛书年度博士论文”优秀论文奖，评审专家们反馈的修改意见帮助我在申请国家社科基金后期资助项目时进一步提升了书稿质量；感谢北京大学出版社汉语及语言学编辑部邓晓霞主任，是她在项目申报时给予我鼓励和支持，可以说，这本书得以出版的每一个重要环节都离不开邓老师的倾力相助；感谢本书的责编宋思佳老师，进入出版环节，我经常因为各种琐碎的细节问题叨扰宋老师，宋老师总是细致耐心地一一回复，没有他，这本书可能无法这么快与读者见面。

最后，本书的出版也离不开家人对我的鼓励和支持。感谢父亲母亲，他们给了我这个世界上我认为最好的爱，让我成长为正直善良、乐观向上的人，是我不断进步的强大精神动力；感谢我的先生，他不仅给了我平稳安逸的家庭生活，让我能够专心学术，更是我学术上的知己和灵魂上的伴侣，是我的坚强后盾和依靠；还有我四岁的女儿，虽然如果没有这个淘气的小家伙，本书的修改工作或许能早些完成，但这四年间，她带给我的快乐远超世间其他事物，感谢她，让我体会到“妈妈”一词最美好的含义。

张未然

2022 年 6 月于中国传媒大学